综合交通枢纽工程建设招标实用手册

王正文　主编

东南大学出版社
SOUTHEAST UNIVERSITY PRESS
·南京·

序言

近年来，随着城市规模大型化、人员高度流动性，城市土地资源极度短缺，城市交通各种流量的急剧增长，综合交通枢纽作为市内外交通转换的有效节点建设，越来越被人们重视。综合交通枢纽一般由高速铁路车站（机场航站楼）、轨道交通车站及公交、社会车辆、出租车停车场市政配套设施，以及相应的信息、管理服务及区域配套组成。综合交通枢纽对其所依托的城市的形成和发展有着很大的带动作用，是城市对外交通的桥梁和纽带，并与城市交通系统有着密切的联系。其建设规模大、涉及面广，除了具有一般的交通、市政工程的规律外，更有其不同于一般工程的特殊性，其工程项目管理，尤其是招投标工作更加复杂。如何做好城市综合交通枢纽工程的招标工作，对建设单位来说至关重要。

京沪高速铁路是国家战略性重点工程，南京火车南站枢纽由江苏省南京市规划筹建，是南京市主城南部的新地标。该地区总规划面积 603 hm^2 左右，包括铁道部上海铁路局下辖的特等站——铁路南京南站及其相关配套设施、汽车客运总站、城市轨道交通及公共交通设施、商业办公、住宅、公共事业、城市干道、桥梁隧道、城市配套基础设施建设、城市景观绿化等综合工程，是目前国内流行的综合交通枢纽工程的代表。铁路南京南站以 2011 年京沪高铁建成通车为契机，实现了铁路、公路客运、地铁、公交和出租车五种交通模式的无缝转换、高速换乘，统筹布局各种城市配套功能，成为华东乃至全国重要的综合交通枢纽。

如此庞大的综合性工程项目的招标管理工作，需要管理团队系统科学的精心策划，才能保证项目高质量高要求的完成。与普通工程建设项目招标管理工作最大的不同在于：如何协调不同子项目、子工程之间的交叉和相互影响；标段如何科学合理划分才能最有效的节约投资；招标文件的条款如何科学设置才能避免在工程项目实施过程中造成更多纠纷；如何有效保证工程项目在既定的期限内完成等。在项目基本完成后的工作回顾中，作为铁路南京南站综合交通枢纽工程建设的直接负责人，笔者感觉到，该工程在业内具有很强的代表性和借鉴性，如果能将整个工程招标过程中的问题加以科学的总结分析，形成手册，那么对于日后的相关工作和国内其他相关工程的招标工作将具有很大的借鉴和参考价值。本手册正是在反复思考上述问题并结合实际经验的基础上形成的。

为适应招标工作领域的工作习惯和相关招标法律法规对招标类型的界定，笔者将项目招标分为工程类招标、货物类招标和服务类招标三大类。以此为指导思想，结合铁路南京南站综合交通枢纽工程的建设实际，编者将本手册分为七章。其中，第一章对整个工程作了相关的介绍；第二章至第六章分别为服务类项目招标、建筑工程类项目招标、交通工程类项目招标、室外及辅助工程类项目招标、货物类项目招标；第七章为招标过程对成本的控制。对每一类项目的招标分析总结是按照对该类项目的招标内容和范围、招标规则及评标办法、在招标过程中需注意的问题以及典型案例分析等思路进行展开。

本手册编者结合铁路南京南站综合枢纽工程建设管理工作的招标和管理实践经验，密切联系自身实际，把理论研究和实际应用融为一体，案例详略得当，使本手册不仅具有一定的理论水平，同时还具有较强的实践性和可操作性。本手册适用于建设单位的管理者、招标相关工作从业人员、相关领域的学者以及其他对招标相关工作感兴趣的人员。读者可以根据各自的实际需要从相应章节找到实例直接运用。

本手册第一章、第七章由王中雷、房继江、黄祖冠编写，第二章由董谦、金杨、陈艳超编写，第三、四章由刘海波、崔鹏编写，第五章由王德祥、谈雨婷编写，第六章由金常忠、高利莉编写。全手册由江苏捷宏工程咨询有限责任公司组织，由李德智、王璎、李超、是彤、许峰、吴虹欧、邓小鹏指导完成，他们提出了非常好的修改意见，在此表示深深的感谢。

在本书编写过程中，查阅和参考了许多国内外专家学者的论文、专著、教材和资料，在此向他们表示衷心的感谢！

由于本编者水平有限，加之时间仓促，手册中难免会有错误和表述不到位之处，敬请各位读者和同行不吝赐教、批评指正。

目 录

附录

图表目录

1 总　则

1.1　项目概况

1.1.1　总体概述

南京南站位于南京主城的南部，是上海铁路局下辖的特等站，连接京沪高速铁路、沪汉蓉高速铁路、沿江高速铁路、宁杭高铁、宁通高铁、宁安城际铁路、宁合城际铁路、宁启城际铁路的客运枢纽站等 8 条高等级铁路的国家铁道枢纽站。总建筑面积约 45.8 万 m^2，其中主站房面积达 28.15 万 m^2，是亚洲最大的铁路车站。站房跨度容纳了京沪高速场、沪汉蓉场、宁安场 3 场 6 线 15 座站台 28 股客运轨道，另加站外的宁芜货线共有 30 股客货轨道上下穿行而过。除此之外，南京南站还集中城市轨道、长途汽车、常规公交、出租车以及小汽车等多样化的交通方式，统筹布局配套设施，是现代化综合性客运交通枢纽，是对于提升南京都市圈功能与辐射力具有重要意义的大型铁路客运站。

南京南站综合枢纽工程综合交通枢纽工程(以下简称“南京南站项目”)包含了铁路站房、周边配套市政道路、景观绿化、建筑工程、桩基工程、水利工程、机电工程、装饰装修及货物采购等各个类型。该工程作为国家重点工程，同时被列为南京市政府重点工程，总投资超过 300 亿元。该项目特点是：投资规模大，建设工期紧，质量要求高。

该项目于 2008 年 3 月份开工，虽然项目建设总周期较长(规划 2015 年全部竣工)，但是为确保京沪高铁 2011 年 6 月 30 号通车，相关配套项目必须同步完成。在短短一年多的时间内(站房相关工程于 2010 年 3 月份启动)，要先后完成主站房建设、轨道交通建设、站前广场建设、地下商业空间、配套长途汽车站建设、地铁建设、农花河河道改造工程、泵站工程、调蓄水池工程、北广场基坑工程、土建安装工程、站前集疏运道路及市政道路、绿化景观工程等。

预计未来10年里，南京南站地区将吸引投资2 000亿元，形成以交通枢纽经济为核心的产业链，发展商贸商务业、区域性总部经济、智力服务业、创意型水岸经济等主导产业，成为集交通枢纽、经济枢纽、城市门户三大核心职能为一体，与新街口、河西新城形成三足鼎立局面的城市副中心，成为引领南部新城发展的核心区。

因此，招标过程中必须全面了解各个类型项目特点，熟悉相关法律法规政策，具备丰富的各行业招标经验，方能适应项目要求。南京南站项目对招标工作提出了很高的要求，在确保工程质量和安全的前提下，既要尽可能压缩招标周期，最大程度降低工程造价，又要选择到优秀的承包人和设备供应商。

1.1.2 项目区域位置及建设内容

1）区域位置

南京南站地区位于南京市主城区南部，东到宁溧路，西至机场高速路，北起绕城公路，南抵秦淮新河。规划范围总面积为603.14 hm^2，如图1-1所示。

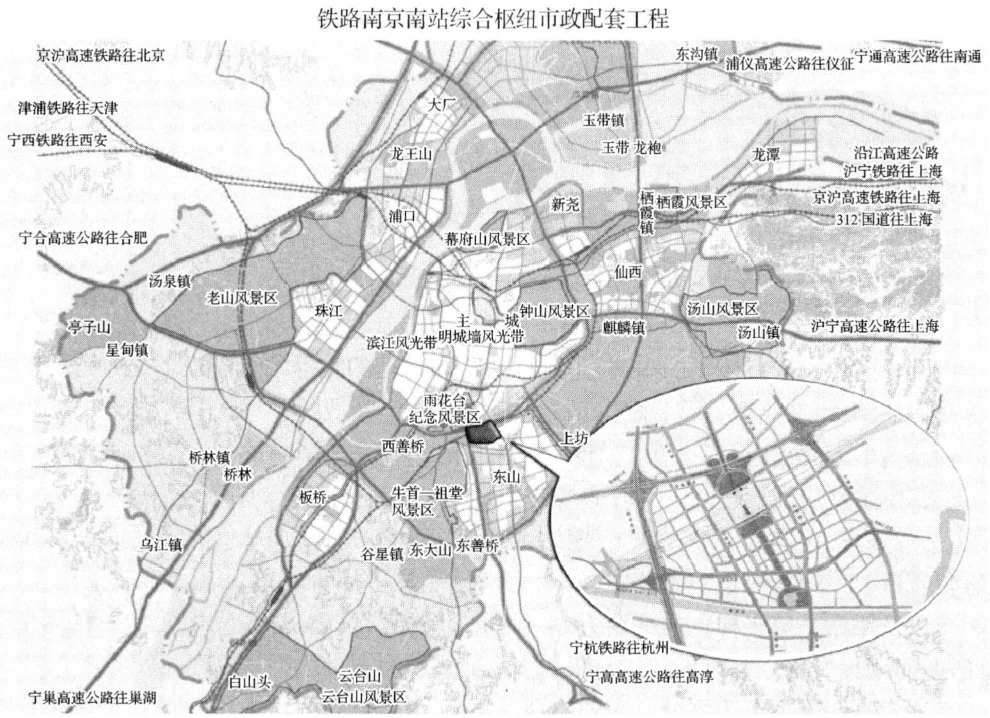

图1-1 南京南站地区区位图

2）建设内容

南京南站规划为华东地区综合性交通枢纽及区域经济服务枢纽，是南京南部新城中心的重要一环、南京城市的标志性门户。规划以铁路线为界，划分为北、中、南三大片区。北部片区规划为混合建设用地和为南京南站服务的公共服务设施用地；中部片区规划为铁路用地；南部片区规划为商业用地、商办混合用地、文娱用地、公共绿地和居住用地。形成“一个公建发展带（沿中轴线由北到南为公共服务设施区、商业区、文娱区），一个对外交通设施区，三个居住社区，两个混合建设区”的总体布局结构，工程整体鸟瞰图如图1-2所示，路网规划如图1-3所示。

图 1－2　南京南站地区规划鸟瞰图

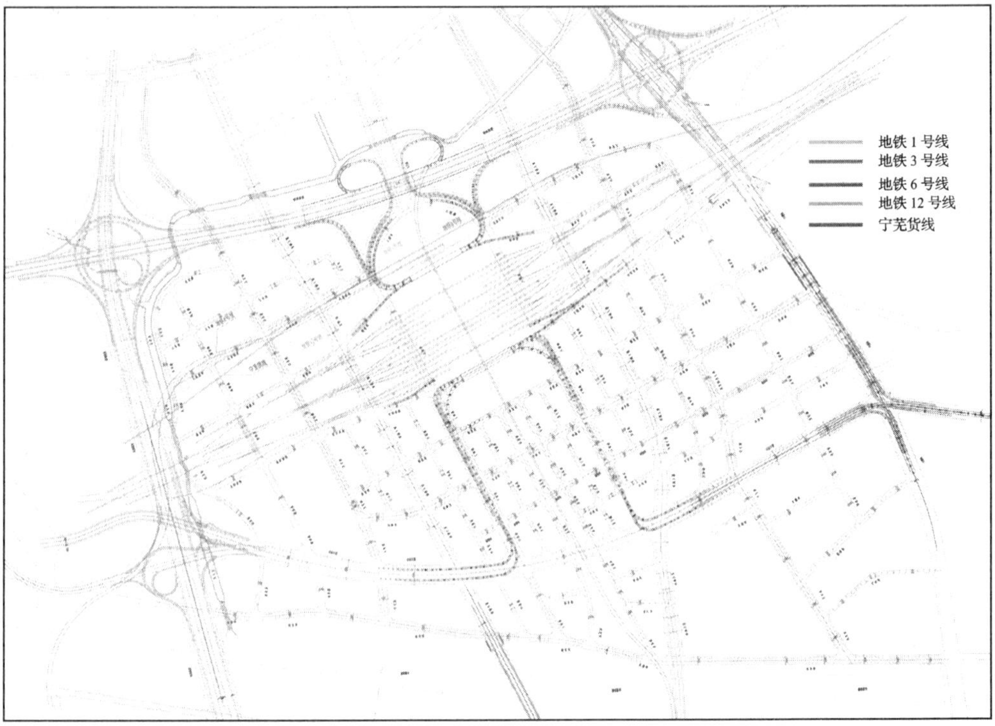

图 1－3　南京南站地区路网规划图

1.1.3　项目建设方概述

由于南京南站交通枢纽工程的建设内容包括铁路运输、公路运输、长途客运、城市轨道交通等内容，涉及的专业部门很多，项目投资资金来源由不同的部门公司负责，不同功能的工程分别成立了单独的指挥部，其中南京南站主站房工程由上海铁路局专门成立南京南站建设指挥部负责建设及资金的落实；南京南站地区市政道路管网配套工程以及主站房市政配套工程由南京市专门成立南京铁路建设投资有限责任公司负责建设；南京南站规划地区对外联络交通道路由南京市交通局专门成立南京交通主枢纽南京南站工程建设指挥部负责建设；配套地铁工程由南京市地下铁道工程建设指挥部负责协调及建设。

作为大型综合交通枢纽工程，南京南站项目共有四个建设方，分别介绍如下：

1）南京铁路建设投资有限责任公司

南京铁路建设投资有限责任公司(以下简称南京铁投公司)，于2007年成立，主要负责与铁路部门合作投资、建设、经营南京市域内铁路及其配套项目，以及与铁路建设相关的土地和经营项目的开发等。

南京铁投公司参与投资的项目主要有京沪高速铁路、沪汉蓉(含宁合城际)铁路、沪宁城际铁路、宁杭城际铁路、宁安城际铁路、宁启城际铁路、宁芜货线改造、南京枢纽大胜关大桥等铁路项目以及南京南站市政配套、南京南站环境综合整治、仙林站站区市政配套等地区开发建设项目。

在本项目中，南京铁投公司负责南京南站地区市政配套工程，主要包括站房配套市政工程，南京南站地区市政道路工程，农花河河道工程，南北广场工程及中央景观轴工程五大部分以及南京南站核心区 6 km^2 土地的征地拆迁、收储及开发工作。

2）上海铁路局南京南站工程建设指挥部

作为京沪高速铁路的关键控制性节点工程——南京南站及相关工程由京沪高速铁路股份有限公司委托上海铁路局代建，上海铁路局南京南站工程建设指挥部负责工程具体建设管理工作。南京南站及相关工程总投资规模近百亿元，铁路部分工程由站前和站房两部分组成，其中站房部分还包括地下商业空间的建设。

3）南京交通主枢纽南京南站工程建设指挥部

南京交通主枢纽南京南站工程建设指挥部于2009年4月23日由南京市交通运输局批准成立，负责"南京南站综合枢纽快速环线工程"、"南京南站综合枢纽站东路、站西路工程"、"南京南站综合枢纽南北高架落客平台联络道工程"、"南京汽车客运南站主站区工程"建设管理工作。工程共4大项，14个子项。14个子项分别为双龙街立交子项、花神庙立交子项，龙西立交子项、岔路口立交子项、绕城公路子项、机场高速集散车道子项、机场高速主线拓宽子项、宏运大道子项、宁溧路子项、南高架平台联络道子项、北高架平台联络道子项、站东路子项、站西路子项、南京汽车客运南站主站区，如图1-4所示。

总改造及新建里程约为25.4 km，其中快速环线约18 km；站东路站西路约7.4 km。项目总投资约63.32亿元，其中快速环线部分为43.95亿元；高架平台联络道部分为5.94亿元；站东路站西路为13.43亿元；南京汽车客运南站主站区为4.21亿元。

4）南京市地下铁道总公司

1999年5月28日，经市委、市政府研究决定，建立南京市地下铁道工程建设指挥部，为正局级事业单位。南京市地下铁道总公司与其合署(宁编字〔1999〕13号)。指挥部主要负责承办南京市地铁工程的规划、设计、筹资、建设、运营及与地铁相关的物业开发等。

南京地铁建设有限责任公司为负责南京地铁勘察、设计、施工的建设单位。目前南京在建的有地铁三号线、四号线、十号线、机场线、宁合城际线，以及规划建设的地铁六号线。

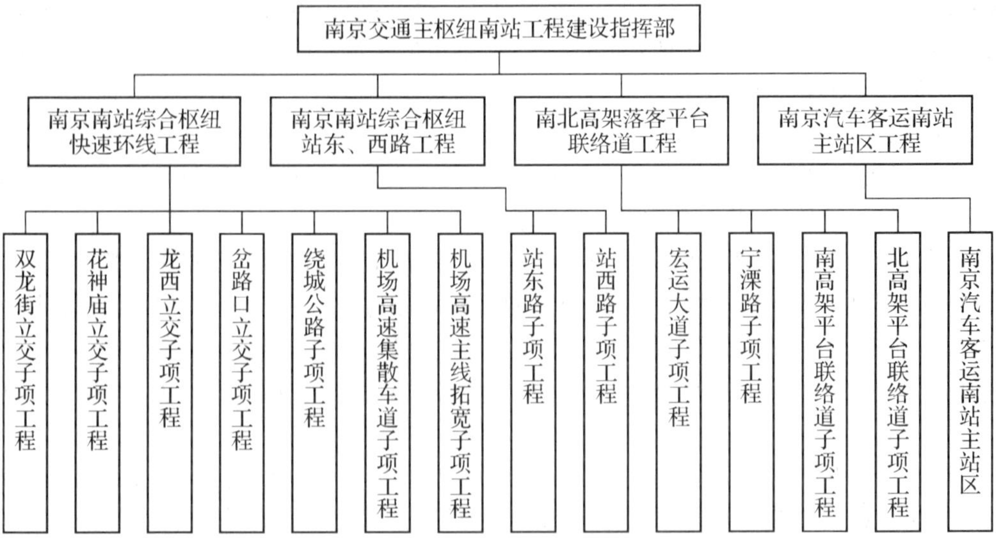

图 1-4　南京交通主枢纽南京南站项目结构图

1.2　标段划分原则及方法

1.2.1　标段的概念

广义的工程标段划分方法可分为三种，分别为分期标段、工程标段、分部分项标段。

(1) 分期标段。有的大型、特大型建设工程由于建设周期、资金供应、市场需求等方面的原因需要分期实施，并分期进行招标，这类按期进行招标的招标客体称为分期标段。

(2) 工程标段。指的是把准备投入建设的某一整体工程或某一整体工程的某一期工程划分为若干工程段落并或单个或组合起来进行招标的招标客体。

(3) 分部分项标段。某一工程标段的总承包商在中标以后，根据总承包合同条件，可以把总包工程项下的工程分为若干工程部分，甚至在分部以后还划分若干子项工程，然后把部分分部工程、子项工程通过招标的方式分包给相应的分包商，这类成为分包合同招标客体的分部工程、子项工程就称为分部、分项标段。

1.2.2　标段划分的原则

(1) 合法原则。对于施工项目，现行的法律法规有关标段划分没有明确的规定，只是简单笼统的做了文字说明。《中华人民共和国招投标法》第十九条和《江苏省招投标条例》第二十条规定："项目需要划分标段、确定工期的，招标人应当合理划分标段、确定工期，并在招标文件中载明"；《工程建设项目施工招标投标办法》第二十七条规定："施工招标项目需要划分标段、确定工期的，招标人应当合理划分标段、确定工期，并在招标文件中载明，对工程技术上紧密相连、不可分割的单位工程不得分割标段。招标人不得以不合理的标段或工期限制或者排斥潜在投标人或者投标人"；原交通部《公路工程施工招标投标管理办法》第十二条规定："公路工程施工招标，可以对整个建设项目分标段一次招标，也可以根据不同专业、不同实施阶段分别进行招标，但不得将招标工程化整为零或者以其他任何方式规避招标”；原交通部《关于认真贯彻执行公路工程勘察设计招标投标管理办法的通知》第三点第1条规定：“公路工程勘察设计招标投标应合理划分标段。原则上，路线工程，高速公路以50～70 km为宜，路线中的特殊工程如特大桥梁、隧道可单独招标；桥梁工程中，主桥部分不得再划分标段。凡是划分标段的公路工程，招标文件中必须明确总体设计单位，并对总体设计费用予以明确”。

可以看出，在上述现行的法律法规中，只有《关于认真贯彻执行公路工程勘察设计招标投标管理办法的通知》对设计招标项目的标段划分有具体规模或内容量化的界定；而对施工、监理、材料货物采购、服务类项目的招标标段划分就没有这样的量化控制标准。客观上，由于建设工程的特点不同，每个项目的规模各有其自身的特点，也难以像设计项目那样建立量化标准。

(2) 明确责任原则。简言之，标段是作为招标客体的工程段落，构成建设合同的标的。如果承包商在履行合同中，其责任与雇主或其他承包商的责任犬牙交错难分难离，是无法客观确定承包商的应尽义务和应有权利的，因此，责任明确是划分标段的重要原则，包括质量责任明确，成本责任明确，工期责任明确，环保责任明确，知识产权责任明确，安全责任明确等，其中质量、成本、工期是承包商的基本责任，承包商的上述基本职责在一个标段中能够被明确地认定，是划分标段正确与否的基本判定依据。

(3) 经济高效原则。划分标段的规模必须适中，既能吸引到有实力的单位参与竞争，又能达到经济高效的目的。根据工程自身条件平衡与高效的关系，找到一个最佳的标段划分方案，以合理地实施建设工程，实现效率与经济的统一。

设置标段时，一般项目的规模达不到《关于认真贯彻执行公路工程勘察设计招标投标管理办法的通知》规定的规模，一般情况下交通类和房建类各设置一个标段。

交通工程所特有的总监办的标段一般是根据发包人的需要而设置，出发点是方便发包人的管理。因为南京南站的工程规模较大，可以设置几个总监办。但是总监办的设置也不宜过多，过多会造成管理效率低下。以南京南站集疏运系统为例，考虑到发包人成立了两个工程部，并且建安费在48亿元左右，因此设置了两个总监办，每个工程部设置一个总监办，每个总监办监理的工程规模在24亿元左右。

道路工程类的每个标段的规模应尽量控制在1亿～1.5亿元之间，规模太小了，不能吸引实力强、信誉好的单位来投标，规模太大，则标段数量相对较少，降低了竞争力，也不利招到好单位。而且现在承包人一般采用工序分包，规模适中，有利于承包人集中人力、物力施工，并且充分考虑一个标段范围内的施工机械的场内布置及管理，尽可能使所有的施工机械都以一个相对较高的效率工作，能为承包人创造合理的利润。

安全设施的规模不超过1 000万元，则可以划入到道路工程中，如果超过了则应单独设置标段，但每个标段的规模应控制在5 000万元以内。虽然现在公路工程总承包单位也具有了安全设施专业施工的承包资质，但是他们在安全设施施工方面的业绩和经验较少；而以往承担过安全设施施工及经验丰富的安全设施施工的单位都是专业的安全设施施工单位，但此类单位规模一般，如果承接规模过大的施工标段，可能超出其承担的能力，不利于工程的管理。两者权衡利弊后，再确定标段的划分。

绿化工程的标段规模应控制在2 000万元以内，可根据绿化项目的总量，应最少设置两个以上的标段，以利于竞争及便于苗木组织及养护管理。

土建类项目主要依据是房屋的栋数及位置来确定标段数，通常是将位置比较近的单个或多个建筑划分为一个标段，方便施工机械的配置和施工组织。如果建筑的工程规模较小时，每个标段规模划分不宜过小。

隧道工程的施工难度较高，需要考虑及不确定的因素较多，造成相关的措施费较高，所以隧道项目的建安费一般均较高，因此通常是将单个隧道设置一个标段。如果隧道较长，一般应控制在 1 000 m 左右设一个标段。根据所有隧道的规模及设计的要求，确定是否需要将隧道装饰单独设置一个标段。

(4) 顺序实施原则。南京南站项目规模较大，项目需要分批推进，每个项目的开始时间有先后，如果两个或几个相关项目的开工时间相差不大于 1 年，在标段划分的时候将其并为一个标段，超过 1 年时间、先后开工的项目分别设立标段。

(5) 客观原则。标段的划分要充分考虑到被划分工程特殊性，包括潜在投标人的具体情况。编制标段划分方案时，首先要根据项目的规模，确定潜在投标人与项目规模相匹配的资质，南京南站的项目规模较大，确定企业资质时就是要选择总承包一级单位和在国内综合实力较强的单位。

此外还要考虑融资以及建设和管理能力等方面的客观因素，根据发包人管理机构设置的现实情况，合理设置标段的规模，尽可能地做到主观设想符合客观的实际情况，才能达到相对合理地划分标段。

同时标段的划分必须确保各个标段之间的有机衔接，确保各个标段之间配合协调，并且尽可能避免各标段之间相互干扰，减少标段之间的交叉作业。合理规划好施工场地和临时工程用地，南京南站地区的临时用地不多，如果标段划分过细，将会造成承包人没有施工场地，影响工程的合理推进进度。

(6) 务实原则。标段划分的可操作性是标段划分必须遵循的重要原则，包括招标的可操作性(即应预测到划分后的标段在招标时，要有一定数量的投标单位，能形成合理的竞争)、发包人管理的可操作性(即发包人相应的管理力量，要能协调好各个承包人之间责任范围以及高效地进行工程管理)。因为南京南站建设指挥部都是临时成立，管理人员相对较少，如果配置过多的标段，就会增加管理和协调的难度，不具有很强的操作性，标段划分应该相对少点，减少发包人的协调工作量。

1.2.3　标段划分的方法

由于南京南站项目规模巨大，技术复杂，涉及面广，各个子项目时间进度要求不一致，在招标的过程中不确定因素很多。因此，南京南站项目的标段的划分不能简单地按照单一的划分方法和原则进行，这需要从全局的角度考虑，用战略的眼光结合以往的类似的工程经验以及项目的特点制定出符合本项目自身特点的科学合理的方案。划分的标段要尽量做到既有利于工程项目的管理，又能最大限度地发挥经济效益。

南京南站项目采用的是依据其规模和分部分项工程的特点，从横向和纵向上综合考虑标段的划分方法。横向上首先要界定各个分部分项工程的具体内容，根据实施内容划分标段，确保达到"责任明确"，施工内容没有交叉重复，也不能有遗漏。在横向的分部分项工程内容确定后，再在纵向坚持"经济高效""便于管理"，并考虑到"资金来源"的原则来确定各标段的划分。

南京南站各个项目相互交叉、难以割离，在标段划分时，要明确各个承包人之间，承包人与发包人之间责任划分明确。责任明确不仅要考虑承包责任的范围，还要考虑成本划分的界限、工期责任的明确、安全责任的范围。结合以往的招标经验，我们将分部分项工程作如表 1.1 所示的划分。

南京南站项目在招标过程中对不同类别工程的标段设置了独特的工程标段索引号，大大提高了工程项目管理的系统性和层次性，更为今后资料归档及查阅提供了清晰有秩序的工作平台。

表 1.1　工程类别划分表

类别	分部分项工程
类别一：设计类	道路设计、房建设计、设计咨询（设计监理）
类别二：评价类	环境评价、安全评价、节能评估等
类别三：审计类	跟踪审计、决算审计
类别四：监理类	代建公司、总监办、驻地监理组（道路类、安全设施类、绿化类、房建类、三大系统类）
类别五：监控类	桥梁监控、基坑监测
类别六：道路施工类	软基、路基、桥梁及排水；路面；大桥、特大桥；三大系统；绿化；安全设施；隧道（地道）；照明；渣土外运，声屏障
类别七：房建施工类	基坑；土建、安装；幕墙；二次装修；消防、报警；供配电；建筑智能化；污水处理
类别八：设备材料采购类	泵房设备、发电机组、石材、电梯、空调、太阳能等
类别九：招商类	房屋出租招商、停车场经营招商
类别十：其他	地下管线物探、交通分流设计等

在设计类中，因绿化景观设计和房建二次装修影响到整个项目的景观效果和视觉效果，并且不同风格审美的观点也不一样，除道路设计和房建设计外，绿化景观设计和房建二次装修设计也可单独各设置一个标段。

道路设计标段中应包括道路设计、桥梁设计、隧道（地道）设计、安全设施设计、雨污水管井设计、泵站设计、照明设计等。

房建设计标段中包括房屋内所有项目的设计，但是钢结构和幕墙在施工招标时，还需要对此二次进行深化设计。

绿化项目监理标段中，以往绿化工程单独设置监理标段，现在有些地方考虑到绿化监理标段规模较小，可以纳入到道路或房建工程的监理标段中。而南京南站的绿化规模较大，所以仍然将绿化项目监理单独设置一个标段。

安全设施的监理可以根据安全设施的规模大小确定是否要单独设置。现在公路工程甲级监理资质已经包含了安全设施的监理，如果安全设置的建安费小于 1 000 万元，则可以不单独设置监理标段，将安全设施监理的业务划入公路工程的监理标段中。

大桥项目一般可以单独设置标段，如果项目中只有一座大桥，且单座大桥建安费不超过 5 000 万元，或者虽有多座大桥，但是距离相距较远，则可以将大桥纳入相应的道路工程；如果建安费较高，或多座桥梁距离较近，可以将桥梁单独设置标段。如果项目的总建安费不高，也可以将软基、路基、桥梁及排水设置成一个标段。

基坑、土建及安装项目的标段设置中，主要是根据规模的大小确定标段，三个工程类别根据规模的大小进行组合。例如：南京南站的南北广场每个基坑的建安费均在亿元左右，所以将南北广场的基坑各设置成一个标段。以往的交通项目中土建和安装的建安费均不大，一般可以设置成一个标段。

南京南站项目整个项目的实施过程及招标时序如表 1.2 所示。

1.2.4　南京南站交通枢纽项目 WBS

南京南站工程规模庞大，每一个子项目本身就是一个复杂的工程，例如主站房工程以及市政道路网工程等。因此，在进行项目的招标策划之前对整个南京南站综合交通枢纽工程做一个系统的工作结构分解（Work Breakdown Structure ，WBS）是必要的，可以更好地指导招标过程中的策划以及标段划分等工作。

用于招标目的的项目 WBS 有别于普通项目的 WBS，用于指导招标的 WBS 目的在于使整个项目更加清晰，在标段划分的过程中可以很好地进行统筹全局的考虑，根据招标监管部分的规定将招标项目分为货物类招标、工程类招标以及服务类招标三大类。

在此基础上，结合南京南站工程的特点以及方便招标实施的考虑将其划分为建筑工程类、交通工程类、货物类、服务类和室外及辅助工程类五大类，分别将南京南站工程的各子项工程充分考虑并将其归到合适的类别下，如图 1－5 所示。

表 1.2　南京南站项目招标时序安排

时间 内容	2009 年				2010 年				2011 年				2012 年				2013 年				2014 年				2015 年			
	一季	二季	三季	四季	一季	二季	三季	四季	一季	二季	三季	四季	一季	二季	三季	四季	一季	二季	三季	四季	一季	二季	三季	四季	一季	二季	三季	四季
1. 站房工程																												
2. 站房配套市政工程																												
3. 南京南站地区市政道路工程																												
4. 农花河河道工程																												
5. 南北广场工程																												
6. 中央景观轴																												
7. 快速环线工程																												
8. 站东路、站西路工程																												
9. 南北高架落客平台联络道工程																												
10. 汽车客运南站主站区工程																												

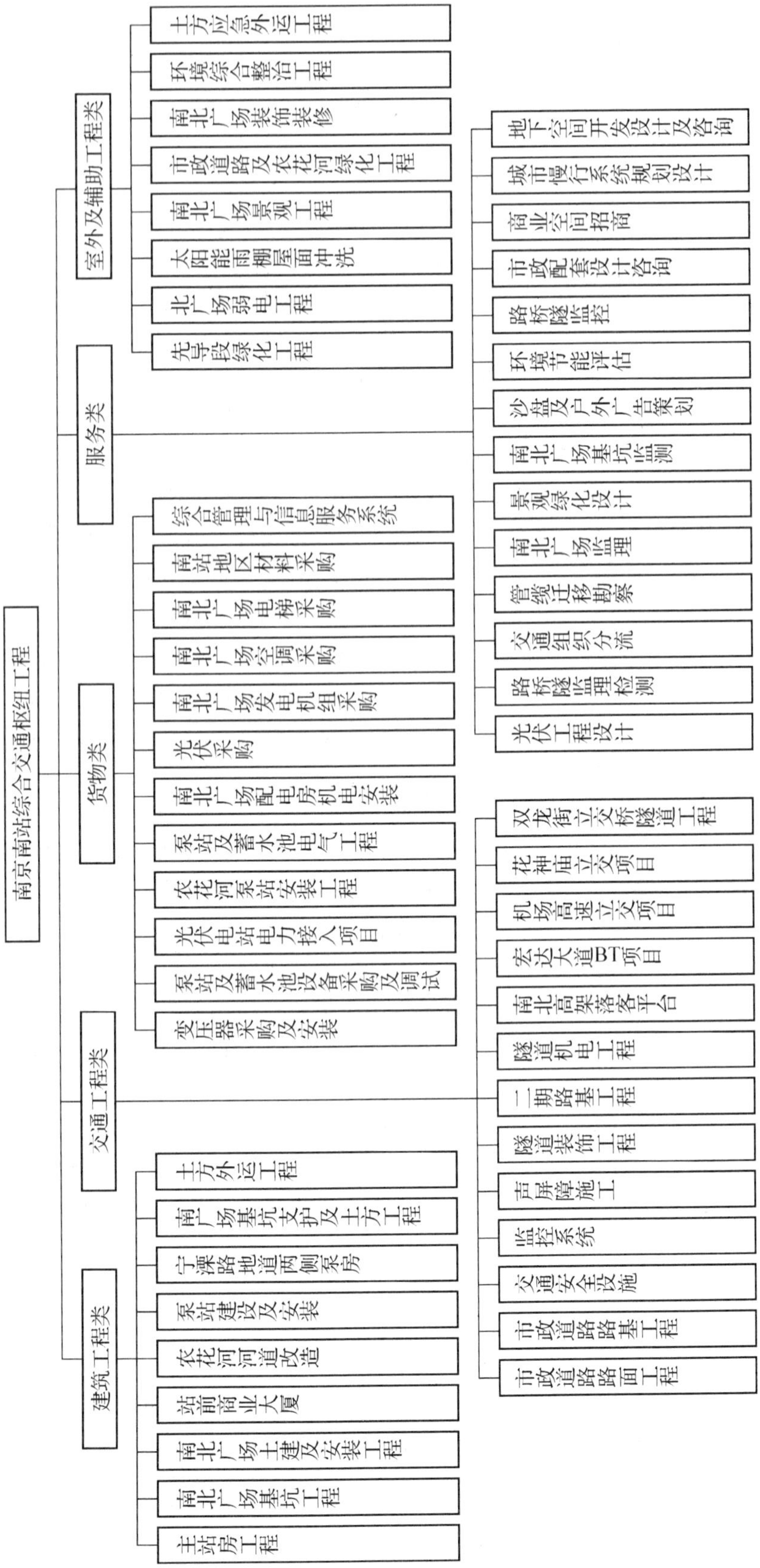

图 1－5　南京南站工程招标 WBS

1.3 招标方式及评标办法

1.3.1 招标方式

国际上常用的招标方式主要有公开招标、邀请招标以及议标三种形式。

(1) 公开招标:公开招标亦称为无限竞争性招标。由招标人在符合规定的招标网站、国内外主要报纸、有关刊物上,有的还可在电视、广播上发布招标公告。凡对此有兴趣的承包商都可购买资格预审文件,预审合格可购买招标文件进行投标。

这种招标方式可为所有的承包商提供一个平等竞争的机会,招标人有较大的选择余地,有利于降低工程造价,提高工程质量和缩短工期,但由于参与竞争的承包商可能很多,增加资格预审和评标的工作量。也有可能出现故意压低投标报价的投机承包商以低价挤掉对报价严肃认真而报价较高的承包商。因此采用公开招标方式时,招标人要加强资格预审,认真评标。

(2) 邀请招标:邀请招标亦称为有限竞争性选择招标。这种方式不发布公告,招标人根据自己的经验和各种信息资料的了解,对那些被认为有能力承担该工程的承包商发出邀请,一般邀请 3～10 家前来投标。这种招标方式可以保证投标的承包商有此项工程经验,信誉可靠,有能力完成该工程项目,但由于经验和信息资料有一定的局限性,有可能漏掉一些在技术上、报价上有竞争力的后起之秀。

(3) 议标:议标亦称为非竞争性招标、竞争性谈判或称指定性招标。这种方式是招标人邀请至少三家承包商来参与竞争协商谈判。实际上是一种合同谈判的形式。这种方式适用于工程造价较低、工期紧、专业性强或保密工程。其优点是可以节省时间,容易达成协议,迅速展开工作。缺点是无法获得有竞争力的报价。

我国《招标投标法》第十条规定:招标分为公开招标和邀请招标。公开招标,是指招标人以招标公告的方式邀请不特定的法人或者其他组织投标。邀请招标,是指招标人以投标邀请书的方式邀请特定的法人或者其他组织投标。此外,按照招投标法可以不进行招标的项目,需参照国际惯例采取竞争性谈判的方式。

南京南站在招标实施过程中,严格根据国家和南京市相关法律法规要求执行,由于项目庞大,标段数量很多,涉及的工种和专业也很全面,因此在招标的过程中也出现了一些问题,例如有的标段就由于其工艺先进,目前应用尚不是很成熟,因此没有达到法定的公开招标的要求。在这样的情况下,我们结合标段项目本身的特点并参照国际惯例采用竞争性谈判的方式完成。

1.3.2 评标办法

目前我国招投标过程中所采用的主要评标办法有经评审的最低投标价法、合理低价法、综合评估法、合理定价评审抽取法。不同的评标办法具有不同的适用范围和评审程序,具体方法及适用范围见表 1.3。

表 1.3　评标方法汇总表

分类＼内容	应用范围	评审程序	评审方法
经评审的最低投标价法	具有通用技术的所有工程	初步评审；对初步评审合格的投标人的技术标作合格性评审；对技术标合格的投标人的投标报价从低至高依次评审	评标委员会集体评议后，评标委员会成员分别自主作出书面评审结论
最低投标价法	土石方、园林绿化等简易工程	初步评审；技术标合格性评审；从低至高检查技术标合格的投标人的投标报价完整性	评标委员会集体评议后，评标委员会成员分别自主作出书面评审结论，作合格性评审
综合评估法	一级及以上施工资质才能承担的所有工程，或工程复杂、技术难度大和专业性较强的工程	初步评审；对初步评审合格的投标人的技术标和信誉及投标报价进行评审计分	评标委员会集体评议后，评标委员会成员分别自主作出书面评审结论，作评审计分
合理定价评审抽取法	合同估价在 1 500 万元以下并具有通用技术的一般性工程。（在此范围内县以上建设行政主管部门可根据当地实际情况确定当地限额）	初步评审；技术标合格性评审；检查技术标合格的投标人对合理价的书面确认文件	评标委员会集体评议后，评标委员会成员分别自主作出书面评审结论，作合格性评审

采用合理定价评审抽取法的，投标人应当在投标文件中按照招标文件规定的招标项目的范围、合理价及其组成内容以及详细清单、工程量增减的计价原则等予以书面确认，投标人不提出书面确认的不得推荐进入公开随机抽取程序。

在对南京南站工程项目招标过程中，实践中结合不同的项目和标段，结合工程本身的特点，进行多方案和方法对比，最终确定适合每一个标段的评标办法。

本节只对招标方法进行总体介绍，每一类项目的具体招标方法及方法对比在相应项目的章节中进行具体介绍。

1.4　招标时序及工作计划

1.4.1　招标工作计划

南京南站项目相关参建单位（前文所述四个建设方）共同委托某招标代理机构负责南京南站地区的全部招标工作，招标过程中成立了专门的招标工作小组，分别就标段划分、招标时序等工作制定了详细的招标方案。根据管理部门“行政单位监督，专业公司代建”的要求，南京南站工程的建设聘用了合适的代建单位。同时，为加强项目廉政建设，纪委对本项目派驻了纪检监督代表，每次招标均由相关纪检部门参加监督。此外，市审计局还聘用了专业审计单位，对本项目进行全过程跟踪审计，并且建立了专业的项目管理模式。

1.4.2 招标时序设计安排

依据南京南站建设项目的特点，建设单位在成立初期即形成了一整套的管理流程。与之相对应，招标代理单位依据招投标相关法律法规，结合招标代理公司的内部管理制度，针对招标项目特征制定了专门的代理工作流程。

首先根据招标项目基本概况，进行合理的标段划分，将整个南京南站综合项目划分为站房工程、市政配套工程、交通集疏运工程、城市轨道交通工程几个部分，并分别就其中的每一部分做了更加详细的标段划分以及建设时序安排，由于工程所涉及的工作内容多而杂，所涉及的作业面广，在实施过程中做了具体的时序安排，如表 1.4、表 1.5 所示。

在此基础上，根据划分的标段规模大小及所属行业特征，初拟了招标方案，并将招标方案上报建设主管方，由建设单位组织各参建管理单位审核招标方案，最终招标方案确定后，再具体落实各项招标工作，流程见图 1－6。

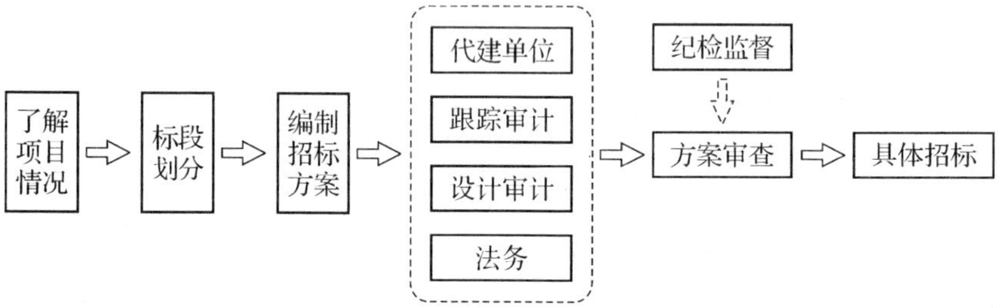

图 1－6　南京南站综合交通枢纽工程招标管理流程

表 1.4　南京南站综合交通枢纽工程 2009—2011 年建设安排

建设序号	道路名称	起点	迄点	长度(m)	宽度(m)	规划等级
1	宁溧路	绕城公路	秦淮新河	2 823	58	快速路
2	绕城公路	机场高速	宁溧路	2 375	77.5	快速路
3	机场高速路	绕城公路	秦淮新河	1 605	102	高速路
4	宏运大道	机场高速	宁溧路	3 076	60	快速路
5	机场路—绕城公路立交	—	—	—	—	交交
6	绕城公路—宁溧路立交	—	—	—	—	交交
7	机场路—宏运大道立交	—	—	—	—	交交
8	宏运大道—宁溧路立交	—	—	—	—	交交
9	站东路	宁南大道	董村路	3 900	40、60	主干路
10	站西路	宁南大道	董村路	3 900	45、56	主干路
12	北广场高架联络道	—	—	—	—	高架
	北广场联络道地面道路	—	—	583	30	次干路
	北高架平台	站中二路	站中七路	420	27、14	高架

续表 1.4

建设序号	道路名称	起点	讫点	长度(m)	宽度(m)	规划等级
13	南广场高架联络道	—	—	—	—	高架
	南广场联络道地面道路	—	—	1 605	40、50	次干路
	南高架平台	站中二路	站中七路	420	40、18	高架
14	玉兰路	绕城公路	北广场	786	60	次干道
合计				21 493	—	—

表 1.5　南京南站地区建设道路时间安排

建设序号	道路名称	起点	讫点	长度(m)	宽度(m)	规划等级
1	站北三路	站西四路	站中一路	923	16	支路
2	站北三路	站西四路	站西路	643	16	支路
3	站北路	站西四路	站西路	734	16	支路
		站东路	站东三路	538	16	支路
4	站西二路	绕城公路	站北路	662	33	交干路
5	站西三路	站北三路	站北路	561	24	支路
6	站西四路	站北三路	站北路	637	16	支路
		宏运大道	滨河路	304	16	支路
7	站中一路	站北三路	站北一路	223	16	支路
8	站中四路	站前一路	滨河路	1 086	22	支路
9	站中五路	站前一路	站前六路	909	22	支路
10	滨河路	机场高速	宁溧路	3 179	33	交干路
11	站前路	站西路	站中二路	250	24	支路
		站中七路	站东路	250	24	支路
12	站前一路	站东路	站西路	1 011	24	支路
13	站前二路	站西路	宁溧路	2 094	33	次干路
14	站前五路	站东二路	站前六路	563	16	支路
15	站东二路	绕城公路	站前六路	1 311	24	支路
16	站东二路	绕城公路	滨河路	2 487	33	次干路
17	站东一路	站前路	宏运大道	1 075	16	支路
18	站路八路	站前路	站前三路	600	16	支路
19	站中六路	站前一路	站前六路	945	16	支路
20	站中三路	站前一路	站中四路	796	16	支路
21	站中二路	宏运大道	站中四路	457	16	支路
22	站中一路	站前路	滨河路	1 162	16	支路

续表 1.5

建设序号	道路名称	起点	迄点	长度(m)	宽度(m)	规划等级
23	站前一路	站东路	宁溧路	797	24	支路
24	站前三路	站中二路	宁溧路	1 593	24	支路
25	站前四路	站中五路	站中七路	211	16	支路
		站东路	宁溧路	949	24	支路
26	站前六路	农花河	站东路	1 832	24	支路
		站东二路	宁溧路	625	24	支路
27	站前七路	站东二路	宁溧路	546	16	支路

1.5 招标组织与监管

整个南京南站地区项目进行招标之前均做了合理的招标组织，将项目分为公开招标、邀请招标和竞争性谈判几种形式，并分别就每种组织形式制定了相应招标流程和监管机制，分别如图 1－7、1－8 和 1－9 所示。

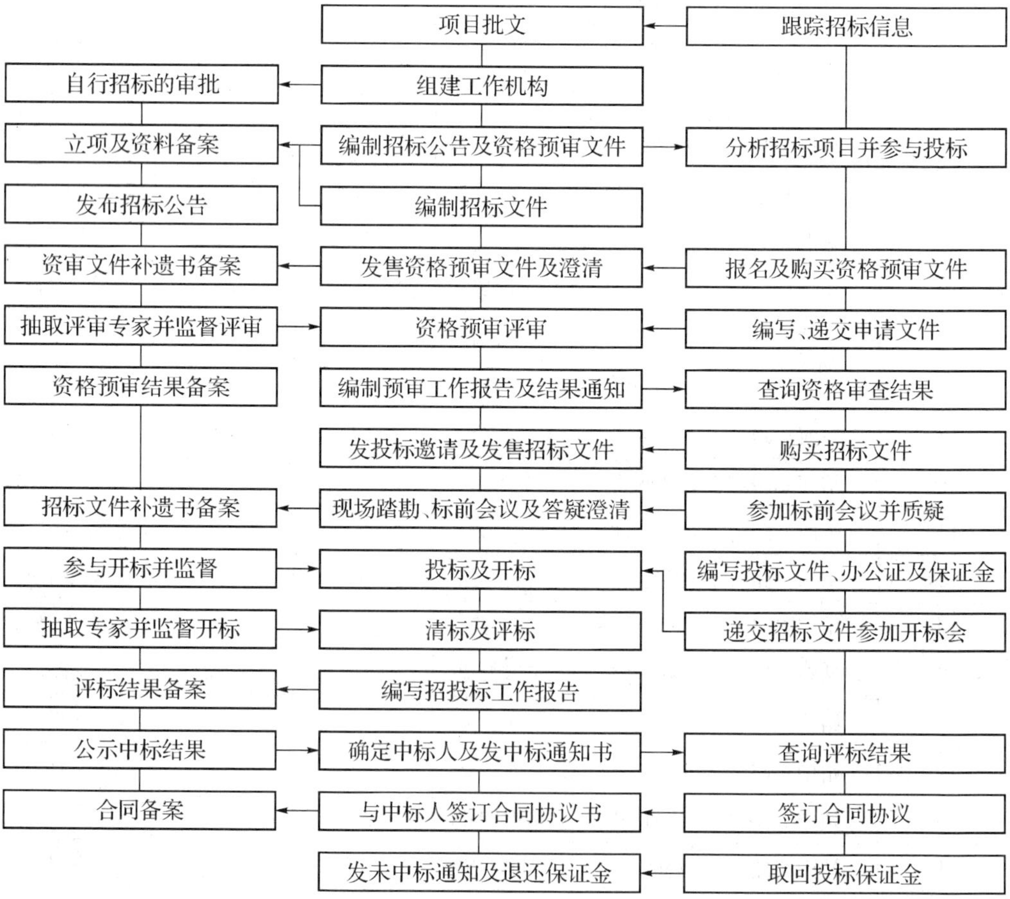

图 1－7 公开招标程序图

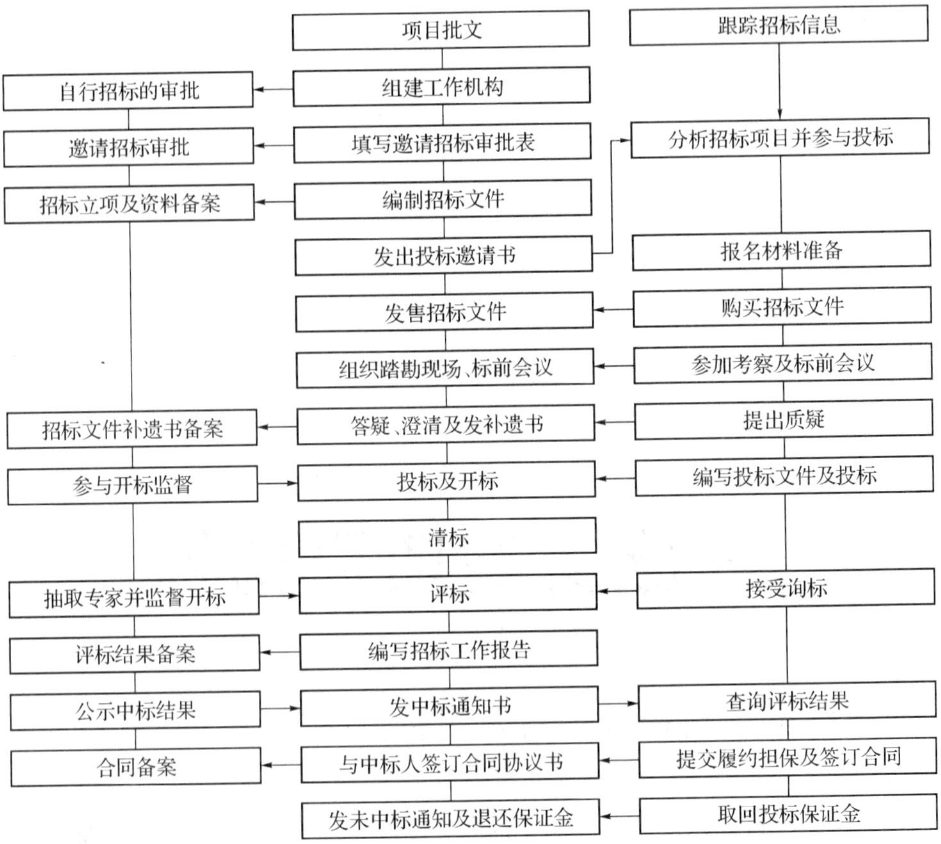

图 1-8　邀请招标程序图

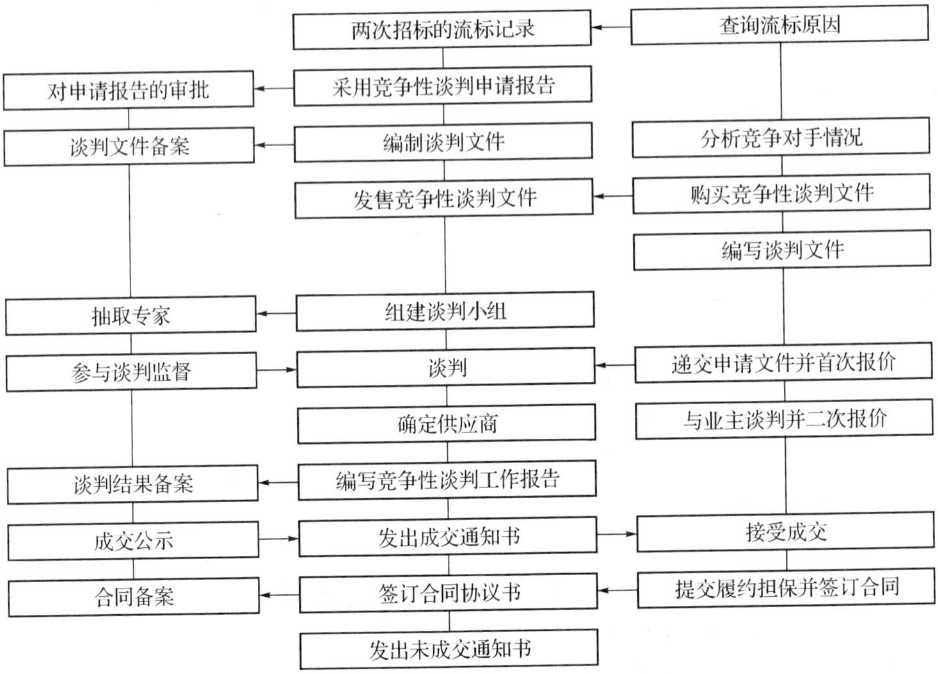

图 1-9　竞争性谈判程序图

2 服务类项目招标

2.1 服务类项目招标内容及范围

在南京南站项目服务类招标中，按标的内容可以分为勘察设计招标、监理招标、监测和检测招标、招标代理和审计招标、经营权招标及评价评估类招标。其中交通组织分流设计、管线迁移勘察并入勘察设计招标类；招标代理和审计招标，由于地区不同，有些地方已建立政府投资项目中介机构库，也可采用摇号方式产生中标单位；经营权招标包括了商业广告规划的招标、房屋租赁招标、展厅沙盘制作招标等，评价评估类招标包括环境评价招标、安全评估招标、节能评估招标等。

2.1.1 勘察设计招标内容和范围

工程勘察设计招标是招标人就拟建的工程项目的勘察设计任务发出招标信息或者投标邀请，由投标人根据招标文件的要求，在规定的期限内向招标人提交包括勘察设计方案及报价等内容的投标书，经开标、评标及决标，从中择优选定勘察设计单位的活动。

根据有关规定，建设项目的勘察、设计单项合同估算价在 50 万元人民币以上，或者建设项目总投资额在 3 000 万元人民币以上的，必须进行勘察设计招标。建设项目符合下列条件之一的，按项目管理权限报主管部门批准，可以不进行勘察设计招标：①涉及国家安全、国家秘密、抢险救灾的；②勘察、设计采用特定专利、专有技术的；③对建筑艺术造型有特殊要求的。

招标人可以根据工程建设项目的不同特点，实行勘察设计一次性总体招标；也可以在保证项目完整性、连续性的前提下，按照技术要求实行分段或分项招标。

在我国目前的设计体制下，有相当一部分设计单位并没有勘察能力，所以勘察和设计分别招标也是常见的。一般是设计招标之后，根据设计单位提出的勘察要求再进行勘察招标，或由设计单位总承包后，再分包给勘察单位，或者设计、勘察单位联合承包。

在南京南站项目勘察设计招标项目中，包括的内容和范围如表 2.1。

表 2.1 勘察设计类项目招标内容和范围

序号	项目名称	范围及内容
1	双龙街交通组织分流	施工期间交通组织分流的方案设计及临时交通设施的设计
2	南京南站地区管线迁移勘察招标	施工范围内的管线选线规划设计及后续服务
3	南京南站地区绿化设计招标	初步设计(方案设计)、施工图设计、概预算文件编制及后续服务
4	交通分流设计	地下管线的迁移规划设计
5	绿化设计咨询招标	绿化及景观工程的方案设计、施工图设计、概预算文件的编制及后续服务
6	南京南站地区城市慢行系统规划与设计项目	南京南站地区慢行交通系统规划的编制工作
7	配套市政工程设计咨询招标	南京南站配套市政工程(地下空间开发、高架落客平台)施工图设计阶段的设计咨询
8	市政工程设计及咨询招标	市政道路工程的工程可行性研究报告的编制及勘察设计，市政综合管线及提升泵站、加压站等配套设施的规划设计、可行性研究报告的编制以及该部分的设计咨询
9	地下空间开发设计及设计咨询	整个南京南站地区地下空间开发的概念性研究、规划设计和可行性研究报告的编制、方案设计、初步设计、施工图设计以及该部分的设计咨询

2.1.2 监理招标内容和范围

监理招标是建设项目的招标人为了加强对项目前期准备及项目实施阶段的监督管理，委托有经验、有能力的监理单位对建设项目进行监理而发布监理招标信息或者发出投标邀请，由建设监理单位竞争承接此项目相应的监理任务的过程。

招标人可以将整个工程项目的施工监理作为一个标一次招标，也可以按不同专业、不同阶段分标段进行招标。招标人分标段进行施工监理招标的，标段划分应当充分考虑有利于对招标项目实施有效管理和监理企业合理投入等因素。

在南京南站项目监理招标项目中，包括的内容和范围如表 2.2。

表 2.2 监理类项目招标内容和范围

序号	项目名称	范围及内容
1	农花河监理招标	河道老驳岸清理拆除、土方淤泥挖运、基坑围护(钻孔灌注桩)、泵闸、驳岸防洪墙、堤岸道路、箱涵、照明及附属工程的施工监理
2	南京南站南广场项目施工监理招标	南广场基坑支护、土方工程、工程桩、土建、装饰及安装等工程施工监理

续表 2.2

序号	项目名称	范围及内容
3	南京南站北广场项目施工监理招标	北广场基坑支护、土方工程、工程桩、土建、装饰及安装等工程施工监理
4	南京南站市政道路二期施工监理招标	南京南站市政道路二期路基、路面、雨污水管道、交通工程、人行道、照明及路缘石施工监理
5	南北广场及景观轴景观工程监理招标	南京南站南广场、北广场以及中央景观轴景观工程施工监理
6	南京南站地区环境综合整治一期工程施工监理招标	环境综合整治工程施工监理,具体包括土方开挖并运至南京南站范围以外,同时对区域内部分地块进行绿化种植

2.1.3 监测和检测招标内容及范围

监测和检测招标是招标人就拟建的工程项目的监测和检测任务发出招标信息或者投标邀请,由投标人根据招标文件的要求,在规定的期限内向招标人提交投标书,经开标、评标、定标等程序,从中择优选定监测单位的活动。

南京南站项目监测招标项目中,包括的内容和范围如表 2.3。

表 2.3 监测类项目招标内容和范围

序号	项目名称	范围及内容
1	南北广场基坑桩基监测	南、北广场建筑桩基检测
2	南北广场基坑支护监测	南、北广场基坑监测
3	绕城公路隧道监控	基坑工程施工监测
4	秦淮河大桥监控	南京南站综合枢纽机场高速跨秦淮河大桥及站东路跨秦淮河大桥施工监控及荷载试验

2.1.4 经营权招标内容及范围

经营权招标:招标人就拟发包项目的经营权任务发出招标信息或者投标邀请,由投标人根据招标文件的要求,在规定的期限内向招标人提交投标书,经开标、评标、定标等程序,从中择优选定经营单位的活动。

2.2 服务类项目招标要点

2.2.1 勘察设计招标要点

(1) 设计咨询招标。众所周知,工程项目设计质量的优劣对工程的投资、进度及质量控制起着非常关键的作用,设计质量差,轻者造成项目的功能下降、项目的完整性及系统性欠缺，重者造成项目的失败。因此，招标方可以通过设计咨询（设计监理）的招标来控制设计的质量。工程设计咨询是指包括工程设计、工程设计监理以及提供与工程设计相关的专业技术智力服务的行业。工程设计咨询可以是全过程或阶段性服务，如工程设计监理；也可以应顾客的要求，提供各种单项服务，如对设计方案进行价值分析，提出改进意见等。

工程设计咨询的功能是指设计咨询服务所发挥的满足顾客需要的作用和效能。其基本功能是辅助决策、专业服务、组织协调、提供信息；其辅助功能有沟通、监督和培训。

(2) 核备部门。招标人自行办理招标事宜的，应当在发布招标公告或者发出投标邀请书十五日前，按项目管理权限报交通部或者省级人民政府交通主管部门核备；招标人委托招标代理机构办理招标事宜，应当在委托合同签订后十五日内，按项目管理权限报交通部或者省级人民政府交通主管部门核备①。

(3) 资格审查。工程勘察设计招标实行资格审查制度。公开招标的，实行资格预审；邀请招标的实行资格后审。但是当采用公开招标时，由于投标人数相对较少，可在实际招标中采用资格后审。如下面 2.3 节所讲述的案例中，采用的就是公开招标，规定投标人少于 12 个，即采用资格后审。

(4) 投标文件的密封与标记。在勘察设计类项目中，投标文件一般采用双信封密封，第一个信封内为商务文件和技术文件，第二个信封内为报价清单。上述两个信封应当密封于同一信封中为一个投标文件。投标文件及任何说明函件应当经投标人盖章或者其法定代表人或者其授权代理人签字。勘察设计类项目采用双信封形式，是因为在服务类项目中，招标人对技术标的关注远远超过报价。为防止在评标中，评标委员会过分倾向报价低的投标人，采用双信封模式，评标委员会对投标人的第一个信封评审打分后，再拆封投标人的第二个信封，对第二个信封评审打分，这样得到的综合结果相对比较公平。

(5) 合同调价方式。由于工程项目实施过程中设计变更、工程量变化和其他工程条件变化所引起的费用变化，或者是通货膨胀等不可预见的风险导致合同总价变化，为兼顾双方的利益，就需要规定合同的调价方式。确定合同调价方式时需要同时兼顾招标人和中标人的利益，不能偏向任一方，以便吸引更多的投标人来投标，并保证了招标方的利益。招标人可以规定工程暂定的工程设计收费计费额与经批准的初步设计概算的相比差额一定范围内合同价不调整；超过一定范围，可以规定哪些费用可以按照所报费率进行调整。

(6) 评标委员会专家构成。评标委员会由招标人或其委托的招标代理机构熟悉相关业务的代表，以及省级专家评审委员会有关技术、经济等方面的专家组成，人员人数为 5 人以上单数，其中技术、经济等方面的专家不得少于成员总数的 2/3。

(7) 评分侧重点。在勘察设计类招标项目中，招标人对技术文件和商务文件的关注程度远远超过报价，在审查打分时，招标人需要重点考察投标人对项目的理解和技术建议、工作计划和质量管理措施、投标人信誉和本项目相关的具体经验、拟投入本项目工作人员的资质和能力。

---

①出自《公路工程勘察设计招标投标管理办法》(2001)。

2.2.2 监理招标要点

(1) 中标候选人。招标人分标段进行施工监理招标的,标段的划分应当充分考虑有利于对招标项目实施有效管理和监理企业合理投入等因素。若一项目两标段同时招标或两标段招标时间间隔不长,应充分考虑到人员调度和资源安排的合理性,避免两个标段都委托给同一家监理单位。但若是两标段招标是一个标段项目结束后才进行第二标段的招标,则可以是同一家监理单位中标。

(2) 投标文件的密封。监理类招标中,招标人往往对商务和技术文件的关注度远远超过报价。为了避免评标委员会倾向价格低的投标人,而不能对其商务和技术文件作出正确的判断,在监理招标中往往采用双信封方式。投标文件由商务文件、技术建议书、财务建议书组成,商务文件和技术建议书应当密封于一个信封中,财务建议书密封于另一个信封中,上述两个信封应当再密封于同一个信封中,为一个投标文件。

(3) 开标。在监理招标时,采用双信封投标,开标时必须先评审商务文件和技术建议书,然后才可以拆封财务建议书并对其进行评审,这是因为避免评标委员会一开始就知道各投标人的报价,在评分时倾向报价低的单位,而忽视尤为重要的技术建议书和商务文件。具体做法,开标时,由投标人或者其推选的代表检查投标文件的密封情况,也可以由招标人委托的公证机构进行检查并公证。经确认无误后当众拆封商务文件和技术建议书所在的信封。投标文件中的财务建议书所在的信封在开标时不予拆封,由监管部门妥善保管。在评标委员会完成对投标人的商务文件和技术建议书的评分后,在主管部门的监督下,再由评标委员会拆开投标人的财务建议书的信封。采用单信封投标,投标文件由商务文件和技术建议书组成,商务文件和技术文件密封于一个信封中。

(4) 合同范围及费用的调整。在监理工作实施过程中,因招标人要求增加或收回监理合同部分段落时,监理服务费应作相应调整。调整原则为增加段落则相应增补服务费,收回段落则相应扣减服务费。具体按下列方法计算确定:

① 当合同标段的工程建安费增减不超过招标文件概算建安费的20%(小于等于20%)时,监理费率不作调整。

② 当合同标段的工程建安费增减超过招标文件估算建安费的20%(大于20%)时,增减后的监理服务费率为:依据《建设工程监理与相关服务收费管理规定》(发改价格〔2007〕670号),以实际工程建安费所对应的基价,按中标时监理人所报专业调整系数、工程复杂程度调整系数、高程调整系数及浮动幅度值进行计算调整。

(5) 评分侧重点。在选择监理单位的时候,应当充分考虑投标人的业绩或者处罚记录等诚信因素,评标办法应当注重人员素质和技术方案。在选择监理单位时,招标人往往更加关注投标人的商务和技术文件,而对报价的高低的关注度不高,这是因为监理工作对工程质量的影响十分大,招标人必须保证选择信誉较高、实力较强的单位来进行监理工作。

2.2.3 监测招标要点

(1) 现场考察。招标人提供的图纸中介绍了工程的地形、地貌、水文、地质、气象、料场、水源、电源、通信、交通条件等情况,仅供投标人参考,投标人对其做出的理解、推理和应用应当由投标人自行负责，招标人对其不承担责任，在合同中必须明确强调这一点。

（2）投标价。招标人应当明确在招标文件中告知投标人需要认真填写项目组成费用中所列的本合同各项目的单价、合价和总额价及所有标明为暂定工程量项目的单价。由于投标人投标时的疏忽导致某些费用没有包括在内，一旦签订合同，投标人的报价总额不予调整。

（3）合同总价及调整。当招标人确定合同价为结算上限价时，在招标文件中需要明确告知投标人结算时，实际完成的工程量达到或超过本合同数量的，则按照合同总价予以结算；若实际完成的工程量未达到本合同数量的，则按照比例扣除相应费用，采用这种方式，可以很好地控制成本价。

（4）评分侧重点。监测项目选择检测单位时，首先比较重视价格的比选，其次是监测方案。所以在比选方案时，应当经审核合理之后，加大评标价和监测方案的比分。

2.2.4 经营性招标重点

（1）报价方式。此类招标一般采用逐年报价，而且由于通货膨胀、客流量的增加、商机的增加、物价的上涨等原因，如果每年采用同一价，作为招标人必然是不利的，因此多采用逐年报价，确定一个基准收益率。

（2）履约保证金。中标人在与招标人签订框架协议后必须缴纳总价款不高于10%的履约保证金（履约保证金不计息），如果中标人经营稳定后，经双方协议一致后，可视情况将前期缴纳的履约保证金的部分金额转化为后期经营性物业的租金，但剩余履约保证金总额不得低于一定的数额。

（3）租金支付。根据协议，招标人需要确定明确的租金支付方式，根据实际情况可定一个免租期，免租期之后按年或季度支付租金，确定支付日期、金额。

（4）分租转租事项。在协议中必须明确日后中标人将租赁物分租和转租时，必须保证招标人的权益不受损害，须向招标人备案。分租和转租所产生的纠纷与招标人无关。

（5）评分侧重点。在经营性招标中，特别需要注意租金价格、履约保证金、以前成功的商业策划案例。这些都是保证经营性招标成功的关键因素。在招标过程需要尤为关注。

2.3 服务类项目评标办法

我国招标投标法规定评标可采用经评审的最低投标价法和综合评价法以及法律与行政法规允许的其他评标方法。

根据南京南站项目服务类项目评标办法的经验总结得出服务类项目评标采用综合评价法和合理最低价法相对较好。

1）综合评价法

服务类项目招标一般采用综合评价法进行评审。综合评价法不仅要评价商务标，而且要评价技术标。一些技术难度大的项目，对技术标的关注程度甚至要超过报价。

对于技术标的评审主要是对投标书的技术方案、技术措施、技术手段、技术装备、人员配置、组织方式和进度计划的先进性、合理性、可靠性、安全性、经济性进行分析评价。如果招标文件要求投标人委派拟任项目负责人参加答辩，评标委员会应组织他们答辩，这对于了解项目负责人的工作能力、工作经验和管理水平是很有好处的。没有经过技术评审的标书，不能中标。

商务标包括投标报价和投标人的资信等内容，但评标的重点是对投标报价的构成、计价方式、技术方法、支付条件、取费标准、价格调整、税费、保险及优惠条件等进行评审。商务标评审的核心是评价报价的合理性以及投标人在履约过程中可能给招标人带来的风险。

衡量投标文件是否最大限度地满足招标文件中规定的各项评价标准，可以采用评分法，但是需要量化的因素及其权重必须在招标文件中明确。评分法(打分法)是指按照招标文件规定，将评审内容分类后分别赋予不同权重，评标委员依据评分标准对各类细分的子项目进行相应的打分，最后计算的累积分值反映投标人及其投标的综合水平，以得分最高的投标书为最优，推荐为中标候选人。

2）合理低价法

在服务类招标中较少采用合理最低价法，这是因为在服务类项目中费用低、影响大。能够满足招标文件的实质性要求，并且经评审的投标价格最低；但是投标价格低于成本的除外。经评审的最低投标价法一般适用于具有通用技术性能标准或者招标人对技术、性能没有特殊要求的招标项目。评审委员会只需根据招标文件中规定的评标价格调整方法，对所有投标人的投标报价以及投标文件的商务部分做必要的价格调整，而无需对投标文件的技术文件部分进行折价，但投标文件的技术标应当符合招标文件规定的技术要求和标准。

由于我国建设领域的诚信体系尚不健全，同时由于成本价难以认定，一些不良投标人常利用经评审的最低投标价进行恶性低价竞争，中标后再恶意索赔。这是需要重点防范的 。

在南京南站服务类项目招投标中，各项目的招标方法及评标方法如表 2.4～2.6。

表 2.4　监理类项目评标办法

序号	监理类项目名称	招标方法	评标方法
1	农花河监理招标	公开招标	综合评标法
2	南京南站南广场项目施工监理招标		
3	南京南站北广场项目施工监理招标		
4	南京南站市政道路二期施工监理招标		
5	南北广场及景观轴景观工程监理招标		
6	南京南站地区环境综合整治一期工程施工监理招标		

表 2.5 勘察设计类项目评标方法

序号	勘察设计类项目名称	招标方法	评标方法
1	双龙街交通组织分流	竞争性邀请谈判	综合评标法
2	南京南站地区管线迁移勘察招标	竞争性邀请谈判	
3	南京南站地区绿化设计招标	邀请招标	
4	交通分流设计	竞争性邀请谈判	
5	绿化设计咨询招标	竞争性邀请谈判	
6	南京南站地区城市慢行系统规划与设计项目	公开招标	
7	配套市政工程设计咨询招标	公开招标	
8	市政工程设计及咨询招标	公开招标	
9	地下空间开发设计及设计咨询	公开招标	

表 2.6 监测类项目评标办法

序号	监测类项目名称	招标方法	评标方法
1	南北广场基坑桩基监测	公开招标	综合评标法
2	南北广场基坑支护监测	公开招标	综合评标法
3	绕城公路隧道监控	竞争性邀请谈判	合理最低价法
4	秦淮河大桥监控	公开招标	综合评标法

2.4 案例一：地下空间开发设计及设计咨询

2.4.1 项目情况概述

南京南站地下空间开发勘察设计招标（NZ-SJ0904 合同段）和地下空间开发勘察设计咨询招标（NZ-SJ0905 合同段）工作内容主要包括：整个南京南站地区地下空间开发的概念性研究、规划设计和工程可行性研究报告编制、方案设计、初步设计及施工图设计。在概念性研究的基础上，进行规划设计和可行性研究报告编制，其中规划设计和可行性研究报告编制的范围：以控制性详规中规划的地下空间为基础向东西适当扩展，东到站东路（部分范围拓展至站东一路），西至站西路（部分范围拓展至站西一路），北起绕城公路，南抵秦淮新河，用地面积约 223.4 hm^2；方案设计范围：主要包括铁路枢纽站南北广场及中央绿轴下公共地下空间（用地面积约为 20 hm^2）和重点片区（南北广场，绿轴）的地面景观；初步设计、施工图设计范围：主要包括铁路枢纽站南北广场公共地下空间。设计咨询招标工作内容主要包括上述设计内容的设计咨询工作。

由于勘察设计招标和设计咨询招标工作是同时进行，规定报名参加本项目勘察设计合同段投标的申请人，必须报名参加该项目设计咨询合同段的投标，但是只能中标一个合同段。两者各有特色，以下将以设计招标为例。

2.4.2 招标过程

(1) 确定招标方式。根据招投标法相关规定及本项目的具体规模和特点决定采用公开招标方式。

(2) 发布招标公告。招标公告应载明招标人的姓名和地址、招标项目的性质、数量、实施地点和时间、投标截止日期以及获取招标文件的办法等事项。招标人或其招标代理机构应至少在一家指定的媒介发布招标公告。指定报纸在发布招标公告的同时,应将招标公告如实抄送指定网站。

为吸引更多潜在的投标人,在中招网上发布招标公告,同时规定报名参加本项目勘察设计合同段投标的申请人,必须报名参加该项目设计咨询合同段的投标,但是只能中标一个合同段。在招标公告中特别载明要求提供方案的招标须进行版权补偿。

(3) 编制招标文件。招标人应当根据招标项目的特点和需要编制招标文件。南京南站地下空间开发勘察设计招标(NZ-SJ0904 合同段)和地下空间开发勘察设计咨询招标(NZ-SJ0905 合同段)分别由本项目专用本和中华人民共和国原交通部《公路工程勘察设计招标文件范本(2003 年版)》(以下简称"范本")共同组成。其中项目专用本是招标人根据项目实施的具体情况对范本进行修改、完善和补充的文本,所涉及的条款内容均以项目专用本为准;对范本未进行修改、完善、补充和说明的,以范本为准。

以南京南站地下空间开发勘察设计招标项目专用本为例,与示范文本相比较,以下几点需要特别注意:

① 合理确定合同调价方式。确定合同调价方式时需要同时兼顾招标人和中标人的利益,以便吸引更多的投标人来投标,这要求不能过分偏重招标人方的利益,而不考虑投标人的利益,错失很多有潜力的投标人。在本案例中,招标代理机构合理制定合同调价方式值得借鉴,规定如本工程暂定的工程设计收费计费额与经批准的初步设计概算中的建筑安装工程费、设备与工器具购置费和联合试运转费之和相比差额在±10%范围内合同价格不调整;在±10%范围外,合同价中的概念性研究费、规划设计及工程可行性研究编制费、方案设计费不调整,初步设计(包括初勘)及施工图设计费(包括详勘)进行调整,对差额在±10%范围以外的超过或减少部分按投标时所报费率进行调整。

② 合理确定投标人形式。由于本案例中标段划分较细、专业性强,没有必要联合体投标,因此本案例不采用联合体投标。投标人必须是一个独立的机构,但如果投标人不具备规划编制资质及工程勘察资质,可将相应业务分包给具有相应资质的单位。

③ 投标文件编制说明。本案例中明确规定了技术文件和商务文件的装订格式、字数、字体、字体大小、图表格式等,同时明确要求技术文件采用光盘陈述方式,供评价过程中播放,并对技术文件陈述光盘做出明确要求,如果违反则作为废标处理。

④ 清晰交代退还投标担保方式。对于未中标的投标人和中标人投标前所交付的投标担保,招标人应告知对方在何地何时取得投标担保,同时规定招标代理服务费用由谁承担,如何计量与支付。

本案中,在招标人与中标人签订合同协议书,并由招标人将合同协议书在南京市交通行业与产业项目招标投标管理办公室备案后 5 个工作日内,由招标人(或招标代理)向未中标的投标人发送退还投标担保的书面通知。投标人凭招标人(或招标代理)的书面通知及投标人单位介绍信，在指定时间到南京交通招标投标服务中心退还。中标人的投标担保应在向招标人提供了符合要求的履约担保并签订合同协议书后，凭中标通知书和单位介绍信至南京交通招标投标服务中心予以退还。

本案例项目招标代理服务费用由中标人承担，该费用不单独计列，计入投标人投标报价中，不再另行计量与支付。

⑤ 投标文件的密封与标记。为保证招标投标过程中的公平性，招标人必须在合同中明确规定合同文件的密封方式和标记。在本案中，采用双信封的评标办法，商务文件和报价清单分别密封在两个信封内，然后统一密封在一个外层信封中；技术文件（包括正本及副本）和招标代理提供的陈述光盘分别密封在两个信封内，然后统一密封在一个外层信封中。

同时，投标人要按照招标文件的要求密封文件，投标文件的组成应按照规定是双信封文件，按照规定密封、包装和标记，否则为废标。

⑥ 合理利用所有投标人的技术方案。中标人的综合评分最高时，从技术和经济角度就是最好的选择，但某些未中标的投标人的技术方案可能有的部分会更好，就像本案中，招标人在招标文件中规定：招标人有权吸纳未中标人投标文件中的技术方案，且无需另行支付费用。

⑦ 合同的订立。合同条款的设立根据合同范本设立，但根据招标人需求及项目的特性等特别要求，招标人方可以具体设定某些条款。在本案中，明确规定在设计过程中设计单位和咨询单位之间的协作关系，要求设计单位接受设计咨询单位在进度、成本、质量方面的监督，以提高工程设计质量，并规定违约责任；同时明确规定设计单位的设计周期和交付时间安排，包括概念性研究、规划设计及工程可行性研究编制、方案设计、初步设计、施工图设计阶段的时间限制和交付时间安排；对于暂定金额的设立，本案中要求是勘察设计费用的 10%，而对于勘察设计合同价款风险，设计人应考虑在合同实施期间，若由于国家颁布了新的政策、法规、标准导致勘察设计费用的变化风险，由此引起的勘察设计费不进行调整。

2.4.3 评标过程

1）评标依据

为保证评标的公平和公正，维护招标投标活动当事人的合法权益，依据《中华人民共和国招标投标法》、原国家发展计划委员会等七部委《评标委员会和评标方法暂行规定》等有关规定，结合本项目招标文件要求，特制定《铁路南京南站地下空间开发勘察设计招标 NZ-SJ0904 合同段评标办法》作为本案例的评标依据。

同时，需要特别指出的是应当根据评标文件规定的评标标准和方法，对投标文件进行系统的评审和比较。招标文件中没有规定的标准和办法不得作为评标的依据。招标文件中规定的评标标准和评标办法应当合理，不得含有倾向或者排斥潜在投标人的内容，不得妨碍或者限制投标人之间的竞争。评标委员会可以要求投标人对其技术文件进行必要的解释或介绍，但不得提出带有暗示性或者诱导性的问题，也不得明确指出其投标文件中的遗漏和错误。

2）评标原则

为了规范评标活动，保证评标的公平、公正，维护招标投标活动当事人的合法权益，评标工作遵循公平、公正、科学、择优的原则。评标活动依法进行，任何单位和个人不得非法干预或者影响评标过程和结果；评标人应当采取必要的措施，保证评标活动在严格保密的情况下进行；评标活动及其当事人应当接受依法实施的监督。

3）评标办法

勘察设计评标一般采用综合评标法进行。评标委员会应当按照招标文件确定的评标标准和方法，结合经批准的项目建议书、可行性研究报告或者上阶段设计批复文件，对投标人的业绩、信誉和勘察设计人员的能力以及勘察设计方案的优劣进行综合评定。

在本案中，本招标项目的评标工作是由招标人依法组建的评标委员会，按照招标文件规定的评标标准、办法和本评标办法的具体评价指标，采用综合评价方法，对所有投标人的投标文件进行综合评审和比较，提出中标、废标或重新招标等评标意见，编写评标报告。

评标委员会首先对第二卷技术文件中投标人对本项目的理解和技术建议及工作计划和质量管理措施进行打分；汇总完各投标人得分后，在监督机构和公证人员在场的情况下，拆封投标人商务文件信封，评标委员会对投标人的信誉和与本项目相关的具体经验、拟投入本项目的人员资格和能力、技术设备投入、后续服务分别进行评审打分并汇总得分；在监督机构和公证人员在场的情况下，拆封投标人报价清单信封，计算报价清单文件得分。投标人综合得分为第一卷商务文件、第二卷技术文件和第三卷报价清单文件得分总和。投标人各文件得分为评标委员会所有成员评分的算术平均值（计算结果保留至小数点后两位）。

在本案中，评标委员会对投标文件的评审打分的主要内容、分值范围划分和评标细则如表 2.7。

表 2.7　设计招标 NZ-SJ0904、NZ-SJ0905 标段评分细则

卷别	评分内容	分值	详细评分标准
技术文件	对本项目的理解和技术建议	35	投标人对本项目设计基础资料掌握基本充分，对本工程项目理解基本准确、总体设计思路基本清晰、工程造价初步测算基本合理、关键性技术问题的对策基本可行的得 20 分，相对较好的，由评标委员会视具体情况在 20～35 分之间打分
	工作计划和质量管理措施	15	投标人提出的勘察设计工作大纲内容基本齐全、组织机构及人员安排基本合理、进度及质量控制基本可行的得 10 分，相对较好的，由评标委员会视具体情况在 10～15 分之间打分

续表 2.7

卷别	评分内容	分值	详细评分标准
商务文件	投标人信誉和本项目相关的具体经验	10	1. 投标人自 2003 年 1 月 1 日以来独自完成过 1 个省级及以上或国外著名城市大型重点公共工程的地下空间开发的设计业绩得 2 分，每增加 1 个类似项目加 1 分，最高加 2 分(以合同为准)
			2. 投标人自 2003 年以来拥有市政工程获省、部级及以上优秀工程设计奖或优秀咨询奖，有 1 项加 0.5 分，最多加 2 分(以合同及获奖证书为准)
			3. 由评标委员会根据投标人的信誉进行自主评分，满分 4 分
	拟从事本项目的人员资格和能力	20	1. 本项目设计负责人自 2003 年以来承担过省级及以上或国外著名城市大型重点公共工程的地下空间开发的设计负责人经历(以招标人加盖公章证明为准)，得 2 分，具有教授级高级技术职称的，得 1 分，具有院士或国家级设计大师资格的加 1 分
			2. 本项目分项负责人为高级工程师和注册工程师(如本专业有)，且承担过类似工程分项负责人(以招标人加盖公章证明为准)，有 1 项加 1 分，满分 4 分
			3. 由评标委员会根据投标人拟投入本项目人员的资格和能力情况进行自主评分，满分 12 分
	技术设备投入	3	投标人提供的技术设备能基本满足本项目勘察设计需要的得 2 分，相对较完整齐全的，由评标委员会视具体情况在 2～3 分之间打分
	后续服务	5	投标人提供的人员、设备和相关方案能基本满足后续服务的，得 3 分，相对较好的，由评标委员会视具体情况在 3～5 分之间打分
报价	投标报价	10	详见报价评分标准
清单文件	报价合理性	2	由评标委员会根据投标人报价的合理情况、均衡性进行自主评分

4) 对投标文件的评估

(1) 资格审查

招标人将首先对各投标人进行资格审查。只有通过资格审查的投标人，其投标文件才能进入初步评审(符合性审查)。凡是资格预审合格的潜在投标人都应被允许参加投标。招标人不得以抽签、摇号等不合理条件限制或者排斥资格预审合格的潜在投标人参加投标。

在本案中，通过资格审查的条件如表 2.8 所示。

表 2.8　设计招标 NZ-SJ0904、NZ-SJ0905 标段资格审查

审查内容＼单位名称		A	B	C
资格审查	如投标人持有“江苏省交通行业与产业项目招标投标信息管理卡”，信息管理系统自动生成的投标报表表 1～表 5 的主要信息满足招标公告的要求			
	如投标人持有“江苏省交通行业与产业项目招标投标信息管理卡”,但信息管理系统自动生成的投标报表表 1～表 5 的主要信息需要更新,或主要信息不能满足招标公告要求时,除提供了由信息管理系统自动生成的表 1～表 5 外,对需要更新的报表按招标文件附表格式填报了相应的表格,并提交了相关证明材料的原件或扫描件,且满足招标公告的要求			
	如投标人无“江苏省交通行业与产业项目招标投标信息管理卡”,申请文件按招标文件附表中表 1～表 5 格式进行填报,并提交了所有证明材料的原件或扫描件,且满足招标公告的要求			
	投标文件上注明的投标人与投标报名时的投标申请人未发生实质性改变			
	投标人资格证明材料(如营业执照、资质证书、项目负责人及分项设计负责人的资质资格证明等)本次招标期间持续有效且符合招标公告的要求			
	企业和项目负责人业绩符合招标公告要求			
	证明文件内容真实			
	非投资参股招标项目的设计咨询单位提交的投标文件			
	近两年内未曾发生过违约,未被江苏省市级以上行政主管部门通报并处于明确禁止进入我省建设市场的时间内			
	在江苏省交通厅最近一次信用等级评为 A 级(含 A 暂定)及以上的			
	投标人之间没有资产关联关系			
结　论				

(2) 初步评审

初步评审重点在投标书的符合性审查。主要是审查投标书是否响应了招标文件的要求。审查内容包括投标文件的签署情况、投标文件的完整性、与招标文件有无显著的差异和保留、投标资格是否符合要求。如果投标文件实质上不响应招标文件的要求,将做无效标处理,不允许投标人通过修改或者撤销其不符合要求的差异或保留,使之成为实质性响应招标文件的投标书。

在本案中，只有通过初步评审才能够进行详细评审。其中技术文件、商务文件、报价清单通过初步评审的条件如表 2.9～2.11。

表 2.9　设计招标 NZ-SJ0904、NZ-SJ0905 标段初步评审符合性审查表——技术文件

审查内容＼单位编号		A	B	C
符合性检查	技术文件按照招标文件(含附表、附表说明)所规定的格式、内容和要求编(填)写，字迹清晰可辨			
	技术文件及陈述光盘中任何地方不得出现投标人的名称、公章、单位地址、拟投入的人员的名称、拟投入的设备、已完类似工程的业绩、小签及能识别投标人的字样或识别标志			
	投标须知第 11.1 款规定的文件齐全			
	技术文件的任何一页没有任何人的签字或小签或印章			
	技术文件的编制满足投标须知第 11.2 款的规定			
结　论				

表 2.10　设计招标 NZ-SJ0904、NZ-SJ0905 标段初步评审符合性审查表——商务文件

审查内容＼单位编号		A	B	C
符合性检查	商务文件按照招标文件(含附表、附表说明)所规定的格式、内容和要求编(填)写，字迹清晰可辨			
	商务文件中法定代表人或法定代表人授权代理人的签字(含小签)齐全，符合招标文件的规定，在招标文件规定加盖公章的地方盖章齐全			
	按照招标文件的规定提供了授权代理人授权书，并附有合格的公证机构公证书			
	投标人按照招标文件规定的格式、时效和内容提供了投标担保			
	投标须知第 11.1 款规定的文件齐全			
	商务文件中标明的投标人与报名时的投标申请人未发生实质性改变			
结　论				

表 2.11 设计招标 NZ-SJ0904、NZ-SJ0905 标段初步评审符合性审查表——报价清单

审查内容 \ 单位编号		A	B	C
符合性检查	投标价低于最高限价			
	报价清单中法定代表人或法定代表人授权代理人的签字(含小签)齐全,符合招标文件的规定,在招标文件规定加盖公章的地方盖章齐全			
	一份投标文件只有一个投标报价,未提交选择性报价			
结　论				

(3) 详细评审

经初步评审合格的投标文件,评标委员会根据招标文件确定评标标准和方法,对其进行技术评审和商务评审。对于大型的,尤其是技术复杂的设计招标项目,技术评审和商务评审应该是分开进行的。详细评审完成后,评标委员会应当向招标人提交评标报告,作为招标人最后选择中标人的决策依据。

在本案中,采用双信封综合评标法,不仅要评价商务标,而且要评价技术标。评标委员会首先对第二卷技术文件中投标人对本项目的理解和技术建议及工作计划和质量管理措施进行打分;汇总完各投标人得分后,在监督机构和公证人员在场的情况下,拆封投标人商务文件信封,评标委员会对投标人的信誉和与本项目相关的具体经验、拟投入本项目的人员资格和能力、技术设备投入、后续服务分别进行评审打分并汇总得分;在监督机构和公证人员在场的情况下,拆封投标人报价清单信封,计算报价清单文件得分。投标人综合得分为第一卷商务文件、第二卷技术文件和第三卷报价清单文件得分总和。投标人各文件得分为评标委员会所有成员评分的算术平均值(计算结果保留至小数点后两位)。评标委员会在详细评审时,各投标人商务文件中的由评委自主评分项目得分不应低于此项满分值的 60%,如果有评标专家认为必须低于 60%,则应由此专家做出书面陈述。

评标委员会应当在评标工作完成后,依据对投标人综合得分结果的排序高低推荐 3 名中标候选人,并向招标人提出书面评标报告。评标委员会按各投标人综合得分从高到低顺序确定投标人综合得分排名。若出现 2 份或 2 份以上投标文件综合得分相同时,则按投标价较低投标人排名在前;若报价相同,则推荐信用等级高者排名在前;若仍相同,则以所有评标委员评分的算术平均值计算综合得分,高者排名在前。若某投标人在 NZ-SJ0904、NZ-SJ0905 两个合同段的综合排名均为第一,则优先推荐其为 NZ-SJ0904 合同段的中标候选人。评标委员会依据综合得分高低依次排序,推荐综合排名第一名的投标人为中标候选人,第二、第三名依次为后备的中标候选人。

5) 确定中标单位

招标人根据评标委员会提出的书面评标报告和推荐的中标候选人确定中标人,招标人也可授权评标委员会直接确定中标人。综合评分排名第一的中标候选人放弃中标、因不可抗力提出不能履行合同或招标文件规定应当提交履约保证金而在规定的期限内未能提交的,招标人可以确定排名第二的中标候选人为中标人。如果没有符合评标规定的

下一个中标候选人，招标人应重新招标。

招标人应当给中标人签发中标通知书，投标人在收到中标通知书后应出具书面回执，证实已经收到中标通知书。招标人应当自确定中标人之日起十五日内，按项目管理权限向主管部门提交招标投标书面报告核备。

6）提交履约担保，订立书面合同

招标人和中标人应当自中标通知书发出之日起 30 天内，按照招标文件和中标人的投标文件订立合同。招标人不得向中标人提出压低报价、增加工作量、缩短工期或者其他违背中标人意愿的要求，以此作为签订合同的条件。也不得再行订立背离合同实质性内容的其他协议。招标文件要求中标人提交履约担保的，中标人应当在合同签字以前或者合同生效前提交。

2.5 案例二：北广场工程建设项目的施工监理

2.5.1 项目情况概述

北广场工程建设项目的施工监理 NZ－JL1006 标段招标的工程内容是驻地监理组的招标，主要负责南京南站南北广场工程（北广场）建设项目的施工监理，主要工程内容为北广场基坑支护、土方工程、工程桩、土建、装饰及安装等工程施工监理。

2.5.2 招标过程

（1）确定招标方式。根据该项目 NZ-JL1006 标段工程的规模以及我国《招标投标法》规定，招标方及招标代理人决定采用公开招标的方式进行招标。这样招标的最大优势在于一切有资格的潜在的投标人均可以报名参加投标竞争，使得招标人有较大的选择范围，可以在众多的投标人中选出报价较低、技术可靠、资信良好的中标。

（2）招标文件准备。由于该 NZ-JL1006 标段采用公开招标的方式，招标方准备的招标文件有招标公告、资格后审文件、招标文件以及中标通知书等在内的全部文件。招标的文件准备并不要求全部同时完成，可以随着招标工作的进展而跟进。

招标用的核心文件是招标文件，该 NZ-JL1006 标段所用的招标文件是修改补充后得到的项目专用本，下面将具体分析该招标文件。

该招标文件包括招标公告、投标人须知、合同通用条款、合同专用条款、技术规范等。

在本案例投标人须知中，需要特别注意几点。

① 推荐中标候选人。为确保本次招标项目的建设进度及南站站前广场工程节点时间要求，在招标公告中明确，在南北广场（南广场）工程施工监理招标（NZ-JL1005 标段）项目中被推荐为中标候选人的投标人，在本次评标时不再被推荐为中标候选人，即：为保证监理人员安排，两项目不能兼中。

② 投标报价。投标人的投标价费率，应是完成各监理标段的施工准备期、施工期和缺陷责任期监理服务所需的全部费用，包括监理人员服务费和监理试验检测设备、交通工具、通信、办公、生活设施购置、使用、维护费和不可预见费等所有费用。此外，投标人

在报价时应注意，监理人员服务费包括人员工资、奖金、伙食费、保险费、差旅费、加班费和各种补贴、津贴等一切费用；监理人员现场服务时间应根据实际需要合理安排，土建、安装等专业监理工程师应充分考虑工序衔接，服务时间不得重复计算；对不能自行进行的质量检测、试验项目可委托相应行业的具有资质和检测能力的单位（被监理的单位除外）进行，费用由监理单位承担。

③ 投标文件的密封和标记。投标文件应将第一卷商务文件和第二卷技术建议书（正本）及电子载体密封为一个包，第一卷商务文件和第二卷技术建议书（副本）密封为另一个包，并将两个包密封在第一个内信封中并加盖密封章或公章，在右上角注明“第一卷和第二卷”；第三卷财务建议书（正本）及电子载体密封为一个包，第三卷财务建议书（副本）密封为另一个包，并将两个包密封在第二个内信封中并加盖密封章或公章，在右上角注明“第三卷　财务建议书”，然后将两个信封统一密封在一个外层信封中并加盖密封章或公章。未密封的投标文件将不予签收。

在本案合同条款中，需要特别注意几点。

① 监理服务的工程范围。驻地监理组负责招标范围的南京南站南北广场工程（北广场）基坑支护、土方工程、工程桩、土建、装饰及安装等工程施工监理（包括工期的签证、对发生不可抗力造成工程无法继续施工的处理、相关签证及工程量计量的复核、工程竣工验收报告的确认和行使其委托人授权的工作）。监理人应按发包人的要求配合发包人对所监理的施工标段可能进行的科研和试验课题研究。

② 正常监理服务费用。本合同监理服务费采用费率报价法进行报价，投标人的报价应包括为实施和完成本项目全部监理工作所需的劳务费、技术服务费、管理、保险、税费和利润等费用，除非上述费用在合同中另有说明。本项目最终结算时监理服务费按审计后的工程决算价乘以合同监理服务费率。

③ 支付方式。监理人应按照招标人确定监理服务费支付申请格式（申请单格式在正式签署合同后提供），根据施工合同工程进度相同比例，向招标人提交监理服务费支付申请，但累计额度不得超过合同规定应支付的监理服务费总额。招标人应在收到监理服务费支付申请单后 14 天内予以批复，并在批复后 14 天内向监理人支付正常服务的费用，以及根据监理合同专用条件第 4.2 条确定的对监理人的赔偿、专用条件 6.2.3 额外服务的费用及 7.3 款对监理人的奖励，与此同时，监理人应接受招标人对监理人履约检查的违约扣款，扣留本期缺陷期服务费。若招标人对监理人提交的支付申请有疑义，招标人应在收到监理服务费支付申请后 14 天内将申请退回监理人，并要求其重新计算、上报。

④ 合同范围、费用的调整。因招标人要求增加或收回监理合同部分段落时，监理服务费应作相应调整。调整原则为增加段落则相应增补服务费，收回段落则相应扣减服务费。具体按下列方法计算确定：当合同标段的工程建安费增减不超过招标文件估算建安费的 20％（小于等于 20％）时，监理费用不作调整；当合同标段的工程建安费增减超过招标文件估算建安费的 20％（大于 20％）时，增减后的监理服务费率为：依据《建设工程监理与相关服务收费管理规定》（发改价格〔2007〕670 号），以实际工程建安费所对应的基价，按中标时监理人所报专业调整系数、工程复杂程度调整系数、高程调整系数及浮动幅度值进行计算调整。

(3) 发布招标公告。招标方招标网上发布该 NZ-JL1006 标段的招标公告，载明了项目概况及招标范围、投标人资格要求、招标文件的获取方式、投标文件的递交方式、联系方式等事项。特别提醒，按规定有备案程序的，招标公告应当先报招标投标有权管理部门备案，然后才能对外公布。为确保本次招标项目的建设进度及南京南站站前广场工程节点时间要求，在招标公告中明确，在南北广场（南广场）工程施工监理招标（NZ-JL1005标段）项目中被推荐为中标候选人的投标人，在本次评标时不再被推荐为中标候选人，两项目不能兼中。

(4) 发售招标文件。本案 NZ-JL1006 标段的招标文件的发放形式，是将招标文件发售给有资格的潜在投标人，酌收工本费。潜在投标人收到招标文件，核对无误后要以书面形式确认。潜在投标人要认真研究招标文件，若有疑问或不清楚的地方，应在规定的时间内以书面形式要求招标人澄清解释。投标人要求澄清招标文件的截止时间是递交投标文件截止时间 15 日前。

(5) 组织现场勘察。NZ-JL1006 标段明确说明组织潜在投标人进行现场勘察，可以了解场地及其周围环境的情况，获取其认为有用的信息；核对招标文件中的有关资料和数据并加深对招标文件的理解，以便对招标项目作出正确的判断，选择正确的投标策略，确定正确的投标报价。如果投标人认为需要再次进入现场考察，招标人将予以支持，费用由投标人自理。

2.5.3 评标过程

1) 评标依据

为规范 NZ-JL1006 标段施工监理评标工作，根据《中华人民共和国招标投标法》、《评标委员会和评标方法暂行规定》（国家发改委等七部委 2001 年第 12 号令）、《公路工程施工监理招标投标管理办法》（原交通部 2006 年第 5 号令）及《建设工程监理与相关服务收费管理规定》（发改价格〔2007〕670 号）等有关规定，并结合本工程招标文件，制定评标办法。

2) 评标原则

NZ-JL1006 标段评标活动遵循公平、公正、科学、择优的原则。评标活动应在严格保密的情况下进行。评标人员必须严格遵守保密规定，不得和投标人串通，不得泄露与评标活动有关的情况，不得索贿受贿，不得参加可能影响公正评标的任何活动。评标期间投标人不得干扰评标工作，不得采用行贿或其他不正当手段影响评标。

3) 开标

NZ-JL1006 标段开标在招标文件中确定的递交投标文件截止时间的同一时间公开进行。开标地址是招标文件中预先确定的地址。

4) 初步评审

NZ-JL1006 标段评标委员会将对投标文件进行初步评审。只有通过初步评审的投标文件才能进入下一阶段评审，投标文件不符合初步评审主要条件之一的，属于重大偏差，作为废标处理。NZ-JL1006 标段初步评审如表 2.12 所示。

表 2.12　北广场监理招标 NZ-JL1006 标段初步评审

审查内容＼单位名称	A	B	C
投标文件按照招标文件规定的格式、内容和要求编制，字迹清晰可辨			
投标文件（正本）按招标文件投标人须知 13.2 款的规定签署			
按照招标文件规定提供了法定代表人身份证明、授权书（如有）、公证书			
投标人按招标文件要求提交了社保凭证原件和复印件			
在招标文件没有规定的情况下，未提交选择性报价			
监理服务期、工程质量目标满足招标文件要求			
投标人未以他人名义投标、未与他人串通投标、未以行贿手段谋取中标，以及未弄虚作假			
投标文件未附有招标人不能接受的其他条件			
结　论			

5）资格审查

NZ-JL1006 标段评标委员会根据招标文件资格审查要求，对投标人的资质、业绩、人员、试验、检测设备、财务能力、履约情况等进行评审，判定其是否满足资格审查要求，投标文件任一项条件不满足招标文件资格审查要求的，作废标处理。NZ-JL1006 标段资格审查如表 2.13 所示。

表 2.13　北广场监理招标 NZ-JL1006 标段资格审查

审查内容＼单位名称		A	B	C
资格审查	投标人的资质、业绩、人员、试验、检测设备、财务能力、履约情况等进行评审，判定其是否满足资格审查要求			
结　论				

说明：投标文件任一项条件不满足招标文件资格审查要求的，作废标处理。

6）详细评审

NZ-JL1006 标段评标委员会对通过初步评审、资格审查的投标文件从合同条款、监理能力、管理水平以及投标人以往监理业绩及履约信誉等方面进行详细评审，并对商务文件、技术建议书、财务建议书分别评审打分，满分 100 分；技术、商务、财务分值分别为 45 分、45 分、10 分。

（1）合同条款响应性评审（表 2.14）

表 2.14　北广场监理招标 NZ-JL1006 标段合同条款响应性评审

审查内容 \ 单位名称		A	B	C
合同条款响应性评审	投标人接受招标文件规定的风险划分原则，未提出新的风险划分办法			
	投标人未增加招标人的责任范围，或减少投标人义务			
	投标人未提出不同的计量、支付办法			
	投标人未对合同纠纷、事故处理办法提出异议			
	投标人对合同条款没有重大偏离			
	满足招标文件规定的其他实质性要求			
结　论				

（2）技术、商务评审（表 2.15）

表 2.15　北广场监理招标 NZ-JL1006 标段技术、商务评审

评分要素 \ 单位名称		分值	A	B	C
监理大纲合分(45)	总体监理服务期安排	5			
	监理方案可行性	10			
	监理措施	10			
	对本工程重点、难点分析	15			
	对本工程的建议	5			
人员及机构设置合分(35)	总监经历及资质	10			
	专业监理工程师配置	10			
	专业监理工程师专业、资格及经历	10			
	监理设施和设备	5			
业绩信誉合分(10)	业绩	5			
	信誉	5			
	合计	90			

（3）财务评审（表 2.16、表 2.17）

在评标委员会完成对投标人的商务文件和技术建议书的评审后，在主管部门的监督下，由评标委员会拆封投标人的财务建议书信封，只有通过前述初步评审、资格审查、详细评审的投标人才能进入财务评审。

表 2.16 北广场监理招标 NZ-JL1006 标段财务评审(1)

单位名称 审查内容	A	B	C
财务建议书按招标文件规定签字、盖章齐全,填报了投标价			
投标价不高于控制价上限			
结　论			

表 2.17 北广场监理招标 NZ-JL1006 标段财务评审(2)

投标人	投标报价(%)	算术性偏差	评标价(%)	控制价上限(%)	不超过控制价上限的评标费率(%)	复合标底C(%)	评标基准价D(%)	评标价与评标基准价的差距(%)	评标价得分	排序
A										
B										
C										

7）推荐中标候选人

各投标人的综合得分等于技术评分、商务评分与财务评分之和。商务文件和技术建议书的 11 个子项得分为所有评标委员各子项评分的算术平均值(当评标委员会人数为 7 人或 7 人以上时,去掉 1 个最高值和 1 个最低值)。

根据综合得分由高至低排序,推荐得分最高者为中标候选人。当投标人的综合得分相同时,如投标价不同,取投标价低的投标人排名在前;若投标价仍相同,取监理人员及机构设置得分高的排名在前;监理人员及机构设置得分仍相同,由评标委员会从其投入的人员和设备、监理大纲(或监理方案)和措施、对本工程重点、难点分析、业绩和信誉等方面,通过集体讨论确定其排名先后。评标委员会审定评标结果后,向招标人提交书面报告。NZ-JL1006 标段综合得分如表 2.18 所示。

表 2.18 北广场监理招标 NZ-JL1006 标段综合得分

合同段	投标人名称	投标价	评标价得分	技术评审得分	总分	排序
NZ-JL1006	A					
	B					
	C					

2.6 案例三:南北广场基坑支护监测

2.6.1 项目概况

1）工程范围和内容

南广场:基坑面积约 58 100 m^2,基坑开挖深度在 6.2～14.8 m 之间,地下两层,地下空间面积 10.39 万 m^2，地上广场面积约 4 万 m^2，广场东侧拟建造 5 层酒店 1 座；西侧拟建造 4 层商场 1 座。场地中段正在运行的地铁一号线和拟建的地铁三号线处为地下一层，其中地铁三号线基坑在南广场基坑施工时一并施工。

北广场：基坑面积约 51 856 m^2，周长约 1 004 m，一层地下室，地下室埋深约为 7 m。地上为广场。广场中段地下有正在运行的地铁一号线和拟建的地铁三号线预留位置，同时在北广场基坑施工时一并将地铁三号线基坑施工完毕。

招标内容为：以上范围的基坑监测。南、北广场基坑监测，其中北广场地铁一号线南延线监测不在此次招标范围，但包含地铁三号线基坑监测。

2）监测要求

(1) 基坑监测项目内容：①边坡坡顶土体位移及沉降；②周边 20 m 范围内道路、管线的位移和沉降。

(2) 服务期限：从基坑开始开挖至地下室周边土体回填完成期间，具体按图纸及规范要求并结合现场的实际需要。

具体监测项目及监测点数量以招标人提供的设计图纸为准，若有不足投标人需按规范要求增加，费用报价时综合考虑(需向投标人提供岩土工程勘察资料)。

(3) 对投标人资格要求

①企业资格要求。具备住建部颁发的工程勘察综合类甲级资质或者具有深基坑支护工程监测机构认证证书资质的企、事业单位或组织机构；必须具有省级以上计量监督局颁发的计量认证证书(CMA)且证书必须在有效期内，CMA 证书附表中核定的计量认证范围必须包括完成本招标工作内容中所需的相关范围，即必须包括建筑基坑工程监测 CMA 认证资质及变形测量测绘资质。

②企业业绩。企业至少完成过 1 项或以上 10 m 以上深基坑监测项目业绩。

③人员资格。项目负责人：拟委派项目负责人要求为土木工程或岩土工程的高级工程师或以上职称，主持过 1 项或以上 10 m 以上深基坑监测项目。

④履约信誉。在江苏省交通行业与产业项目招标投标信息系统中信用等级评价(以递交投标文件截至当日为准)为 A 级(含 A 暂定)及以上级别。

2.6.2 招标过程

1）确定招标方式

在南京市交通运输局招投标管理办公室的监督下实施公开招标工作，在指定媒体发布招标公告，接受符合资质条件的潜在投标人报名。招标方本次招标采用公开招标的优势在于能够在最大限度内选择投标商，竞争性更强，择优率更高，同时也可以在较大程度上避免招标活动中的贿标行为，但是同时也要特别警惕由于资格审查不严而导致鱼目混珠的现象，以及对于公开招标投标资格审查及评标工作量大、耗时长的工作准备。

2）招标文件的准备

本案例中招标文件包括总则、招标书、投标书、投标书的递送、开标与评标、授予合同等文件。招标文件的准备可以随着招标工作的进展而跟进。招标文件编制的好坏直接关系到招标的成败，要予以特别的重视。招标用的核心文件是发售给投标人作为投标依据的招标文件，下面将具体分析该招标文件需要特别注意的事项。

(1) 现场考察:本项目招标人不统一组织现场考察,编标所需要的一切材料均由投标人自行调查考虑。招标人的图纸中介绍了工程的地形、地貌、水文、地质、气象、料场、水源、电源、通信、交通条件等情况,以帮助投标人了解现场情况,利于编标。但这些介绍资料并不构成合同文件的一部分,承包人应对他自己就上述资料的解释、推论和应用负责。

(2) 投标价:投标人应认真填写项目组成费用中所列的本合同各项目的单价、合价和总额价及所有标明为暂定工程量项目的单价。投标人没有填入单价、合价或总额价的工程细目,招标人将不予支付,并认为该细目的价款已包括在项目组成费用其他细目的单价或总额价中。承包人因承包本合同工程需缴纳的一切规费、税费均由承包人自行承担,并包含在所报的单价或总额价中,不单独报价。本项目完成监测工作所需用地、用电、用水由中标人自行考虑解决,其费用应包含在相应子目的报价中,不另行报价。在合同实施期间,投标人的报价总额不予调整。

(3) 投标文件的密封:投标文件的正本与副本应分别包装,包装使用单层封套,并在封套的封口处都要加贴封条将封口处密封死。封套外表注明"正本"、"副本"标记,并在封条四周加盖单位公章。未密封的投标文件将不予签收。如因密封不严、标记不明而造成过早启封、失密等情况,招标人概不负责。

(4) 监测工程量:按照设计和监理单位等审批的监测方案进行,发包人有权根据工程需要增加或减少监测内容或监测次数。

表 2.19 为监测内容项目,表 2.20 为基坑监测频率要求。

表 2.19 监测内容、项目

编号	监测项目	点数
1	支护结构顶部水平及竖直位移监测	
2	土体及围护桩的深层水平位移监测	
3	桥墩水平及竖直位移观测	
4	支撑轴力监测	
5	基底隆起	
6	安全巡视	

表 2.20 基坑监测频率要求

监测项目	土方开挖	底板施工	底板施工至结束(含支撑拆除)
支护结构顶部水平位移	1次/天	1次/天	1次/3天
支护结构顶部垂直位移	1次/天	1次/天	1次/3天
深层水平位移	1次/天	1次/天	1次/3天
支承轴力	1次/天	1次/天	1次/3天

(5) 合同总价及调整:本项目规定本合同价为结算上限价。发包人有权根据工程需要增加监测内容或监测次数,以确保基坑及周边建筑物的安全,但结算价不超过合同总价。结算时,实际完成的工程量达到或超过本合同数量的,则按照合同总价予以结算;若实际完成的工程量未达到本合同数量的,则按照比例扣除相应费用。承包人应积极配合

处理设计施工中出现的有关问题。在观测过程中，若出现异常，应及时通知施工单位、监理及发包人，由此而增加的监测次数或监测点造成费用的增加，结算时结算价不超过合同总价。最终结算价以政府投资专业审计部门审定为准。

(6) 监测成果：在招标文件中规定每次监测完成后，承包人应于3日内向发包人提供监测成果资料一式三份；如有异常情况或达到警戒值，应及时通知发包人等相关单位。监测工作全部完成后，承包人应于20日内向发包人提供监测成果总结报告一式四份。

(7) 技术方案：本项目规定投标人所提交的技术方案至少但不限于表2.21所示内容。

表2.21 技术方案内容

一、项目概述	
二、对本项目的理解	
三、监测工作的程序与方法(至少包含以下内容)	1. 监测工作的依据，执行的有关技术规范 2. 监测工作的程序 3. 监测内容、方法、频率等 4. 监测资料及分析报告的形成 5. 最终报告格式及内容
四、监测设备、人员计划的描述	各级监测组织的职责范围、监测人员的岗位职责等
五、监测工作服务的目标及保证措施	1. 监测点的设计、布设及监测措施 2. 监测工作服务的目标 3. 保证监测精度的技术措施 4. 监测进度计划及保证监测进度的措施 5. 监测工作质量与服务保证措施、安全生产管理措施 6. 配合、协调工作的要求等其他事项
六、本项目的重点和难点分析及对策措施	

3) 发布招标公告

本项目招标公告在《中国招投标网》和《江苏省交通厅招投标系统》上同步发布。该招标公告载明招标人的名称和地址、招标项目的性质、数量、实施地点和时间、投标截止时间以及获取招标文件的办法等事项。

2.6.3 投标过程

1) 资格审查

本项目采用资格后审，只有通过资格审查的投标人，才能进入投标文件的初步评审。评标时评标委员会首先对各投标人进行资格审查，其资格审查的内容如表2.22所示。

表 2.22　监测招标 NZ-JC1002 标段资格审查表

单位名称 / 审查内容	A	B	C
信息管理系统自动生成的投标报表表 1～表 5 中反映的企业业绩、人员要求及企业信誉均能满足招标公告的要求			
投标文件标明的投标人与报名时的投标人未发生实质性改变			
证明材料内容真实			
投标人未投资参股招标项目			
近两年内未曾发生过违约,未被省市级以上行政主管部门通报并处于明确禁止进入我省建设市场的时间内			
投标人在江苏省交通行业与产业项目招标投标信息系统中信用等级评价(以递交投标文件截至当日为准)为 A 级(含 A 暂定)及以上级别			
结　论			

说明:投标文件不符合以上条件之一的,应认为其存在有重大偏差,评标委员会应对其作废标处理。未通过资格审查的投标人的投标文件不能参加下一步评审。

2）初步评审——符合性审查

初步评审即符合性审查和算术性修正。招标人依法组织的评标委员会对通过资格审查的投标人进行初步评审,只有通过初步评审的投标文件才能进入详细评审。评标委员会对通过初步评审的投标文件进行详细评审前,发现有效投标文件不足三个、且投标明显缺乏竞争性的,评标委员会可以否决投标,招标人应当依法重新招标。通过符合性审查的主要条件如表 2.23。

表 2.23　监测招标 NZ-JC1002 标段初步审查——符合性审查表

单位名称 / 审查内容	A	B	C
投标文件按照招标文件(含附表、附表说明)所规定的格式、内容和要求编(填)写,字迹清晰可辨			
投标文件上法定代表人或授权代理人的签字(含小签)齐全,符合招标文件规定			
投标时与报名时的法人发生合法变更或重组,应提供有效证明			
投标人法定代表人的授权代理人,其授权书符合招标文件规定,并符合招标文件的规定			
投标人独家参与投标			
一份投标文件应只有一个投标报价不得提交选择性报价			
投标文件载明的招标项目完成期限不得低于招标文件规定的时限			
结　论			

说明:投标文件不符合以上条件之一的,应认为其存在有重大偏差,评标委员会应对其作废标处理。未通过符合性审查的投标人的投标文件不能参加下一步评审。

3）初步评审——算术性修正

评标委员会对通过符合性审查的各投标文件的投标报价进行校核，并对报价清单及其组成表中有算术上的和累加运算上的差错给予修正。修正的原则如下：

（1）当以数字表示的金额与文字表示的金额有差异时，以文字表示的金额为准；

（2）当各细目的合价累计不等于总价时，应以各细目合价累计数为准，修正总价；

按以上原则对算术性差错的修正，应取得投标人的同意，并确认修正后的最终投标价。如果投标人拒绝确认，则其投标文件将不予评审，并没收其投标担保。

算术性修正后的最终投标价与原报价相比偏差在1%以上者，属于重大偏差，该投标文件按废标处理。

4）详细评审

评标委员会还应对通过初步评审的投标文件从合同条件、技术部分以及投标人以往履约信誉等方面进行详细评审（表2.24）。

表2.24　监测招标NZ-JC1002标段详细评审表

单位名称 / 审查内容		A	B	C
合同条件评审	投标人接受招标文件规定的风险划分原则，未提出新的风险划分办法			
	投标人未增加招标人的责任范围，也未减少投标人义务			
	投标人未提出不同的工程验收、计量、支付办法			
	投标人未对合同纠纷、事故处理办法提出异议			
	投标人在投标活动中没有欺诈行为			
	投标人对合同条款没有重要保留			
	投标人在投标文件中未附有招标人不能接受的条件			
	监测设备和设施应齐全、配置合理，满足监测工作需要			
	组织机构和专业技术力量应满足施工监测需要			
	项目实施方案应合理可行			
	信誉和业绩良好，业绩及履约信誉证明材料真实有效，且信用等级评为B(差)级以上			
结　论				

说明：投标文件不符合以上条件之一的，应认为其存在有重大偏差，评标委员会应对其作废标处理。未通过详细评审的投标人的投标文件不能参加下一步评审。

5）评标办法

评标委员会对已通过详细评审的投标文件进行综合评分，评标价：60分；监测方案：20分；项目组人员组成：5分；设备与工具配备：10分；业绩：5分。表2.15为NZ-JC1002标段评标价计算评审表，表2.26为NZ-JC1002标段商务及技术评审表。

表 2.25　监测招标 NZ-JC1002 标段评标价计算评审表

投标人	投标报价(万元)	算术性偏差	有效评标价(万元)	算术平均值(万元)	评标基准价 D(万元)	评标价与基准价的差值	评标价得分
A							
B							
C							

表 2.26　监测招标 NZ-JC1002 标段商务及技术评审表

序号	申请人名称	打分项	满分值	评委打分	总得分
1	A	项目组人员组成	5.00		
		设备与工具配备	10.00		
		监测方案	20.00		
		业绩	5.00		
2	B	项目组人员组成	5.00		
		设备与工具配备	10.00		
		监测方案	20.00		
		业绩	5.00		
3	B	项目组人员组成	5.00		
		设备与工具配备	10.00		
		监测方案	20.00		
		业绩	5.00		

6）推荐中标人，签订合同

评标结束并经批准后，招标人将在投标文件有效期截止前，向中标人发出中标通知书，确认其投标已被接受。中标通知书中将写明招标人将支付给中标人按合同规定实施和完成本工程及其缺陷修复的总价(即合同价格)。投标人在收到中标通知书后，应立即以书面形式通知招标人。中标人在收到中标通知书后 7 天内，应与招标人及代建单位三方签订合同协议书。

2.7　案例四：南京铁路南站站内商业空间招商

2.7.1　项目概况

交通枢纽项目的经营招商，是保证项目建成后顺利运行的有效保障。本次招商策划的范围为“南京铁路南站配套商业空间”的内容，规模约 18.59 万 m^2(不含南京汽车客运南站面积 30 588 m^2)，分为 2 大类：即停车场库和商业服务类；具体由 5 个部分组成：地面、地下停车场、南高架夹层、游客接待中心和地下商业开发。其中：① 停车场、库(除长途车到发场外所有车场、道路及地下停车库、安全通道）153 296 m^2；② 地下商业开发：22 562 m^2；③ 游客接待中心：5 796 m^2；④ 南高架夹层 4 300 m^2（不包括高架桥下地面广场部分）。

（1）租赁物位置、建筑面积。南京南站站内商业空间（包括商业服务中心和地下负一层商业空间两部分，其中商业服务中心建筑面积约 5 796 m^2，地下负一层商业空间建筑面积约 22 562 m^2，共计 28 358 m^2。最终以双方确认的实际交付的建筑面积为准）和相关设施、设备。

租赁物范围内及租赁物的外立面的广告设置、发布、经营等所有与广告相关的权利与利益均不在本次租赁范围内（不含承包人及其承租人在发包人指定区域内必须设置的牌匾和商业标识）。

（2）整体形象定位。作为南京南部新城核心区的南京南站地区未来将成为与新街口、河西相鼎立的新的城市中心。相关配套商业空间的经营开发应综合考虑城市中心和华东地区重要交通枢纽的要求，立足国际化高品位，同时充分体现南京特色。

（3）发包方式。由于本项目为招商招标，招投标相关法律法规中未明确此类项目的招标方式，因此招标人采取综合比选的方式确定承租人。由发包人邀请具有相关经营实力的单位参加比选。

2.7.2 比选注意事项

（1）申请文件递交。由于本次招商项目涉及各比选申请人的商业秘密，发包人有义务对各比选申请人的报价、策划方案、运作思路以及所涉及的经营品牌等主要内容进行保密。

（2）报价方式。投标人按每天单位面积单价的方式进行报价，并按商业服务中心和地下负一层商业空间两部分分别逐年报价，且次年报价不得低于前一年报价。

（3）评审原则。招标人邀请相关专业专家及招标人成员共同组成评审委员会（人数为 5 人或 5 人以上单数），按综合得分高低的顺序推荐承包人、第一后备承包人和第二后备承包人，评审原则为：报价最优，所报策划方案能满足招标人及评委的要求，合理可行，且综合得分排名第一的为承租人。

（4）知识产权及其他相关事项

① 关于《南京铁路南站站内商业空间招商》比选活动中，申请人所提交的成果应为申请人单位首创，不得包含任何侵犯他人知识产权的材料。如有侵权，将由申请人单位负责，并承担相关的法律责任。

② 招商活动的所有比选成果版权归发包人所有，可以进行印刷、出版及进行修改、使用等，并有权在其他招商活动中全部或局部使用其成果。

③ 应邀申请人单位从发包人单位调查获得的有关文件及资料均受版权保护，不得用于本次比选活动以外的任何场合，否则将追究其法律责任。

④ 应邀申请人单位所提交的所有比选成果文件均不退还。

⑤ 本次比选活动的解释权属招标人。

2.7.3 框架协议

招商的框架协议相当于是缔约协议，表示双方意向合作的文件。约定了具体事项、完成时间、双方准备工作分工及责任等事项。

(1) 履约保证金。中标人在与招标人签订框架协议后十日内，中标人必须缴纳不低于总价款的10%的资金划作为履行本协议首笔履约保证金(履约保证金不计息)，此保证金应划入招标人指定账户，签订正式租赁合同前中标人再向招标人缴纳不低于总价款的10%的履约保证金(履约保证金不计息)，签订正式租赁合同后3个月内，承包人再向发包人缴纳不低于总价款的10%的履约保证金(履约保证金不计息)，否则发包人有权终止本协议或正式租赁协议，并要求承包人赔偿相应损失；租赁协议期满后，发包人无息退还承包人的履约保证金。另外，如果承包人经营稳定，经双方协商一致后，可视情况将前期承包人缴纳的履约保证金的部分金额转为后期租金，但剩余履约保证金总额不得少于总价款的10%。

(2) 租赁物的交付。双方签订正式合同后，发包人将租赁物交付给承包人。承包人同意发包人按发包人委托的设计单位所设计的内容施工后的现状将租赁物(根据一次消防验收的要求，其中设置为餐饮功能区的建筑面积约为958 m^2，如承包人认为需改变餐饮面积，可自行依法按程序报批并将相关情况报发包人备案)交付承包人，承包人承诺对租赁物及周边环境有充分的认识和认可。

(3) 租金支付。对于南京南站站内商业空间，免租期为本协议签订之日起6个月，确因发包人原因导致本协议迟延履行的，免租期相应顺延。免租期之后，租金支付为每年支付四次，暂定每个季度为一个租金支付期；首期租金应于免租期结束前10日内支付。剩余租金支付方式：承包人须在每个租金支付期开始日前10日全额预付当期租金。如承包人逾期支付当期租金超过15个工作日，则按承包人违约处理，发包人有权单方面解除租赁合同，由于承包人的违约给发包人造成的相关损失，由承包人承担。合同到期后，发包人有权按照市场情况对租赁价格进行合理调整。

(4) 分租、转租事项。为保证甲、乙双方的权利，以及双方招商工作的顺利有序开展，承包人将本协议所规定的租赁物分租、转租，须将其与具体的各承租商家签订的租赁合同报发包人备案，合同内容应保证真实完整。承包人每季度应向发包人提交转租、分租、保证金、押金收入等经营性数据的汇总报表，并保证数据真实可靠。承包人应确保在租赁期间内发包人资产及合同权益不存在任何风险，如因承包人引入的承租人或其他任何主体与承包人产生纠纷均与发包人无关，承包人须以自有资产承担并保障相关主体的合法利益，给发包人造成损失的，由承包人负责全额赔偿。如果承包人收取的款项不足以支付发包人租金时，承包人应以自有资产确保向发包人按期足额支付租金。

2.7.4 评分办法

本案中采用综合评分法，百分制。主要从表2.27中所示的几方面评审。

表 2.27 南京南站站内相关配套商业空间、设施、设备租赁评分办法

评审项目	分值	备注
整体项目定位	3	
运作思路	3	
策划方案	5	
拟引进品牌	2	
自 2003 年 1 月 1 日以来的成功商业策划案例	8	
申请人拟投入的实施团队实力情况	5	
公司实力	4	有联合体申请的看其综合实力，但重点查看投标主体单位提供的近两年的财务审计报表原件或营业执照原件，同时投标主体单位如有子公司或母公司的，可作为参考资料，由评委综合考虑
承租人所承诺的履约担保额	10	申请人承诺的履约担保额为比选文件中最低要求时得基本分 5 分，每增加 500 万元加 0.5 分，最多得 10 分
租金价格	60	a. 首年租金：(15 分)所有申请人的首年租金最高报价得满分 15 分，其他申请人每低于最高报价一个百分点扣 0.1 分，中间值按比例内插 b. 总价得分：(45 分)所有申请人的总价最高得满分 45 分，其他申请人每低于最高报价一个百分点扣 0.1 分，中间值按比例内插

技术部分各项分值由评标委员会成员(5 人以上时去掉一个最高分，去掉一个最低分后)的平均分为申请人的最终得分。评标委员会根据综合得分由高到低的排名顺序，推荐排名第一的投标人为中标候选人、排名第二、第三的依次为后备的中标候选人。

3 建筑工程类项目招标

3.1 建筑工程类项目招标内容及范围

建筑类工程是南京南站工程中最重要的组成部分之一。此类工程的特点是:建筑规模大、招投标工作较为成熟、标的额度大、涉及专业多等。

建筑类工程项目招标内容主要是针对于单体建筑物、构筑物等主体建筑以及土方、基础工程而进行的。对于南京南站而言,包括南京南站主站房,中心轴两侧站前总部大厦,南北两广场超大规模基坑工程,基坑支护工程,桩工程,农花河项目调水池、蓄水池以及箱涵工程等。

经整理,大体将建筑类工程分为 7 种(见表 3.1)

表 3.1 建筑类工程汇总表

序号	项目名称	招标内容及范围
1	南京南站北广场项目基坑支护、工程桩及土方工程施工招标	基坑支护、工程桩、土方工程
2	南站南北广场(北广场)基坑施工	基坑支护、工程桩、土方工程
3	南站北广场土建及安装工程施工招标	土建工程:建筑工程、土方工程、地铁围护结构、地铁维护土方 安装工程:给排水工程、漏电及火灾自动报警工程、暖通工程、弱电工程、室电气工程、蒸汽动力管道工程
4	农花河建设项目泵站土建及安装工程施工招标	绕城公路段泵站、调水池、蓄水池、箱涵、宏运大道处泵站

续表 3.1

序号	项目名称	招标内容及范围
5	南京南站南广场一、二期工程基坑及土建安装工程施工招标	基坑土方工程、支护工程、工程桩工程、土建工程
6	南京南站站房土建及安装招标	土方工程、建筑工程、安装工程
7	南京南站景观轴西侧站前大厦招标工程	土方工程、建筑工程、安装工程

3.2 建筑工程类项目招标规则及评标办法

3.2.1 房屋建筑工程施工总承包企业资质等级标准

为了准确的考察各个投标人的建设能力，南京南站工程对承包商的资质等级的要求根据建设部颁布的《施工企业资质等级标准》执行。房屋建筑工程类企业资质等级标准与承包范围如表 3.2 所示。

表 3.2 房屋建筑工程施工总承包企业资质等级、标准、承包范围表

资质	标　准	承包范围
特级	1. 企业注册资本金 3 亿元以上 2. 企业净资产 3.6 亿元以上 3. 企业近 3 年年平均工程结算收入 15 亿元以上 4. 企业其他条件均达到一级资质标准	可承担各类房屋建筑工程的施工
一级	1. 企业近 5 年承担过下列 6 项中的 4 项以上工程的施工总承包或主体工程承包，工程质量合格 (1) 25 层以上的房屋建筑工程 (2) 高度 100 m 以上的构筑物或建筑物 (3) 单体建筑面积 3 万 m^2 以上的房屋建筑工程 (4) 单跨跨度 30 m 以上的房屋建筑工程 (5) 建筑面积 10 万 m^2 以上的住宅小区或建筑群体 (6) 单项建安合同额 1 亿元以上的房屋建筑工程 2. 企业经理具有 10 年以上从事工程管理工作经历或具有高级职称；总工程师具有 10 年以上从事建筑施工技术管理工作经历并具有本专业高级职称；总会计师具有高级会计职称；总经济师具有高级职称 　　企业有职称的工程技术和经济管理人员不少于 300 人，其中工程技术人员不少于 200 人；工程技术人员中，具有高级职称的人员不少于 10 人，具有中级职称的人员不少于 60 人 　　企业具有的一级资质项目经理不少于 12 人 3. 企业注册资本金 5 000 万元以上，企业净资产 6 000 万元以上 4. 企业近 3 年最高年工程结算收入 2 亿元以上 5. 企业具有与承包工程范围相适应的施工机械和质量检测设备	可承担单项建安合同额不超过企业注册资本金 5 倍的下列房屋建筑工程的施工： (1) 40 层及以下、各类跨度的房屋建筑工程 (2) 高度 240 m 及以下的构筑物 (3) 建筑面积 20 万 m^2 及以下的住宅小区或建筑群体

续表 3.2

资质	标准	承包范围
二级	1. 企业近 5 年承担过下列 6 项中的 4 项以上工程的施工总承包或主体工程承包,工程质量合格 (1) 12 层以上的房屋建筑工程 (2) 高度 50 m 以上的构筑物或建筑物 (3) 单体建筑面积 1 万 m^2 以上的房屋建筑工程 (4) 单跨跨度 21 m 以上的房屋建筑工程 (5) 建筑面积 5 万 m^2 以上的住宅小区或建筑群体 (6) 单项建安合同额 3 000 万元以上的房屋建筑工程 2. 企业经理具有 8 年以上从事工程管理工作经历或具有中级以上职称;技术负责人具有 8 年以上从事建筑施工技术管理工作经历并具有本专业高级职称;财务负责人具有中级以上会计职称 企业有职称的工程技术和经济管理人员不少于 150 人,其中工程技术人员不少于 100 人;工程技术人员中,具有高级职称的人员不少于 2 人,具有中级职称的人员不少于 20 人 企业具有的二级资质以上项目经理不少于 12 人 3. 企业注册资本金 2 000 万元以上,企业净资产 2 500 万元以上 4. 企业近 3 年最高年工程结算收入 8 000 万元以上 5. 企业具有与承包工程范围相适应的施工机械和质量检测设备	可承担单项建安合同额不超过企业注册资本金 5 倍的下列房屋建筑工程的施工: (1) 28 层及以下、单跨跨度 36 m 及以下的房屋建筑工程 (2) 高度 120 m 及以下的构筑物 (3) 建筑面积 12 万 m^2 及以下的住宅小区或建筑群体
三级	1. 企业近 5 年承担过下列 5 项中的 3 项以上工程的施工总承包或主体工程承包,工程质量合格 (1) 6 层以上的房屋建筑工程 (2) 高度 25 m 以上的构筑物或建筑物 (3) 单体建筑面积 5 000 m^2 以上的房屋建筑工程 (4) 单跨跨度 15 m 以上的房屋建筑工程 (5) 单项建安合同额 500 万元以上的房屋建筑工程 2. 企业经理具有 5 年以上从事工程管理工作经历;技术负责人具有 5 年以上从事建筑施工技术管理工作经历并具有本专业中级以上职称;财务负责人具有初级以上会计职称 企业有职称的工程技术和经济管理人员不少于 50 人,其中工程技术人员不少于 30 人;工程技术人员中,具有中级以上职称的人员不少于 10 人 企业具有的三级资质以上项目经理不少于 10 人 3. 企业注册资本金 600 万元以上,企业净资产 700 万元以上 4. 企业近 3 年最高年工程结算收入 2 400 万元以上 5. 企业具有与承包工程范围相适应的施工机械和质量检测设备	可承担单项建安合同额不超过企业注册资本金 5 倍的下列房屋建筑工程的施工: (1)14 层及以下、单跨跨度 24 m 及以下的房屋建筑工程 (2) 高度 70 m 及以下的构筑物 (3) 建筑面积 6 万 m^2 及以下的住宅小区或建筑群体

注:房屋建筑工程是指工业、民用与公共建筑(建筑物、构筑物)工程。工程内容包括地基与基础工程,土石方工程,结构工程,屋面工程,内、外部的装修装饰工程,上下水、供暖、电器、卫生洁具、通风、照明、消防、防雷等安装工程。

3.2.2 招标组织形式

该类工程根据《中华人民共和国招标投标法》，原国家计委、原建设部、原交通部等七部委联合发布的第30号令《工程建设项目施工招标投标办法》、国家发展计划委员会发布的第29号令《评标专家和评标专家库管理暂行办法》和交公路发〔2004〕688号《关于贯彻〈国务院办公厅关于进一步规范招投标活动的若干意见〉的通知》等法律法规组织招标投标活动。

(1) 招标活动的开展，首先要遵循最基本的几项原则，即：公开、公平、公正、诚实守信，这是对招标工作顺利进行的前提条件。

(2) 根据《中华人民共和国招标投标法》第三条和《工程建设项目招标范围和规模标准规定》第二条到第九条内容，南京南站工程中的建筑类工程无论从性质、规模、资金、专业、内容等方面，均应采取公开招标方式进行招标。

(3) 在全国范围内，建筑类工程招标工作已基本成熟，各项工作只要按照既定的要求与程序即可顺利进行。但是对于像南站这样超大规模，多家建设方(招标人)的招标项目来说。需要额外考虑的因素还有很多，比如，仅仅满足原建设部法律法规是不够的，还要符合原交通部、铁道部的相应规章制度等。

因此，根据以上法律法规，结合南京南站建筑工程类项目概况，招标方采用的招标方式均为公开招标。

3.2.3 评标办法

在全国范围内的建筑工程类评标过程中，大多采用以下两种方法：合理低价法、综合评估法。前者是用于具有通用技术、性能标准或者招标人对其技术、性能没有特殊要求的招标项目。对于不宜采用合理低价法的项目，一般采用综合评估法。

南京南站建筑工程类各招标项目评标方法以综合评估法为主，少数工程也应用到合理低价法。

1) 合理低价评标法

就是项目业主通过招标选择承包人，在所有的投标人中报价的合理最低价者，即成为工程的中标人。这里"合理最低价"指应当能够满足招标文件的实质性要求，并且是经评审的投标价格最低，但投标价格低于企业自身成本的除外，评标价最低的投标价不一定是投标报价最低的投标价。评标价是一个以货币形式表现的衡量投标竞争力的定量指标，实行经评审的合理最低价评标法的优点是：

(1) 符合市场经济体制下微观主体追求利润最大化的经营目标；

(2) 合理适度地增加投标的竞争性，可为建设单位节约资金提高投资效益；

(3) 有利于承包人不断改善经营管理，提高技术水平，加强成本核算，提升市场竞争力，提高资源配置效率；

(4) 有助于建设领域相关管理机制的改革，真正形成权责分明的项目审批、实施监督、事后审计评价制度。

2) 综合评估法

在评标时，如果仅仅比较各投标人的报价或报价商务部分，则对竞争性投标之间的差别将不能作出恰如其分的评价。除了考虑价格因素外，还应该综合考虑施工组织设计、质量、工期、承包人的以往施工经验及施工新技术的采用等因素。因此，在这些情况下，必须以价格加其他因素综合评标，即应用综合评估法评标。

以综合评估法评标，一般做法是将各个评审因素在同一基础或者同一标准上进行量化，量化指标可以采取折算为货币的方法、打分的方法或者其他方法，使各投标文件具有可比性。对技术部分和商务部分的量化结果进行加权，计算出每一投标的综合评估价或者综合评估分，以此确定候选中标人。最大限度地满足招标文件中规定的各项综合评价标准的投标，应当推荐为中标候选人。

3）适用范围

两类评标办法的适用范围，详见表 3.3。

表 3.3　两类评标办法的适用范围

评标办法	适用范围
合理低价法	适用于具有通用技术、性能标准或者招标人对其技术、标准没有特殊要求，工期较短，质量、工期、成本受不同施工方案影响较小，工程管理要求一般的施工招标评标；强调的是优惠而合理的价格
综合评估法	适用于建设规模较大，履约工期较长，技术复杂，质量、工期和成本受不同施工方案影响较大，工程管理要求较高的施工招标的评标；不仅强调价格优势，也强调技术因素和综合实力

4）注意事项

综合评估法：以投标文件能否最大限度地满足招标文件规定的各项综合评价标准为前提，在全面评审投标价格的合理性、技术标（或称技术部分，指施工组织设计，包括施工方案、组织措施、进度计划、人员安排、机械设备的投入等）、投标企业和项目经理、主要技术管理人员的业绩和投标文件内容的基础上，评判投标人关于具体招标项目之技术、施工、管理难点把握的准确程度、技术措施采用的恰当和适用程度、管理资源投入的合理及充分程度等，从而根据招标文件中载明的标准和条件，将投标报价、技术因素和企业业绩、实力等因素的评审结果综合在一起，形成对不同投标文件质量的优劣比较，确定中标候选人排序。一般采用量化评分的办法，并按照相关规定设定的权重，综合投标价格、施工方案、进度安排、生产资源投入、企业实力和业绩、项目经理等各项因素的评分，按最终得分的高低确定中标候选人排序，原则上综合得分最高的投标人为中标人。

合理低价法：评审的内容基本上与综合评估法一致，是以投标文件是否能完全满足招标文件的实质性要求和投标报价是否低于成本价为大前提，以经评审的、不低于成本的最低投标价为标准由低向高排序而确定中标候选人，技术标一般采用合格制评审的方法，在技术标满足招标文件要求的基础上，最终以投标价格作为决定中标人的唯一因素。

鉴于所谓不低于成本是指投标人的个别成本，对施工企业而言，其成本相对稳定但也随着企业规模、经营情况、对具体工程的计划投入等因素而波动。尤其是在投标阶段的所谓成本是预算成本，因此，对投标价格是否低于个别成本的判断一定要具体情况具体分析，不存在一刀切的成本界限，以社会平均成本下浮一定幅度作为成本判定界限的做法本身难说是科学的，既违背相关法规规定的不得妨碍或限制投标人竞争的规定，也不能解释如果投标人投标价格不低于成本但低于所设界限，或者不低于所设界限但实际已经低于成本而构成法定废标的矛盾问题。基于上述的认知，合理低价法的评标办法应当着力于对构成投标价格的每一个价格要素是否合理的评审，通过设立严谨的评审程序，以及质疑和澄清、说明、补正及提供相关证明材料的机制，来判定是否存在不合理的价格，以及如果存在不合理价格，计算与合理价格的差值，汇总出总差值，在总差值显示投标价格偏低时，以投标价格中的利润和可能隐含的利润能否消化总差值这一标准来判断是否低于成本。按这种思路编写评标办法实际上是一种程序性的评标办法，需要评标委员会进行大量的、仔细的分析评判工作，可能需要几个轮次的质疑和澄清、说明、补正以及提供相关证明材料的工作，需要评标时间、评标委员会专业水平和职业道德的保障。实际上，不管采用何种评标办法，这种评标的思路才是真正体现评审的，所有评标都应当遵循的正确思路。

3.3 案例一：南京南站北广场基坑支护、工程桩及土方工程施工招标

3.3.1 项目情况概述

1）工程范围

本次招标项目共分为 1 个标段。项目范围为：东至站中七路，西到站中二路，南抵南站站房，北接绕城高速。广场北路上方为高架联络道，站前广场上方为高架落客平台，距地面 12.4 m。高架桥及高架落客平台不在此次招标范围。

2）工程概况

北广场基地由 3 块用地组成，其中广场北路与南站站房间区域为广场用地，东西方向长约 460 m，南北长约 250 m(其中地下室的可建设范围约 140 m)，东北、西北两侧用地规划为防护绿地。总建筑面积 39 241 m^2，其中地上建筑面积 998 m^2，地下建筑面积 38 243 m^2，地下一层为商业及停车，地上为集散广场和景观绿化。地下室埋深为 7 m。

3）施工要求

本工程为南京南站地下空间北广场土方、基坑支护、桩基工程，基坑支护采用旋挖桩、钻孔灌注桩及深层搅拌桩，工程桩为 ϕ 600/800 钻孔灌注桩，ϕ 600 桩长 18～22 m，ϕ 800桩长 6 m。施工地点位于南京市南站北广场，施工现场有环保要求。

4）项目现场情况

目前广场中段地下有正在运行的地铁一号线和拟建的地铁三号线预留位置，其中运行的地铁一号线在基坑施工过程中尤其要加以保护，同时地铁三号线基坑支护及土方工程暂列入本次招标范围，待建设主体单位最终明确后再确定是否施工。

根据铁路方面施工要求，2010 年 11 月中旬，火车南站沪汉蓉线将进行试运营(不靠站)，项目招标要考虑到火车运行对施工的影响，在招标文件中给予详细说明。

3.3.2 招标准备

1）标段的划分

本工程根据需要只划分为一个标段。

根据南京火车南站通车计划，2011 年 7 月初必须全线通车，按此计划南京南站北广场于 2011 年 7 月前必须完成全部建设，因此建设工期非常紧迫，考虑到目前图纸设计深度和时间要求，在方案中首先考虑到北广场基础及桩基工程量较大，施工此部分内容需要一定的时间，本方案中将此部分内容先行招标，先施工，待主体工程设计图纸完善后再进行南广场的招标。

2）合同形式的选择

本合同价款采用固定单价合同方式确定，工程量按实结算。结算款＝审计工程量×中标单价。固定单价一般来讲是有利于承包方的。但是有些时候，由于发包人设计图纸不详细、相关条件不具备，工程量无法计算准确，但由于时间紧又必须招标。采用固定单价，工程量按实算，就可以把图纸不详细的风险适当控制。

3）计价模式的确定

本工程采用综合单价法计价。它的好处是能够准确反映出工程的个别成本和实际造价。但应注意的是，采用综合单价法计价会使招标人承担较大的工程量风险，同时，承包商承担较大的价格风险。

4）材料设备供应方式选定

本工程采用发包人提出材料的技术及档次要求，承包人自行购买的方式。由于没有甲供材，为招标人减少了很多工作量，同时承包商也可以根据具体施工条件、施工要求选择合适的材料。

3.3.3 编制招标文件

建筑领域招标工作已经非常成熟，招标文件的具体格式可详见国家现行的中华人民共和国《标准施工招标文件》(2007 年版)。通用条款按照该文中的要求进行编制也并不困难。需要说明的是，对于南京南站南北广场基坑工程专用条款需要特别注意的有以下几点：

1）在签订固定单价合同应该注意的问题

在合同价款风险范围内的，如：施工期间建设的政策性风险和建材市场竞争风险、履行本合同的其他风险等，包括在合同实施期间(包括工期拖延期间)，由于人工、材料设备价格的上涨和工程量的增减以及南京市现行渣土运输管理规定而引起工程施工成本增加的风险由承包人自行承担，合同单价不会因此而调整。

土(石、淤泥)方挖弃等工程量按施工图纸及相关规定计算，若现场工程量发生变更，则经监理工程师、设计单位、审计单位、项目管理单位和发包人确认后给予计量，如变更后工程量在原清单工程量基础上增加 15％及以上时，对超出 15％部分的工程量以发包人、项目管理单位、审计单位、监理单位及承包人共同商议的结算单价为准。

类似以上在合同价款风险范围之外的情况，则变更、变动后的子目或单项的综合单价按以下办法调整：(1) 减少部分按投标报价及相应计价程序扣除；(2) 工程量清单中注明材料暂定价，如审计确认的供应单价与暂定价不符，则按以下公式计算材料价差：材料价差＝实物工程量×（审计确认的供应单价－材料暂定价）；(3) 分部分项工程量变更时，综合单价、措施项目费用（脚手架、模板除外）、其他措施项目费用不予调整；(4) 中标后，发包人有权对原投标单价中的不合理单价进行调整，但是投标总价不变。调整的原则为：在投标总价不变的条件下将需调整的项目的单价调整至合理范围内。

另外还需注意双方约定合同价款的其他调整因素，本工程共列出以下三项：

(1) 招标文件工程量清单中土方工程量或者其他项目工程量是按照招标时现场状况及设计文件进行测算的，在施工过程中土方工程量或者其他项目工程量计量方式为按实计量，如有土方工程量或者其他项目工程量的减少，发包人不承担任何责任，最终结算时综合单价不予调整，因此投标人在投标报价时应充分考虑到土方工程量或者其他项目工程量的减少所带来的一切风险。

(2) 承包人必须无条件服从发包人或项目管理单位的土方调配方案，并无条件允许发包人或项目管理单位指定的非本标段施工单位在本标段进行土方开挖、运输，由此发生的土方开挖、运输费用发包人不承担且不予计量，如由发包人指定承包人将其土方运至指定地点，则在决算时将该子目单价中渣土费和土场弃置费共同商议后予以扣除。由以上原因造成的交叉施工、临时便道维护、占用等费用投标人在投标时充分考虑，并将其包含在投标报价的综合单价中。

(3) 地铁三号线基坑支护及土方工程暂列入本次招标范围，待建设主体单位最终明确后再确定是否施工，招标人有权调整工程内容。若此部分内容不在本次施工范围，则承包人不得提出任何理由增加其他费用。

2) 工程预付款与工程进度款的注意事项

施工人员、机械进场开工后 7 日内，发包人按合同总价的 15%支付预付款。发包人在向承包人支付开工预付款时需扣除人民币 20 万元作为劳动竞赛奖励费用，此费用由承包人综合考虑到投标报价中，并由发包人控制使用，具体奖励方式与办法，发包人另行制定相关细则。其中工程预付款按比例抵扣进度款，完成合同价款 50%时扣完。

对于工程款（进度款）我们应该按照以下付款总原则实施：

(1) 工程款支付按工程实际进度执行，每月按已完合格工程量的 75%支付进度款（资料齐全），付款时间为工程量核定后 28 天内支付；分项工程验收符合合同要求并经项目管理单位、跟踪审计单位、监理单位审核并经发包人确认，承包人按规定交齐发包人全部的竣工资料后付至已完合格工程量的 80%。余款经具有资质的政府审计结算审核完成后 30 日内一次性无息付清（扣完水电费、各种违约金等）。

(2) 发包人支付工程预付款、工程进度款的同时，承包人必须提供相应的完税凭证。承包人应对合同中明确的付款账号作为本项目的专款专用账号，并对此进行承诺。发包人支付给承包人的工程预付款及进度款，承包人必须专款专用，保证工程所需的一切材料，按时支付劳务费，确保工程按期竣工交付。承包人如将发包人的付款用于本工程以外的用途，应当按照挪用款项的 20%向发包人支付违约金。

(3) 对于变更价款，应以审核后的变更价款为付款控制依据，每月按已完合格工程量的 50%支付进度款（资料齐全），付款时间为工程量核定后 28 天内支付；在审计结算后 30 日内付至变更价款的 95%，剩余的 5%为质保金。

3）承包人采购材料设备时的注意事项

由于本工程采用了“甲认可，乙供材”的方案，为了防止承包商偷工减料、虚报瞒报数量与价格。在实施过程中应遵循如下原则：

（1）用于本工程的任何材料，承包人须提供样品，在使用前必须得到发包人和监理工程师书面批准。

（2）承包人自购材在质量上必须符合设计及国家有关规范、标准及有关职能部门规定要求并是在响应招标文件的基础上，经检测和复试后，必须经发包人、项目管理单位和监理单位认可后才能用于本工程，否则造成的损失由承包人负责。

（3）承包人自购件的质量等级不得低于招标文件要求，招标文件规定品牌、标准的，承包人必须按指定的品牌、标准进货并报验；否则发包人有权改为发包人采购，并按实际采购价的120%扣回。在结算时按照实际采购价格的1%作为材料保管费支付给承包人，承包人不再收取任何其他费用。

（4）实际施工中，经发包人和监理市场调研后，发现承包人所购材料质价不符、不符合设计要求，经招标人要求整改后仍不满足要求，影响施工进度的，招标人有权将该材料改为发包人采购，或对该材料实行实时限价，材料的价格作相应的调整。若发包人需要变更某种材料的品牌、质量等级、规格的，发包人将以书面形式通知承包人，要求承包人按照某种价格限价购买，承包人应无条件接受，承包人拒绝的，发包人有权将该部分材料、设备改为发包人采购，或在工程结算时，直接按照限定的价格进行结算，同时承包人应向发包人支付该材料、设备价款20%的违约金。改为发包人采购后的材料，在结算时按照实际采购价格的1%作为材料保管费支付给承包人，承包人不再收取任何其他费用。

（5）对于投标时给定了暂定价部分的材料和设备，发包人有权根据需要决定采购方式，或由发包人采购，或由承包人采购。若由承包人采购，承包人提前30日向发包人提出核价申请，发包人根据采购品种、数量、价格确定核价方式（包括邀请招标、询价、竞争性谈判等方式），最终的采购合同由承包人与供应商签订，结算时按发包人书面同意的价格进行结算；若由发包人采购，则发包人向承包人支付不超过该项总价1%的总包配合费。

（6）承包人须在指定时间内自费把任何被拒绝使用的材料迁离工地。

3.3.4　招标过程

1）发布招标公告

招标人向市建委的建筑工程招标办提交公开招标核准登记表、符合工程施工招标条件的资料和自行招标许可证或招标委托代理合同。招标办对资料符合要求的，当场办理合格手续。招标人将招标文件与招标公告递交招标办备案，待招标办接受备案后，招标人即可发布招标公告。南京南站南北广场工程（北广场）基坑支护、工程桩及土方工程施工招标NZ－SG1010标段在《中国招投标网》及招标办规定的媒体上公开发布招标公告。

公告中载明了项目概况及招标范围、投标人资格要求、招标文件的获取方式、投标文件的递交方式、联系方式等事项。

2）发放招标文件及图纸

招标人将招标文件卖给有资格的潜在投标人。潜在投标人收到招标文件，核对无误后要以书面形式确认。确认后要认真研究招标文件，若有疑问或不清楚的地方，应在规定的时间内以书面形式要求招标人澄清解释。投标人要求澄清招标文件的截止时间是递交投标文件截止时间 15 日前。

3）踏勘现场

在招标人的组织下，潜在投标人进行现场勘察，了解场地及其周围环境的情况，获取其认为有用的信息；核对招标文件中的有关资料和数据并加深对招标文件的理解，以便对招标项目作出正确的判断，选择正确的投标策略，确定正确的投标报价。

4）投标文件的递交

递交投标文件时，应注意以下几个问题：

（1）投标人必须按前附表要求的份数将投标文件密封提交并在封袋骑缝密封处加盖投标人法人印章和法定代表人或其委托代理人的印章。

（2）投标人应在投标文件封袋上正确标明“正本”或“副本”字样，所有封袋上都必须写明招标人名称和工程名称以及投标人的名称。

（3）投标单位在提交投标文件时必须同时提交使用江苏省建设工程招投标专用光盘及符合江苏省规定的电子文本格式制作电子文本光盘一张作为正本。同时投标单位还须另行制作一张与正本专用光盘内容相同的光盘作为副本，并一起装袋密封并标志后在开标前提交。未按上述规定编制、密封、标志所递交的投标文件招标人有权拒绝。

3.3.5 开标、评标和定标

1）开标

本工程进行公开开标时，该市交通行业与产业项目招标投标管理办公室和铁路建设办公室派驻该市铁路建设投资有限责任公司纪检组对开标活动全过程进行了监督，公证处派员对开标活动全过程进行了公证。

至投标截止时间止，7 家投标单位均按时递交了投标文件和投标担保。然后，对各家投标人的投标文件外包装的密封性进行了检查和确认，经检查，各家投标人的投标文件密封均符合要求；随后，纪检人员公布了备选评标基准价浮动系数，由公证人员通过摸球的方式抽取了评标基准价浮动系数。

上述事项完成之后，对符合密封要求的投标文件进行开封，由公证人员进行开标完备性检查，各投标人均通过了开标完备性检查，随后工作人员对各投标文件投标函中的主要内容进行了宣读并现场记录，各投标人对开标结果未提出异议，均签字认可。最后，公证人员现场封存了各投标人的报价清单文件，开标活动结束。开标后，清标工作组即开始了对投标文件的清标工作。

2）评标与定标

（1）清标工作

招标人组建了清标工作组，对各投标文件进行了认真、细致的清标，汇总了各投标文件中的有关资料，制定了评标用表格，为评标委员会的评标做好了前期准备工作。

（2）评标情况

由招标人依法组建的南京南站南北广场工程（北广场）基坑支护、工程桩及土方工程施工招标 NZ-SG1010 标段评标委员会对该项目的投标文件进行了评审。招标投标管理办公室和派驻纪检组共同派员对评标的全过程进行了监督，公证处对评标的全过程进行了公证。

评标会上，评标委员会成员在仔细阅读了招标文件后，对招标人拟定的评标办法和招标代理单位拟定的评标用表进行了详细审查，一致认定本项目的评标办法、评标用表符合招标文件及有关法规的要求。之后，评标委员会按照评标程序，对各投标文件进行了评审。评审包括：商务及技术文件资格评审、形式评审及响应性评审，推荐通过商务及技术文件评审的投标。然后就投标报价及工程量清单文件形式及响应性进行评审。

（3）评标方法

南京南站北广场基坑支护、工程桩及土方工程施工招标采用综合评估法。评标委员会对满足招标文件实质性要求的投标文件，按照评分标准进行打分，并按得分由高到低顺序推荐中标候选人，或根据招标人授权直接确定中标人，但投标报价低于其成本的除外。综合评分相等时，以投标报价低的优先；投标报价也相等的，由招标人自行确定。

①对于分值构成与评分标准需要注意的问题有：

a. 分值构成（施工组织设计、项目管理机构、投标报价、其他评分因素）

b. 评标基准价计算（评标基准价计算方法）

c. 投标报价的偏差率计算（投标报价的偏差率计算公式）

d. 评分标准（施工组织设计评分标准、项目管理机构评分标准、投标报价评分标准、其他因素评分标准）

②对于评标程序，有以下方面要求：

a. 初步评审

评标委员会对投标文件进行初步评审。有一项不符合评审标准的，作废标处理（适用于未进行资格预审的）。

评标委员会依据评标办法对投标文件进行初步评审。有一项不符合评审标准的，作废标处理。当投标人资格预审申请文件的内容发生重大变化时，评标委员会依据评标办法对其更新资料进行评审（适用于已进行资格预审的）。

投标报价有算术错误的，评标委员会按以下原则对投标报价进行修正，修正的价格经投标人书面确认后具有约束力。投标人不接受修正价格的，其投标作废标处理。

其中，投标文件中的大写金额与小写金额不一致的，以大写金额为准；总价金额与依据单价计算出的结果不一致的，以单价金额为准修正总价，但单价金额小数点有明显错误的除外。

b. 详细评审

评标委员会按量化因素和分值进行打分，并计算出综合评估得分。评分细则如表3.4所示。

表 3.4 评标打分细则

商务及技术文件分值构成(总分 100 分)	①财务状况(10 分) 根据《××省交通项目投标企业财务能力评价指标(试行)》进行评分。 ②项目管理机构(35 分) a. 拟投入项目经理、项目总工以及拟投入主要技术人员(15 分):其中项目经理专业及施工经历情况 5 分;项目总工专业及施工经历的情况 5 分;其他主要技术人员的专业、素质、工作经历、配置情况 5 分。 b. 拟投入本项目的主要机械、仪器设备(20 分):其中所投入的机械设备情况 15 分;检测仪器配置 5 分。 ③企业已完类似工程业绩(5 分): 企业自 2006 年 1 月 1 日以来已完造价在人民币 1 亿元及以上 50 000 m^2 有 1 个得 1 分,每增加 1 个加 1 分,最多得 5 分。 ④履约及信誉(15 分) 由评审委员会根据《××省交通行业与产业项目招标投标信用档案管理办法》和根据申请人近 2 年在××省交通系统的履约状况和奖惩情况等进行评定。 a. 信用等级评为 AA(好)级的投标人,评标委员会应给予其信誉分评满分。 b. 信用等级评为 A(较好)级的投标人,评标委员会最多扣减其信誉分满分的 20%,信用等级暂定为 A(较好)级的投标人,评标委员应当对其信誉评满分的 80%。 ⑤施工组织计划(35 分) 工程总体实施计划 5 分;主要工程施工方案 15 分;重点难点分析 5 分;确保工程质量、工期 5 分;安全文明施工措施 5 分。
评标基准价计算方法	在投标报价及工程量清单投标文件开标现场,招标人当场计算并宣布评标基准价。 招标人设有投标报价控制价上限,控制价上限在开标前 3 天向所有投标人公布,投标人的报价不得高于控制价上限,如果高于控制价上限,将作废标处理,且此投标文件的投标价不再参与评标基准价计算。 ①评标价的确定:评标价=投标函文字报价 ②在开标现场经招标人宣读了投标报价的投标人,除因未通过开标完备性检查或投标价高于控制价上限的废标以外,其余为有效评标价,并全部在评标时进入评标基准价的计算,且该评标基准价在整个评标期间保持不变。 ③评标价平均值的计算:首先计算所有有效评标价的一次算术平均值(有效评标价为五个或五个以上时,去掉一个最高值和一个最低值后计算有效评标价的一次算术平均值),然后将有效评标价的一次算术平均值与开标现场抽签确定的浮动系数相乘,所得乘积即为评标基准价。 ④如果投标人认为评标基准价计算有误,有权在开标现场提出,经监标人当场核实确认之后,可重新宣布评标基准价。确认后的评标基准价在整个评标期间保持不变,不随通过初步评审和详细评审的投标人的数量发生变化。 ⑤招标人在开标现场公布了本标段的 3 个评标基准价浮动备选系数,浮动系数的范围为 97%~103%,由纪检人员在第一次开标现场随机抽取。

续表 3.4

备注	评标价的偏差率计算公式为：偏差率＝100%×(投标人评标价－评标基准价)/评标基准价。 评标价为100分，评标价得分计算公式示例： ①如果投标人的评标价＞评标基准价，则评标价得分＝100－偏差率×100×E_1； ②如果投标人的评标价≤评标基准价，则评标价得分＝100＋偏差率×100×E_2。 其中：E_1 是评标价每高于评标基准价一个百分点的扣分值；E_2 是评标价每低于评标基准价一个百分点的扣分值。招标人可依据招标项目具体特点和实际需要设置 E_1、E_2，但 E_1 应大于 E_2。

根据上表，投标人的分数构成由下面四项构成：

a. 按评审因素和分值对施工组织设计计算出得分 A；

b. 按评审因素和分值对项目管理机构计算出得分 B；

c. 按评审因素和分值对投标报价计算出得分 C；

d. 按评审因素和分值对其他部分计算出得分 D。

评分分值计算保留小数点后两位，小数点后第三位"四舍五入"。

投标人得分＝A＋B＋C＋D。

评标委员会发现投标人的报价明显低于其他投标报价，或者在设有标底时明显低于标底，使得其投标报价可能低于其个别成本的，应当要求该投标人作出书面说明并提供相应的证明材料。投标人不能合理说明或者不能提供相应证明材料的，由评标委员会认定该投标人以低于成本报价竞标，其投标作废标处理。

③投标文件的澄清和补正

在评标过程中，评标委员会可以书面形式要求投标人对所提交投标文件中不明确的内容进行书面澄清或说明，或者对细微偏差进行补正。评标委员会不接受投标人主动提出的澄清、说明或补正。

澄清、说明和补正不得改变投标文件的实质性内容(算术性错误修正的除外)。投标人的书面澄清、说明和补正属于投标文件的组成部分。

评标委员会对投标人提交的澄清、说明或补正有疑问的，可以要求投标人进一步澄清、说明或补正，直至满足评标委员会的要求。

④评标结果

评标委员会按照得分由高到低的顺序推荐中标候选人。

评标委员会完成评标后，应当向招标人提交书面评标报告。

注：评审与评标用表格见附录3、4。

3.4 案例二：南京南站景观轴西侧站前大厦招标工程

3.4.1 项目概况

南京南站站前大厦建设项目总投资为10.5亿元，建安投资约7.5亿元。总占地面积为 16 261 m^2，总建筑面积为 177 494 m^2。

站前大厦是一个集商务办公、商业金融及相关配套设施为一体的商业综合建筑，由一座 42 层全现浇钢筋混凝土框架—筒体结构办公楼、一座 16 层全现浇钢筋混凝土框架—剪力墙结构办公楼、一座 5 层全现浇钢筋混凝土框架结构裙房组成。

3.4.2 招标准备

1) 合同形式的选择

本合同价款采用固定单价合同方式确定。

采用固定价格合同时，合同价款中包括的风险范围如下：所有材料（钢材、混凝土等甲供材除外）的市场价格波动风险、施工期间的各类政策性调整；施工期间发生设计变更时综合单价不予调整的风险；因承包人自身原因造成工期延误、费用增加的风险；作为有丰富经验的承包商应该可以预见到的风险；招标文件中明示和暗示的其他风险。

在对风险费用进行计算时，承包人投标时已充分考虑风险范围并计算风险费用计入投标报价。另外，措施项目费也是报价的重要组成部分。措施项目是指为完成工程项目施工，发生于该工程施工前和施工过程中技术、生活、安全等方面的非工程实体项目。投标人在投标报价时应该将措施项目费考虑在内，费用标准自定，除混凝土、钢筋混凝土模板及支架费用可以按合同规定进行调整外，其他各项费用以包干形式计入，无论在投标报价中是否单独列出均由承包人承担，结算时与分部分项工程量变化、设计变更、现场签证无关，不再调整。

2) 计价模式的确定

本工程采用固定单价法计价。采用固定单价计价时，合同单价一次包死，固定不变，即不再因为环境的变化和工程量的增减而变化。因此，承包商承担了全部的工作量和价格的风险。

3) 材料设备供应方式选定

本工程由发包人供应材料设备。甲供材（除设备费）材保费为 1%，结算时施工单位退价按双方约定价除 1.01 退给建设单位。中标人未履行保管责任的，招标人在结算时不予支付。

3.4.3 资格预审

1) 资格要求

(1) 企业资质条件：施工总承包房屋建筑工程壹级（含）以上且消防设施工程专业承包企业资质壹级（含）以上；并具备企业的五倍注册资本金必须大于本标段合同估算价。

(2) 企业业绩要求：项目经理承担过类似及以上工程；企业承担过类似及以上工程。

(3) 类似业绩：单个合同建筑面积为 20 000 m^2 及以上含二层地下室的房屋建筑工程（不含厂房且半地下室不算，时间、金额以施工合同签订时间为准，提供中标通知书、施工合同、竣工验收证明，原件缺一不可，公证件不视为原件，提供的证明材料必须能反映出相关数据，必须在投标截止前将以上材料在建设工程交易中心录入，企业业绩和项目经理业绩不可兼得）。

(4)项目经理（建造师，下同）资格要求：注册建造师证建筑工程二级（含）以上。

(5) 其他要求:企业承担的类似及以上工程获得过市优工程(企业承担的类似及以上工程获得过市优工程是指:单个合同建筑面积为20 000 m^2 及以上含二层地下室的房屋建筑工程(不含厂房且半地下室不算),时间、金额以施工合同签订时间为准,提供中标通知书、施工合同、竣工验收证明及获奖证书或获奖文件)。

2) 资格预审流程

根据《中华人民共和国招标投标法》、《中华人民共和国招标投标法实施条例》(中华人民共和国国务院令第613号)以及苏建招〔2006〕372号文件及有关法规文件的规定,本工程制定的资格预审方案如下:

(1) 监督

市监察局(按邀请的实际情况确定是否参加)、市建设工程招投标管理办公室、市建设工程交易中心、承包方建设指挥部对资格预审工作随时检查,并在资格预审当日进行全程监督。

(2) 资格预审文件的发售

报名结束后,招标代理机构通知所有参加投标报名的投标人领取资格预审文件。申请人委派申请人代表携带法定代表人身份证明或附有法定代表人身份证明的授权委托书及身份证原件,到指定地点办理资格预审文件及相关资料的签收。招标人、招标代理机构负责发放资格预审文件。

(3) 资格预审申请文件的递交和签收

申请人委派申请人代表携带法定代表人身份证明或附有法定代表人身份证明的授权委托书及身份证原件,在规定的时间内到指定地点递交资格预审申请文件。

在市建设工程交易中心工作人员的见证下,招标人、招标代理机构的代表共同负责接收资格预审申请文件,办理资料签收、并当场密封、封条上共同签字确认。交易中心确保在资格预审申请文件截止时间前保持密封。

(4) 审查委员会专家组成

本次申请审查委员会共由5人组成。招标人专家1名,建筑工程专家4名,这四名专家中,结构与抗震工程、装饰装修工程、给排水工程、造价专业各1名。以上专家均符合有关法律法规对评标委员会专家的规定。这五名专家是由招标人负责组织,在监督部门监督下,从市建设工程交易中心工程招标评标专家库中随机抽取。招标人专家在资格预审当日应当提供符合规定的相关资格证书及身份证,现场核验。

(5) 资格预审现场

招标人和招标代理机构代表对所有已递交的资格预审申请文件的各项资料逐项进行核对并记录,申请人的法定代表人或其授权代理人现场对登记记录情况进行签字确认。将记录情况同递交的资格预审申请文件一同提交审查委员会进行审查。

本工程分标段对申请人进行资格预审。本次资格预审采用有限数量制:通过资格预审的申请人总数不少于标段(3个标段)数的3倍(即9家)。每标段通过资格预审的申请人不得少于3家。

对通过初步审查和详细审查的申请人超过13家的,审查委员会依据本章规定的审查标准和程序,对其资格预审申请文件进行量化打分,按得分由高到低的顺序确定通过资格预审的申请人。通过资格预审的申请人不超过资格审查办法前附表规定的数量,即每标段通过资格预审的申请人总数不少于13家。

(6) 审查方法

①初步审查

审查委员会按资格预审文件规定的标准,对资格预审申请文件进行初步审查。有一项因素不符合审查标准的,不能通过资格预审。

②详细审查

审查委员会按资格预审文件规定的标准,对通过初步审查的资格预审申请文件进行详细审查。

③资格预审申请文件的澄清

在审查过程中,审查委员会可以书面形式,要求申请人当场对所提交的资格预审申请文件中不明确的内容进行必要的澄清或说明。申请人的澄清或说明采用书面形式,并不得改变资格预审申请文件的实质性内容。申请人的澄清和说明内容属于资格预审申请文件的组成部分。招标人和审查委员会不接受申请人主动提出的澄清或说明。

④评分

通过详细审查的申请人不少于3个且没有超过规定数量(13家以上)的,均通过资格预审,不再进行评分。

通过详细审查的申请人数量超过规定数量(13家以上)的,审查委员会依据评分标准进行评分,按得分由高到低的顺序进行排序。

⑤提交审查报告

审查委员会按照本规定的程序对资格预审申请文件完成审查后,确定通过资格预审的申请人名单,并向招标人提交书面审查报告。

⑥资格预审结果

招标人或招标代理机构在规定时间内以书面形式将资格预审结果通知申请人,并向通过资格预审的申请人发出投标邀请书。未通过资格预审的申请人发出资格预审不合格通知书。

(7) 评分细则(表3.5)

表 3.5　资格预审评分细则

序号	项目名称	资格评审内容	分值及计分方法
1	企业资质条件 20 分	企业房屋建筑工程施工总承包资质，计分依据企业资质证书原件(只计一次，满分 5 分)	特级及以上资质　5 分
			一级资质　3 分
		企业通过 ISO9000 质量管理和质量保证体系系列标准认证的，计分依据有效证书原件(满分 4 分)	4 分
		企业通过 ISO14000 环境管理体系系列标准认证的，计分依据有效证书原件(满分 4 分)	4 分
		企业通过 OHSMS18000 职业安全卫生管理体系系列标准认证的，计分依据有效证书原件(满分 4 分)	4 分
		企业在(驻)宁机构配备质安部门、经营预算部门、财务部门、生产技术部门。评分依据申请书相关内容(最低 0 分，最高得 3 分)	齐全的得 3 分，少一部门扣 1 分，扣完为止
2	企业资信 10 分	2009 年度获银行企业信用等级，计分依据信用等级证书原件。(只计一次，最高得 3 分)	AAA 级得 3 分
			AA 级得 2 分
			A 级得 1 分
		企业获工商部门 2009 年度守合同重信用称号，计分依据工商部门颁发的证书原件(只计一次，最高得 3 分)	省级及以上得 3 分
			地市级 AA 级得 2 分
			市区(或县)级得 1 分
		企业近 5 年年度财务状况，计分依据经会计师事务所出具审计报告的财务会计报表及审计报告(最高得 4 分)	流动资产≥流动负债　得 2 分
			货币资金≥8 000 万元　得 2 分

续表 3.5

序号	项目名称	资格评审内容	分值及计分方法
3	企业业绩 10 分	2008 年 1 月 1 日至今，企业所承建同类或类似房屋建筑工程获优质工程，计分依据获奖证书或文件原件（同一工程就高记取，不重复计分，最高计至 4 分）	省级得 4 分
			地市级得 3 分
			市区（或县）级得 2 分
		2008 年 1 月 1 日至今，企业的施工工地曾获安全文明标化工地并创杯的，计分依据相关证书或文件原件（同一工程就高记取，不重复计分，最高计至 4 分）	国家级得 4 分、省级得 2 分、市区（或县）级得 1 分
		招标人根据对投标申请人的综合实力、企业创优、企业诚信及其他有关情况的考察，取得的信任程度（最高 2 分）	
4	项目经理资历与业绩 30 分	投标项目经理资质等级，计分依据项目经理资质证书原件（最高 5 分）	建筑工程注册专业壹级建造师得 2 分
		2008 年 1 月 1 日至今，投标项目经理所承建房屋建筑工程获优质工程的，计分依据投标项目经理承建该项目的记录资料原件及相关证书或文件原件（同一工程只记取最高级别的分数，不重复计分，最高计分为 10 分）	国家级得 10 分
			省级得 6 分
			地市级得 4 分
			市区（或县）级得 2 分
		2008 年 1 月 1 日至今，投标项目经理所承建工程施工工地获安全文明标化工地称号并创杯的，计分依据投标项目经理承建该项目的记录资料原件及相关证书或文件原件（同一工程只记取最高级别的分数，不重复计分，最高计至 10 分）	省级及以上得 10 分
			地市级得 6 分
			市区（或县）级得 4 分
		2008 年 1 月 1 日至今，投标项目经理获优秀项目经理称号的，计分依据相关证书或文件原件（只计取获得的最高荣誉，不重复计分，最高 5 分）	国家级得 5 分
			省级得 4 分
			地市级得 3 分
			区级得 2 分

续表 3.5

序号	项目名称	资格评审内容	分值及计分方法
5	项目管理团队资历 20 分	拟派项目技术负责人，评分依据职称证书、类似工程施工合同及竣工验收报告原件（只计一次，满分 7 分）	具有工民建类高级职称并承建过类似工程的得 7 分；具有工民建类中级职称并承建过类似工程的得 5 分；无业绩但具有工民建类高级职称的得 3 分；无业绩但具有工民建类中级职称的得 2 分
		施工员，评分依据职称证书或技术员证书原件（只计一次，满分3 分）	与投标项目相关专业工程师及以上职称得 3 分；助理工程师得 1 分；技术员得 0 分
		质量员，评分依据职称证书或技术员证书原件（只计一次，满分3 分）	与投标项目相关专业工程师及以上职称得 3 分；助理工程师得 2 分；技术员得 1 分
		安全员，评分依据安全员安全生产考核合格证书原件（只计一次，满分 5 分）	具有安全生产考核合格证书的专职安全员贰名得 5 分，兼职得 0 分
		资料员，评分依据上岗证原件（只计一次，满分 2 分）	有上岗证得 2 分

3.4.4 编制招标文件

招标文件见国家现行的《标准施工招标文件》具体格式。南京南站站前大厦合同条款中通用条款见中华人民共和国《标准施工招标文件》通用条款部分(2007 年版)。其专用条款应当特别注意的地方在于以下几点:

1) 风险范围以外合同价款调整方法

(1)若主要建筑材料市场价格波动较大(钢材、混凝土等甲供材除外),材料价格涨跌超出有经验的承包商可以预见的范围,参照苏建价〔2008〕67 号文执行,具体调整办法为:

①主要建筑材料差价的取定办法按苏建价〔2008〕67 号文执行。

②因发包人原因造成工期延误的,延误期间发生的材料价格上涨差额由发包人承担;因承包人原因造成工期延误的,延误期间发生的材料价格上涨差额由承包人承担。

(2)材料变更时材料价格应按以下方法确定:

①承包人材料价格明细表已有的材料,根据承包人材料价格明细表所列的材料单价计算;如承包人投标文件分部分项工程综合单价分析表中的材料价格与乙供材料表中单价不一致,以有利于发包人的原则确定该材料价格。

②承包人材料价格明细表中没有的材料,由承包人呈报价格,最终经监理、发包人审核、发包人批准后的价格为准。

③如承包人材料价格明细表中已有的材料,在建设过程中因市场原因无法采购,承包人提出材料代用时,由承包人呈报价格,经监理、发包人审核、发包人批准后的价格为准,超出原材料价款的费用由承包人承担,节省的费用由发包人扣回。

④因发包人原因造成材料代换时,由承包人呈报调价依据经设计、监理、发包人审核确定该材料价格,否则材料代换发生的价格变化不予调整。

(3) 因设计变更、现场签证等原因使项目的综合单价发生变化,变更、变动后的子目或单项的综合单价应按以下办法确定:

①工程量清单中已有工作内容和价格组成相同于变更子目或单项的综合单价时,按合同已有综合单价执行。

②工程量清单中只有工作内容和价格组成类似于变更子目或单项的综合单价时,可以参照类似综合单价,由双方协商调整后确定变更的综合单价。

③投标报价中没有综合单价的新的工程量清单项目,新增综合单价按《建设工程量清单计价规范》、《江苏省建筑与装饰工程计价表》、《江苏省安装工程计价表》中的综合单价(其中投标报价中无材料价格的按施工时期南京市的信息价)计算出后下浮作为最终结算单价(下浮率按投标总价与最高限价相比得出)。

除上述情况以外的综合单价,由双方协商按现场签证办理。新增综合单价及材料市场价由承包人提出,经监理方认可、审计部门审核、发包人确定后作为结算单价。

2) 工程预付款

合同签订后按规定并且施工机械进场后支付本工程合同价(扣除甲供材、暂列金额、暂估价、总包配合及服务费、所有属于发包人代扣代交的费用)的 10%作为预付款,同时承包人向发包人支付相同金额的预付款保函。预付款保函退回的时间为预付款全部扣回时间。

3）工程量的确认

首先，工程量的计量应该遵循几个基本原则：工程计量方法按《建设工程工程量清单计价规范》(GB50500－2008)(简称本规定)中的计量规范执行。本规定作为计算工程量的统一依据，在执行时为了说明工作的确切性和工作条件，须根据施工设计图纸的要求和合同规定配套使用。本规定未包括的项目，可制定补充协议并作为合同附件。新增项目按本合同约定的工程综合单价、计价原则、方法、计价费率结算造价。

任何工程项目的计量，都应是根据发包人批准的图纸所完成的、或监理工程师和发包人书面指示已完成工程量的计量。计量与支付应同时参照技术规范、合同条款、工程量清单以及图纸进行。凡超过图纸所示的任何长度、面积或体积都不予计量与支付。另外，有关技术规范允许的施工必要损耗，由承包人在投标报价时综合考虑，施工过程中对此不再予以计量。设计变更等引起的已完工程的拆改，须有发包人、跟踪审计、监理、承包人共同计量。

其次，当出现下列情况之一者，不予计量和支付：无开工报告或开工报告未经批准；无计量资料或计量资料不完整；因施工错误而增加的工程量；工程量计算不符合相关计算规则；措施项目超出投标报价措施项目费总额；材料未按规定试验，或未被确认为合格；合同外项目费用未按发包人有关规定办理审批手续。

4）工程变更

当本工程发生工程变更时，发包人与承包人应遵守以下原则：

(1) 发包人保留变更或调整工程量的权力，承包人不得拒绝变更，更不得以变更为由提出不合理的要求。

(2) 承包人必须按发包人要求完成变更工作，否则发包人有权交由第三方承包商完成，并按第三方承包商报价的双倍作为违约金扣减承包人的合同价款。

(3) 变更导致工期的顺延由监理工程师审核、发包人批准为准。

(4) 承包人提出的工程变更申请必须严格按照发包人规定的工程变更管理流程执行，涉及主体结构的变更内容必须经设计单位确认。

(5) 设计单位出具的设计变更必须得到发包人的批准。承包人不得直接从设计单位取得设计变更，或者以贿赂等不正当手段影响本工程的设计师进行变更。否则，由此增加的工程费用由承包人承担，工期不予顺延。

(6) 发包人同意采用承包人合理化建议，所节约的费用给予奖励。

5）补充条款

工程竣工审计后，(报审价－审定价)/报审价×100%＝A。若 $A \leqslant 5\%$，则审计费用由发包人承担；若 $5\% < A \leqslant 10\%$，则审计费用由发包人与承包人各承担 50%；若 $A > 10\%$，则审计费用由承包人全部承担。

本工程总包配合及服务费为 2%。本工程外墙装饰、电梯、智能化、空调、内装修等项目需分包，总承包服务费应包含：总包单位对分包单位的管理所发生的费用，总包单位向分包单位提供施工场地和垂直运输，提供施工用水、电源、已搭好的脚手架、安装后的嵌缝粉刷、补洞、门窗灌浆收口费用、现场的协调管理，提供标高、轴线等一般技术服务，对分包单位技术资料的审核和收集以及后期的整理等费用。承包人完成上述分包项目的配合任务，发包人支付相应费用，费用为分包项目的合同价(不含设备费)×2% 。拒绝配合或配合不力的，招标人有权不予支付上述费用。

3.4.5 开标、评标和定标

1）开、评标流程

本工程的开标、评标流程与其他工程一致，简单介绍一下就是：首先，招标办在开标同时将招标文件提交评委阅读。在评标会上，资格审查人员宣读资格审查报告。请项目经办人或采购人介绍采购项目的基本情况。然后主持人介绍出席评标会议的评委会成员和招标人单位代表，由评委选定评委会主任。主任召集评委会成员讨论评标办法，布置具体评审方法。会议期间监察处代表检验标书密封情况。工作人员当场拆开投标文件后，宣读投标书，评委进行记录。接着工作人员分发投标文件，评委会成员独立评审投标文件，按规定的评标办法进行评价或打分。工作人员对评委会成员的评分表的计算进行汇总，评委会主任审核确认，如有疑义点应要求评委做出说明，工作人员按照评标办法的规定计算投标人所得总分并排出名次。最后由评委会主任审核并宣读中标候选人推荐名次，征求评委会成员意见，评委会讨论通过，由工作人员填写评标情况表，评委会成员、项目领导小组成员、监委会成员签字确认。工作人员将评标表提交项目分管领导确定中标人。

2）评标方法

评标方法使用综合评估法并且使用苏建招〔2010〕333 号所规定的投标报价评审方法一：设低于招标控制价的所有投标人投标报价的算术平均值为 A，若投标报价低于招标控制价的投标人为 7 家或 7 家以上时，去掉其中的一个最高投标报价和一个最低投标报价后取算术平均值为 A。则：招标最低控制价 $C=A\times K$，K 值在开标前由投标人推选的代表随机抽取确定，K 值的取值范围为 95%～98%。C 值一经确定，在后续的评审中出现的任何情形都将不改变 C 值的结果。投标报价低于招标最低控制价的，按废标处理。

本项目的具体评标方法与本章案例一相一致。评标细则详见 3.3.5 中的评标方法。评标用表见附录 3。

4 交通工程类项目招标

随着社会的发展与进步，人们越来越重视交通工程招投标。作为工程类主要部分之一，交通工程招投标对于现实生活具有重要的意义。近几年来，我国针对交通工程的招投标问题颁布了一系列的法律法规，使得招投标得到了广泛的使用，也不难发现在交通工程建设市场招标具有举足轻重的作用。

本章将主要根据南京南站大型交通枢纽项目来介绍交通工程类项目招标的有关内容、方法以及具体案例，为类似交通枢纽项目建设的招标方提供一定的参考依据。

4.1 交通工程类项目招标内容及范围

4.1.1 交通工程类建设项目招标的内容和条件

本节所涉及的交通工程类主要是指公路工程，包括公路、公路桥梁、公路隧道及与之相关的安全设施、防护设施、监控设施、通信设施、收费设施、绿化设施、服务设施、管理设施等公路附属设施的新建、改建与安装工程。

公路工程施工招标的项目应当具备下列条件：

(1) 初步设计文件已被批准；

(2) 建设资金已经落实；

(3) 项目法人已经确定，并符合项目法人资格标准要求。

4.1.2 南京南站交通工程类部分招标内容

根据4.1.1中规定交通类应包含的内容，先将部分南京南站交通类工程项目的招标内容和范围进行总结归纳，其内容如表4.1。

表4.1 南京南站部分交通类项目招标内容和范围

序号	项目名称	招标内容及范围
1	南京南站市政道路路面工程施工招标	路面工程
2	南京南站市政道路二期路基工程施工招标	路基土方、雨污水、路面底基层、交通工程、人行道、路缘石
3	南京南站市政道路二期路面工程施工招标	建筑装饰装修工程
4	交通安全设施	标志、标线及隔离栅的施工
5	隧道装饰	隧道装饰
6	隧道机电工程	泵房及配电间机电工程安装施工
7	监控系统工程	监控系统工程全套服务
8	声屏障施工招标	声屏障工程施工
9	南京南站综合枢纽站东路站西路工程、南北高架落客平台联络道工程、宏运大道工程投资建设(BT项目)招标	落客平台的路基、桥梁、路面、防护及排水的施工
10	南京南站综合枢纽快速环线项目花神庙立交施工招标NZ-HSM-B1标段	桥梁工程施工
11	南京南站综合枢纽快速环线项目机场高速立交路基工程施工招标NZ-JCGS-A1、NZ-JCGS-A2标段	路基土方、路面底基层、排水、防护、涵洞、管线及中小桥工程等工程的施工
12	南京南站综合枢纽快速环线项目双龙街立交隧道工程NZ-SL-D1、NZ-SL-D2标段施工招标	隧道工程、路基施工

4.2 交通工程类项目招标规则及评标办法

4.2.1 交通工程类施工招标总承包企业资质等级的确定

公路工程包括公路(含厂矿和林业专用公路)及其桥梁、隧道和沿线设施工程。我国对公路工程实行的是资格准入制，不仅要求公路工程主体必须具备法人资格，而且还要求必须具备相应的资质等级。现根据《建筑业企业资质等级标准》的有关规定，对公路工程施工总承包企业的资质等级及标准进行归纳和阐述，供公路工程从业人员参考。

公路工程施工总承包企业资质分为特级、一级、二级、三级，根据各资质等级的招标范围可确定交通工程项目投标人的资质要求，详见表4.2。

4.2.2 交通工程类项目招标规则

《公路工程施工招标投标管理办法》规定，交通工程类项目施工招投标，除了遵守《公路法》、《招标投标法》等法律法规外，还要遵循以下规则：

(1) 公路工程施工招标投标活动应当遵循公开、公平、公正和诚信的原则。

(2) 依法必须进行招标的公路工程施工项目，其招标投标活动不受地区或者部门的限制，任何具备从事公路建设规定条件的企业法人都可以参与投标。

(3) 交通运输部依法负责全国公路工程施工招标投标活动的监督管理。

县级以上地方人民政府交通主管部门按照各自职责依法负责本行政区域内公路工程施工招标投标活动的监督管理。

(4) 公路工程施工招标的招标人，应当是依照本办法规定提出公路工程施工招标项目、进行公路工程施工招标的项目法人。

(5) 公路工程施工招标分为公开招标和邀请招标。

采用公开招标的，招标人应当通过国家指定的报刊、信息网络或者其他媒体发布招标公告，邀请具备相应资格的不特定的法人投标。

采用邀请招标的，招标人应当以发送投标邀请书的方式，邀请三家以上具备相应资格的特定的法人投标。

表4.2 公路工程施工总承包企业资质标准及承包范围表

资质	标　准	承包范围
特级	1. 企业注册资本金3亿元以上 2. 企业净资产3.6亿元以上 3. 企业近3年年平均公路工程结算收入15亿元以上 4. 企业其他条件均达到一级资质标准	可承担各等级公路及其桥梁、隧道工程的施工

续表 4.2

资质	标　　准	承包范围
一级	1. 企业近10年承担过下列4项中的3项以上所列工程的施工，工程质量合格。 (1) 累计修建一级以上公路路基100 km以上； (2) 累计修建高级路面400万 m^2 以上； (3) 累计修建单座桥长≥500 m或单跨跨度≥100 m的公路特大桥6座以上； (4) 完成过单项合同额1亿元以上的公路工程3个以上。 2. 企业经理具有10年以上从事工程管理工作经历或具有高级职称；总工程师具有15年以上从事公路工程施工技术管理工作经历并具有本专业高级职称；总会计师具有高级会计职称；总经济师具有高级职称。 企业有职称的工程技术和经济管理人员不少于300人，其中工程技术人员不少于200人。工程技术人员中，具有高级职称的人员不少于20人，其中具有公路工程系列高级职称的人员不少于15人；具有中级职称的人员不少于80人，其中具有公路工程系列中级职称的人员不少于50人。 企业具有的本专业一级资质项目经理不少于15人。 3. 企业注册资本金6 000万元以上，企业净资产8 000万元以上。 4. 企业近3年最高年公路工程结算收入4亿元以上。 5. 企业具有与承包工程范围相适应的施工机械和质量检测设备，并至少具有： (1) 160 t/h以上沥青混凝土拌和设备3台，120 m^3/h水泥混凝土拌和设备及60 t/h以上水泥混凝土拌和设备各1台或60 t/h以上水泥混凝土拌和设备3台，300 t/h以上稳定土拌和设备4台； (2) 摊铺宽度12 m的沥青混凝土摊铺设备2台，摊铺宽度8 m以上的沥青混凝土摊铺设备4台； (3) 120 kW以上平地机5台； (4) 1 m^3 以上挖掘机5台； (5) 100 kW以上推土机5台； (6) 各型压路机20台(其中沥青混凝土压实设备10台，大型土方振动压实设备10台)； (7) 扭矩200 kN·m以上的钻机2台； (8) 80 t以上自行式架桥机2套； (9) 50 t以上吊车3台； (10) 水泥混凝土泵车4台； (11) 隧道凿岩台车2台，水泥混凝土喷射泵4台，压浆设备2台。	可承担单项合同额不超过企业注册资本金5倍的各等级公路及其桥梁、长度3 000 m及以下的隧道工程的施工

续表 4.2

资质	标　　准	承包范围
二级	1. 企业近 10 年承担过下列 4 项中的 3 项以上所列工程的施工，工程质量合格。 (1) 累计修建二级以上公路路基 150 km 以上； (2) 累计修建高级、次高级路面 200 万 m^2 以上； (3) 累计修建单座桥长≥100 m，或单跨跨度≥40 m 的公路大桥 4 座以上； (4) 完成过单项合同额 5 000 万元以上的公路工程 3 项以上。 2. 企业经理具有 8 年以上从事工程管理工作经历或具有中级以上职称；技术负责人具有 10 年以上从事公路工程施工技术管理工作经历并具有本专业高级职称；财务负责人具有中级以上会计职称。 企业有职称的工程技术和经济管理人员不少于 180 人，其中工程技术人员不少于 120 人；工程技术人员中，具有公路工程系列高级职称的人员不少于 10 人，具有公路工程系列中级职称的人员不少于 30 人。 企业具有的本专业二级资质以上项目经理不少于 10 人。 3. 企业注册资本金 3 000 万元以上，企业净资产 4 000 万元以上。 4. 企业近 3 年最高年公路工程结算收入 2 亿元以上。 5. 企业具有与承包工程范围相适应的施工机械和质量检测设备，并至少具有： (1) 120 t/h 以上沥青混凝土拌和设备 1 台，60 m^3/h 以上水泥混凝土拌和设备 1 台，300 t 以上稳定土拌和设备 2 台； (2) 摊铺宽度 8 m 以上沥青混凝土摊铺设备 2 台； (3) 120 kW 以上平地机 3 台； (4) 1 m^3 以上挖掘机 3 台； (5) 100 kW 以上推土机 3 台； (6) 各型压路机 10 台(其中沥青混凝土压实设备 4 台，大型土方振动压实设备 2 台)； (7) 扭矩 200 kN·m 以上钻机 1 台； (8) 80 t 以上自行式架桥机 1 套； (9) 50 t 以上吊车 1 台； (10) 水泥混凝土泵车 2 台； (11) 隧道凿岩台车 1 台，水泥混凝土喷射泵 2 台，压浆设备 1 台。	可承担单项合同额不超过企业注册资本金 5 倍的一级标准及以下公路、单跨跨度＜100 m 的桥梁、长度＜1 000 m 的隧道工程的施工。

续表 4.2

资质	标　　准	承包范围
三级	1. 企业近 10 年承担过下列 4 项中的 3 项以上所列工程的施工，工程质量合格。 (1) 累计修建二级以上公路路基 80 km 以上； (2) 累计修建高级、次高级路面 100 万 m^2 以上； (3) 累计修建单座桥长≥30 m，或单跨跨度≥20 m 的公路中桥 4 座以上； (4) 完成过单项合同额 500 万元以上的公路工程。 2. 企业经理具有 6 年以上从事工程管理工作经历或具有中级以上职称；技术负责人具有 6 年以上从事公路工程施工技术管理工作经历并具有本专业中级以上职称；财务负责人具有中级以上会计职称。 企业有职称的工程技术和经济管理人员不少于 60 人，其中工程技术人员不少于 40 人；工程技术人员中，具有中级以上职称的人员不少于 20 人，其中具有公路工程系列中级以上职称的人员不少于 15 人。 企业具有的本专业三级资质以上项目经理不少于 10 人。 3. 企业注册资本金 1 000 万元以上，企业净资产 1 500 万元以上。 4. 企业近 3 年最高年公路工程结算收入 5 000 万元以上。 5. 企业具有与承包工程范围相适应的施工机械和质量检测设备，并至少具有： (1) 60 t/h 以上沥青混凝土拌和设备 1 台，40 m^3/h 以上水泥混凝土拌和设备 1 台； (2) 摊铺宽度 4.5 m 以上沥青混凝土摊铺设备 2 台； (3) 120 kW 以上平地机 2 台； (4) 0.8 m^3 以上挖掘机 2 台； (5) 100 kW 以上推土机 2 台； (6) 各型压路机 5 台(其中沥青混凝土压实设备 2 台，大型土方振动压实设备 1 台)； (7) 30 t 以上吊车 1 台。	可承担单项合同额不超过企业注册资本金 5 倍的二级标准及以下公路、单座桥长＜500 m、单跨跨度＜40 m 的桥梁工程的施工

(6) 公路工程施工招标应当实行公开招标，法律、行政法规等另行规定的除外。符合下列条件之一，不适宜公开招标的，依法履行审批手续后，可以进行邀请招标：

①项目技术复杂或有特殊技术要求，且符合条件的潜在投标人数量有限的；

②受自然地域环境限制的；

③公开招标的费用与工程费用相比，所占比例过大的。

(7) 公路工程施工招标，可以对整个建设项目分标段一次招标，也可以根据不同专业、不同实施阶段分别进行招标，但不得将招标工程化整为零或者以其他任何方式规避招标。

(8) 公路工程施工招标标段，应当按照有利于对项目实施管理和规模化施工的原则，合理划分;施工工期应当按照批复的初步设计建设工期,结合项目实际情况,合理确定。

因篇幅有限,有些内容将不再赘述,具体请参考《江苏省交通行业与产业项目招标投标管理文件汇编》。

4.2.3 交通工程类项目评标办法

为了节省时间方便以后工作,我们将南京南站大型枢纽工程中部分交通类项目主要采用的评标方法进行了总结,具体情况如表 4.3 所示。

表 4.3 南京南站交通类部分项目评标办法

序号	项目名称	评标办法
1	南京南站市政道路路面工程施工招标	综合评估法
2	南京南站市政道路二期路基工程施工招标	
3	南京南站市政道路二期路面工程施工招标	
4	交通安全设施	合理低价法
5	隧道装饰	
6	隧道机电工程	
7	监控系统工程	综合评估法
8	声屏障施工招标	
9	南京南站综合枢纽站东路站西路工程、南北高架落客平台联络道工程、宏运大道工程投资建设(BT 项目)招标	
10	南京南站综合枢纽快速环线项目花神庙立交施工招标 NZ-HSM-B1 标段	
11	南京南站综合枢纽快速环线项目机场高速立交路基工程施工招标 NZ-JCGS-A1、NZ-JCGS-A2 标段	
12	南京南站综合枢纽快速环线项目双龙街立交隧道工程 NZ-SL-D1、NZ-SL-D2 标段施工招标	

由表 4.3 可见,本次交通工程类项目主要采用了综合评估法和合理低价法进行评标。这两种评标办法的具体请参照本 3.2.3 章节部分,在此不再重复。

4.2.4 交通工程类项目常用的两类评标办法的总结

在当前招标投标实践中,对评标办法的选择和应用上存在很多认识上的误区。一种误区是无论项目技术复杂与否,不加区别地一律采用合理低价法,但又不能科学合理地解决投标价格是否低于成本的评判问题。在实际应用中,就不可避免地演变为最低价中标。施工企业为了生存目的,被迫饮鸩止渴,采用低价策略。在履约过程中,就难免出现这样或那样的问题，严重影响了工程质量和安全，也影响了建筑业的健康发展。另一种是干脆回避是否低于成本评判问题，无论项目规模大小、工期长短、技术复杂与否，均采用综合评估法。在实行工程量清单计价或类似的通过市场竞争形成工程造价的计价体系的条件下，又难以解决合理设立投标报价的评价标准问题。投标人为了在竞争中取得优势，往往不是科学地根据自己的施工组织设计和企业实际情况报价，而是像赌博“押宝”一样，围绕如何使投标报价得到最高分而确定自己的报价金额，没有成本测算，也没有了企业的长远经营发展策略，使投标报价完全失去了其本身应有的科学性。

因此，评标办法的选择直接关系到投标和评标的工作质量，以及最后评标结论的合理性，实践中应当给予高度的重视。评标办法的选择和应用应当合理考虑以下因素。

(1) 工程规模和技术复杂程度。一是项目本身的特点决定，不能片面追求价格的高低而采用合理低价法，需要考虑投标人的具体施工方案和是否有类似工程施工经验等因素，关系到项目施工能否确保工程质量、顺利实现工程建设目的；二是从评标的可操作性考虑，在当前仍缺乏科学合理解决投标价格是否低于成本问题的评判的情况下，评标委员会成员很难在往往是一天或数天有限时间内完成规模大、技术要求复杂的项目施工的成本评判，如果采用合理低价法，不可避免地会演变为最低价中标。

(2) 工期和合同形式。我国目前仍处于计划经济体制向市场经济体制的过渡期，且在今后相当长的一段时期内，生产要素价格的涨落及幅度都很难预测其规律，要求投标人能够合理准确地预测生产要素价格的走势是很难的。在项目施工工期较长又选择采用固定价格合同时，如果采用合理低价法，投标人一方面难于预测自己将要面临的价格风险，另一方面即使能够预测，又担心投标价格过高失去中标机会，不敢在投标价格中充分考虑价格风险，这样形成和订立的合同就不可能是公平和有可执行力的。

(3) 计价体系。理论上讲，实行市场竞争形成价格的计价体系的工程，最适用的评标办法就是合理低价法。其原因是这种计价体系鼓励投标人根据企业实际和项目特点，充分地进行竞争，只要投标价格不低于成本即可。然而，投标人的企业情况千差万别，施工组织方法和施工方案也不尽相同，成本必然会有差距，甚至会有相对较大的差距，人为地设定一个投标价格是否低于成本的界限，无疑会引导投标人去迎合该标准以便获得更大的中标几率，从而使招标投标活动失去了本应具有的竞争性和科学性。

(4) 潜在投标人的竞争水平。采取合理低价法时，让企业规模和技术与管理水平差异较大的投标人共同竞标，竞争的基础就是倾斜的，长此以往必然不利于行业的健康发展。

另外，实践中采用综合评估法时，应注意避免出现只评分不评审的情况，即对投标报价不进行价格合理性分析，即使是个别投标价格明显低于标底(设有标底时)或者明显低于其他投标价格，也不启动质疑及澄清、说明和补正程序，仅按评标办法设定的评分标准计算相应的分值；技术标评审又受到评标时间和评标委员会成员水平的限制，评标工作仅注重表面化和程序化的符合性及完整性评审，以技术标文件编排和装订的质量代替对投标文件实质内容的解析和评审，使投标人越来越趋向于将精力注重于技术标文件的编排和装订上，而不是根据项目特点有针对性地提出自己的解决方案和组织措施，既无谓地增加了投标成本，又影响了招投标机制的质量。

还有一种应当避免的情况，虽然从形式上采用的是综合评估法，但技术标和商务标之间的评分权重以及评分标准设置不合理、不科学，不同投标人技术标的得分高低差在理论上都不存在弥补商务标的得分差的可能，从而形成实质上投标价格决定中标结果的局面；或者投标价格得分差过小，受人为因素影响较大的技术标得分成为决定中标结果的关键，两种情况均不能起到采用综合评估法的预期目的。

4.3　案例一：南广场工程融资及建设项目 NZ-SG1203 标段（BT 项目）

4.3.1　BT 项目招标流程

BT 项目基本程序见图 4－1，招标人只有完成 BT 项目前期工作、办好相关手续才能进行 BT 项目招标；对于项目是否采用 BT 形式、融资利率、回购年限、回购资金来源、回购担保等内容要在招标前向当地人民政府申请批准。招标人需完成的招标前期的其他工作表格中已详细写出，这里将不再赘述，下面我们将根据案例来进一步说明 BT 工程项目招标过程。

4.3.2　项目概况与投资范围

南京南站南广场占地面积约 144 亩，地面为广场景观绿化用地和东、西两侧两幢近 40 m 高度的商业建筑，地下为 2 层空间，用于商业、停车场、通道和设备用房等，总建筑面积约为 20 万 m^2。概算工程总投资约为 20 亿元。

另外，发包人为加强工程建设管理投入的工程建设管理费、勘察设计、监理、检测（监测）、审计、征地拆迁、管线改造、环评审核、环境影响评价、水土保持评估、地震安全评估等前期费用约 5 亿元。

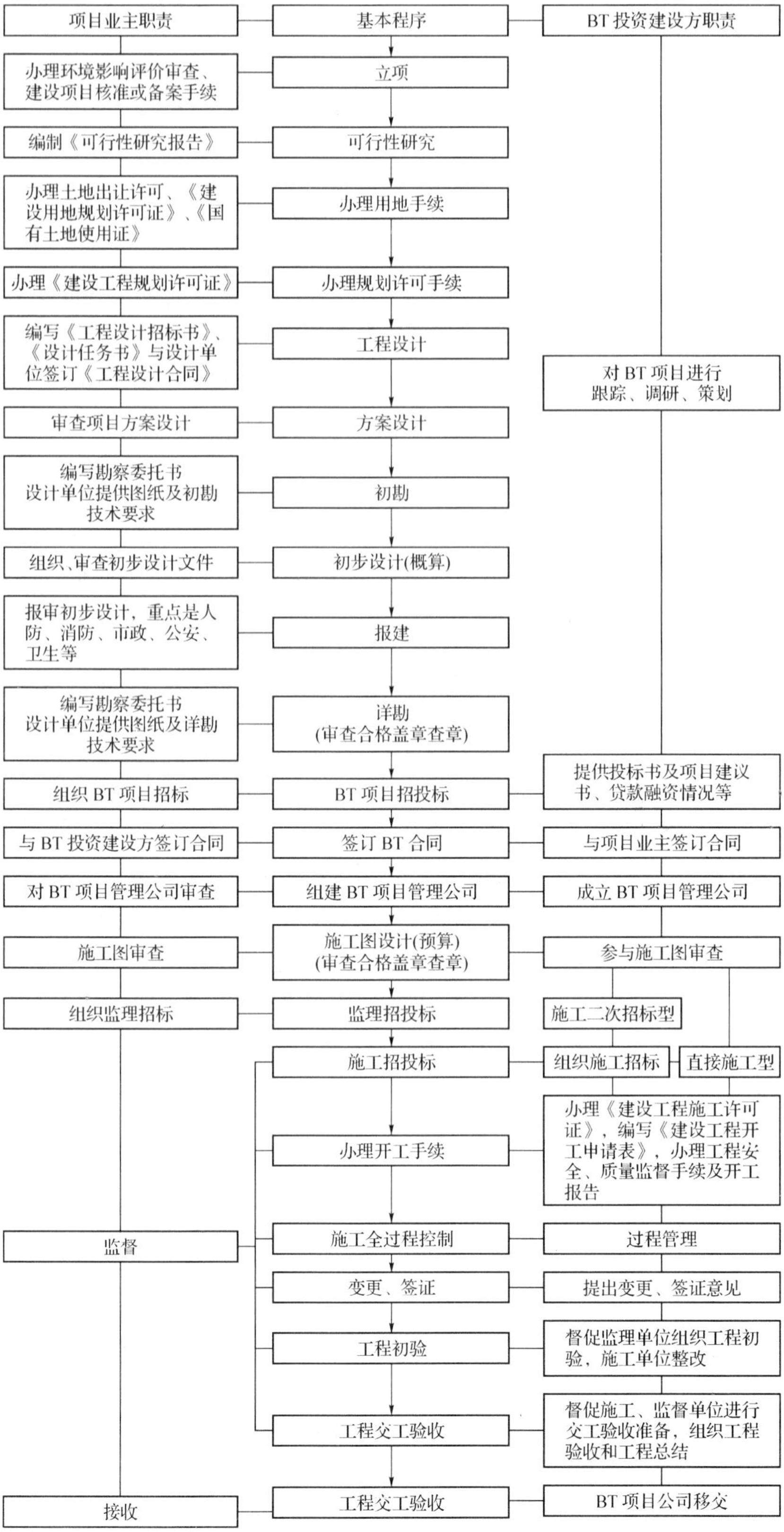
项目业主职责
基本程序
BT投资建设方职责
办理环境影响评价审查、建设项目核准或备案手续
立项
编制《可行性研究报告》
可行性研究
办理土地出让许可、《建设用地规划许可证》、《国有土地使用证》
办理用地手续
办理《建设工程规划许可证》
办理规划许可手续
编写《工程设计招标书》、《设计任务书》与设计单位签订《工程设计合同》
工程设计
对BT项目进行跟踪、调研、策划
审查项目方案设计
方案设计
编写勘察委托书
设计单位提供图纸及初勘技术要求
初勘
组织、审查初步设计文件
初步设计(概算)
报审初步设计，重点是人防、消防、市政、公安、卫生等
报建
编写勘察委托书
设计单位提供图纸及详勘技术要求
详勘
(审查合格盖章查章)
组织BT项目招标
BT项目招投标
提供投标书及项目建议书、贷款融资情况等
与BT投资建设方签订合同
签订BT合同
与项目业主签订合同
对BT项目管理公司审查
组建BT项目管理公司
成立BT项目管理公司
施工图审查
施工图设计(预算)
(审查合格盖章查章)
参与施工图审查
组织监理招标
监理招投标
施工二次招标型
施工招投标
组织施工招标
直接施工型
办理开工手续
办理《建设工程施工许可证》，编写《建设工程开工申请表》，办理工程安全、质量监督手续及开工报告
监督
施工全过程控制
过程管理
变更、签证
提出变更、签证意见
工程初验
督促监理单位组织工程初验，施工单位整改
工程交工验收
督促施工、监督单位进行交工验收准备，组织工程验收和工程总结
接收
工程交工验收
BT项目公司移交

图 4－1　BT项目流程图

4.3.3 投标人须知

1) 资金来源和落实情况

资金来源:采用 BT 方式。

出资比例:BT 模式投资建设。

2) 投标人资格要求

(1)投标人应具备承担本标段施工的资质条件、能力和信誉

①资质条件:国内具有房屋建筑工程施工总承包特级施工资质的独立法人企业,需具有省级及以上建设行政主管部门核发的《安全生产许可证》。

②业绩要求:至少具有一个已完单项合同价在人民币 15 亿元及以上或者建筑面积在 20 万 m^2 及以上的房屋建筑工程施工业绩。

③信誉要求:在江苏省交通厅履约考核为 A(暂定)级及以上(以递交投标文件日期为准)。

④项目经理资格:高级及以上技术职称,具有建筑工程专业的壹级注册建造师资质,且具有省级及以上交通、建设、水利、铁道主管部门核发的《建筑施工企业项目负责人安全生产考核合格证书》,至少担任过一任单项合同价在人民币 15 亿元及以上或者建筑面积在 20 万 m^2 及以上的项目经理或项目副经理的经历。

⑤项目总工资格:高级及以上技术职称,且具有省级及以上交通、建设、水利、铁道主管部门核发的《建筑施工企业项目负责人安全生产考核合格证书》,至少担任过一任单项合同价在人民币 15 亿元及以上或者建筑面积在 20 万 m^2 及以上的技术负责人或项目副经理或项目经理的经历。

⑥其他要求:

专职安全员:不少于 10 人,具有省级及以上交通、建设、水利、铁道主管部门核发的《建筑施工企业专职安全生产管理人员安全考核合格证书》。投标人中标后必须根据中标金额(不含前期费用)按每 5 000 万元配备 1 名专职安全员的标准配齐所有专职安全员。

(2) 投标人须知前附表规定接受联合体投标的,除应符合上述要求外,还应遵守以下规定

①联合体各方应按招标文件提供的格式签订联合体协议书,明确联合体牵头人和各方权利义务;

②由同一专业的单位组成的联合体,按照联合体中专业资质和信用等级最低单位的等级确定联合体的资质和信用等级;

③联合体各方不得再以自己名义单独或参加其他联合体在同一标段中投标;

④联合体所有成员数量不得超过投标人须知前附表规定的数量;

⑤联合体牵头人所承担的工程量必须超过总工程量的 50%;

⑥联合体各方应分别按照本招标文件的要求,填写投标文件中的相应表格,并由联合体牵头人负责对联合体各成员的资料进行统一汇总后一并提交给招标人;联合体牵头人所提交的投标文件应认为已代表了联合体各成员的真实情况;

⑦尽管委任了联合体牵头人,但联合体各成员在投标、签约与履行合同过程中,仍负有连带的和各自的法律责任。

3) 分包

本项目严禁转包和违规分包,且不得再次分包。投标人拟在中标后将中标项目的部

分非主体、非关键性工作进行分包的，应符合以下规定：

分包内容要求：允许分包的工程范围仅限于非关键性工程或者适合专业化队伍施工的专业工程；

分包金额要求：专业工程分包的工程量累计不得超过总工程量的30%；

接受分包的第三人资质要求：分包人的资格能力应与其分包工程的标准和规模相适应，具备相应的专业承包资质或劳务分包资质；

其他要求：投标人如有分包计划，应按“投标文件格式”的要求填写“拟分包项目情况表”，且投标人中标后的分包应满足相应合同条款相关要求。

4）招标文件的澄清和修改

（1）投标人应仔细阅读和检查招标文件的全部内容。如发现缺页或附件不全，应及时向招标人提出，以便补齐。如有疑问，应在投标人须知前附表规定的时间前以书面形式（包括信函、电报、传真等可以有形地表现所载内容的形式，下同），要求招标人对招标文件予以澄清。

（2）招标文件的澄清将在投标人须知前附表规定的投标截止时间15天前以书面形式发给所有购买招标文件的投标人，但不指明澄清问题的来源。如果澄清发出的时间距投标截止时间不足15天，相应延长投标截止时间。招标人有责任保证所有购买招标文件的投标人收到招标文件的澄清。

（3）投标人在收到澄清后，应在投标人须知前附表规定的时间内以书面形式通知招标人，确认已收到该澄清。

（4）在投标截止时间15天前，招标人可以书面形式修改招标文件，并通知所有已购买招标文件的投标人。如果修改招标文件的时间距投标截止时间不足15天，相应延长投标截止时间。招标人有责任保证所有购买招标文件的投标人收到招标文件的修改。

（5）投标人收到修改内容后，应在投标人须知前附表规定的时间内以书面形式通知招标人，确认已收到该修改。

5）投标报价

工程量清单的填写分下列两种方式。投标人应按投标人须知前附表规定的方式填写工程量清单。

（1）本项目招标采用工程量固化清单，招标人在出售招标文件的同时向投标人提供工程量固化清单电子文件（光盘或U盘）。投标人填写工程量清单中的单价及总额价，即可完成投标工程量清单的编制，确定投标报价，并打印出投标工程量清单，编入投标文件。投标人未在工程量清单中填入单价或总额价的工程子目，将被认为其已包含在工程量清单其他子目的单价和总额价中，招标人将不予支付。

投标人必须严格遵循工程量固化清单电子文件中的数据、格式及运算定义，并将已填写完毕的投标工程量清单电子文件单独拷入招标人提供的光盘（或U盘）中，密封在投标文件正本内一并交回。严禁投标人修改工程量固化清单电子文件中的数据、格式及运算定义。

投标人根据招标人提供的工程量固化清单电子文件填报完成并打印的投标工程量清单中的投标报价和投标函大写金额报价应一致，如果报价金额出现差异时，则以投标函大写金额报价为准。

（2）本项目招标由招标人提供书面工程量清单，由投标人按照招标人提供的工程量清单填写本合同各工程子目的单价、合价和总额价。

6）资格审查

招标方应认真分析投标人近几年的财务报表，从投标人资信情况、融资能力情况、资产规模及负债情况、年盈利情况及年净现金流量情况进行分析。特别审查投标人自由资金投资比例、年净现金流量。审查对投资风险的判断，为满足投资计划所采取的实际措施，必要时要实地考察投标人经济实力。

评标阶段招标人将进一步核查投标人在投标文件中提供的材料，若在评标期间发现投标人提供了虚假资料，招标人有权对投标人的投标文件作废标处理，并没收其投标保证金；若在评标结果公示期间发现作为中标候选人的投标人提供了虚假资料，招标人有权取消其中标资格并没收其投标保证金；若在合同实施期间发现投标人提供了虚假资料，招标人有权从工程支付款或履约保证金中扣除不超过10%签约合同价的金额作为违约金。同时招标人将投标人以上弄虚作假行为上报省级交通运输主管部门，作为不良记录纳入江苏省交通运输行业与产业项目招标投标信用信息管理系统。

4.3.4 评标办法

1）评标方法

本次评标采用综合评估法。评标委员会对满足招标文件实质性要求的投标文件，按照相关规定的评分标准进行打分，并按得分由高到低顺序推荐中标候选人，或根据招标人授权直接确定中标人，但投标报价低于其成本的除外。综合评分相等时，以被招标项目所在地省级交通运输主管部门评为较高信用等级的投标人优先；信用等级也相等的，招标人可采用投标报价低的优先或递交投标文件时间较前的投标人优先或其他方法确定第一中标候选人。

2）该工程项目评标分值表（表4.3）

表4.3 BT项目评标分值表

条款号	条款内容	编列内容
2.2.1	分值构成（总分100分）	信誉部分：5 分 类似项目业绩部分：5 分 对招标项目的理解部分：5 分 总体实施方案部分：5 分 项目实施要点部分：5 分 项目管理要点部分：5 分 价格部分：70 分，其中： 融资利率部分：10 分 BT模式时二期地面及三期工程管理费费率下浮点：7 分 BT模式时二期地面及三期工程利润费率下浮点：7 分 BT模式时二期地面及三期工程措施费及总包服务费费率下浮点：8 分 按月计量与支付时二期地面及三期工程管理费费率下浮点：6 分 按月计量与支付时二期地面及三期工程利润费率下浮点：6 分 按月计量与支付时二期地面及三期工程措施费及总包服务费费率下浮点：6 分 评标价得分：20 分

续表 4.3

条款号		条款内容	编列内容
2.2.2	价格部分（70分）	评标基准价计算方法（20分）	评标价的确定： 评标价＝投标函文字报价－前期费用－二期地面暂定价－三期暂定价 评标基准价的确定 评标基准价＝最低有效评标价－前期费用－二期地面暂定价－三期暂定价 评标价每高于评标基准价一个百分点扣1分
		BT模式时二期地面及三期工程管理费费率下浮点（7分）	以标准费率百分点为基准，不下浮的得基本分5分，在基准费率基础上有上浮的，得零分。在基准费率基础上每下浮0.5个百分点，加0.5分，最多加2分，不足0.5个百分点不计算。（如标准费率为3%，投标人下浮至2.5%，则按下浮0.5个百分点计算得分，下同）
		BT模式时二期地面及三期工程利润率下浮点（7分）	以标准费率百分点为基准，不下浮的得基本分5分，在基准费率基础上有上浮的，得零分。在基准费率基础上每下浮0.5个百分点，加0.5分，最多加2分，不足0.5个百分点不计算
		BT模式时二期地面及三期工程措施费及总包服务费费率下浮点(8分)	以给定的措施费及总包服务费费率百分点为基准，等于基准百分点得5分，每低于基准点0.5个百分点加0.5分，最多加3分，不足0.5个百分点不计算
		按月计量与支付时二期地面及三期工程管理费费率下浮点(6分)	以标准费率百分点为基准，下浮百分点等于3时，得基本分4分，下浮百分点小于3时，得零分。在3基础上每下浮0.5个百分点，加0.5分，最多得6分，不足0.5个百分点不计算
		按月计量与支付时二期地面及三期工程利润费率下浮点(6分)	以标准费率百分点为基准，下浮百分点等于2时，得基本分4分。下浮百分点小于2时，得零分。在2基础上每下浮0.5个百分点，加0.5分，最多得6分，不足0.5个百分点不计算
		按月计量与支付时二期地面及三期工程措施费及总包服务费费率下浮点(6分)	以给定的措施费及总包服务费费率百分点为基准，不下浮的得零分，等于基准百分点得4分，每低于基准点0.5个百分点加0.5分，最多加2分，不足0.5个百分点不计算
		融资利率（10分）	1. 央行同期贷款基准利率上浮率≤20%，得满分 2. 央行同期贷款基准利率上浮率在20%基础上每高1%，扣1分，中间以插值计算 3. 央行同期贷款基准利率上浮率＞30%时为废标

续表 4.3

条款号		条款内容	编列内容
2.2.3	资信业绩评分标准（10 分）	信誉（5 分）	由评标委员会根据《江苏省交通行业与产业项目招标投标信用档案管理办法》和根据申请人近 2 年在江苏省交通系统的履约状况和奖惩情况等进行评定 a. 信用等级评为 AA（好）级的投标人，评标委员会应给予其信誉分评满分 b. 信用等级评为 A（较好）级的投标人，评标委员会最多扣减其信誉分满分的 20%，信用等级暂定为 A（较好）级的投标人，评标委员应当对其信誉评满分的 80% c. 信用等级评为 B（一般）级的投标人，评标委员会应扣减其信誉分满分的 30%～40%
		类似项目业绩（5 分）	根据企业自 2008 年 1 月 1 日以来至少具有一个已完单项合同价在人民币 15 亿元及以上或者建筑面积在 20 万 m^2 及以上的房屋建筑工程业绩的个数和规模来评定
2.2.4	承包人建议书及实施方案评分标准（20 分）	对招标项目的理解（5 分）	思路清晰，理念先进、内容完整、方案可行，满分 2 分
			对工程特点、实施难点、工作重点描述清楚、措施得力，有针对性。满分 3 分
		总体实施方案（7 分）	根据总体实施方案科学性、合理性，从以下几个方面进行综合评定： （1）项目目标（质量、工期、造价） （2）项目实施组织形式 （3）项目阶段划分 （4）项目工作分解结构 （5）对项目各阶段工作的要求
		项目实施要点（3 分）	根据施工阶段组织实施方案，从总体施工组织布置、主要工程项目施工方案、安全生产与环境保护、质量与进度保证措施、风险预测与防范方面，满分 5 分
		项目管理要点（5 分）	根据对投资和工程总承包模式理解程度，从以下几个方面进行综合评定： （1）质量控制要点 （2）进度控制要点 （3）安全管理要点 （4）职业健康管理要点 （5）环境管理要点等

4.3.5 投标人须知

1）发包人或其委托的项目管理单位工作

（1）施工场地具备施工条件的要求及完成的时间：投标人需自行踏勘现场，对现场施工条件全面仔细了解，中标后不得因忽视场地条件而提出费用或工期索赔（包括二次进退场费用）。

（2）施工供水、供电要求：发包人负责提供水源、电源。施工用电、用水设备线路的安装由承包人负责实施，安装费、线路购置费及施工过程中发生的所有电费、水费由承包人承担，发包人不另行计量与支付。

施工现场承包人的临时电讯设施、排污设施的设置由承包人自行解决，且必须满足招标人、相关政府主管部门及施工安全技术规程的要求，所发生的一切费用均含在承包人的综合单价中，发包人不另行计量与支付。

(3) 施工场地与公共道路的通道开通时间和要求：承包人应自行修建场内及场外施工便道和临时排水设施，确保车辆在施工期间正常通行，相关建设费用含在承包人的报价中，发包人不另行计量与支付。

(4) 工程地质和地下管线资料的提供时间：资料齐备，如需要，承包人可以到招标人办公室查询。任何工程地质勘探报告或其他资料的提供，只作为供承包人之参考，发包人并不保证其资料的准确性及是否适用于整个工地。如承包人认为需要进行额外的地质勘探，承包人须提交理由交给发包人或其委托的项目管理单位审核及批准才可进行额外的地质勘探，费用由承包人承担。承包人不得因上述工程地质勘探资料与实际工地情况有差异而需要进行额外的地质勘探而取得费用或工期索赔。

(5) 由发包人或其委托的项目管理单位办理的施工所需证件、批件的名称和完成时间：办理相关施工所需证件、批件。

(6) 水准点与坐标控制点交验要求：开工前发包人、项目管理单位、承包人及监理四方按施工图进行现场交验，并提供书面报告交承包人。交验后承包人采取措施保护水准点和控制点，并对此负责。

(7) 图纸会审和设计交底时间：施工合同签订且承包人提供图纸疑问清单后一周内，发包人或其委托的项目管理单位组织相关部门参加图纸会审和设计交底。

(8) 协调处理施工场地周围地下管线和邻近建筑物、构筑物(含文物保护建筑)、古树名木的保护工作：在工程现场发掘出的所有的文物、古迹以及具有地质研究或考古价值的其他遗迹、化石、钱币或物品，均属于国家财产。承包人一旦在施工中发现古墓、古建筑遗址等文物及化石或其他有考古、地质研究等价值物品时，承包人应立即停工，保护好现场并于 4 h 内以书面形式通知监理人和发包人或其委托的项目管理单位，发包人或其委托的项目管理单位应于收到书面通知后立即报告当地文物管理部门。承包人按文物管理部门的要求采取妥善保护措施，并符合“南京市文物保护条例(修正)”的规定。

(9) 三方约定发包人或其委托的项目管理单位应做的其他工作：另行协议。

2) 发包人或其委托的项目管理单位协助承包人办理的工作

办理与本工程有关的手续，包括但不限于夜间施工审批、弃土(含建筑垃圾和渣土)外运手续以及施工过程中涉及公安、市容、环保、环卫等部门的手续，费用承包人自行考虑。

3) 承包人工作

(1) 应提供计划、报表的名称及完成时间：根据发包人、项目管理单位、监理等相关部门出具的评审意见，合同签订后 7 日内提供修改后施工实施总进度计划、现金流计划、劳动力进场计划、机械与材料进场计划等。

(2) 承担施工安全保卫工作及非夜间施工照明的责任和要求：在实施和完成本工程过程中，承包人应充分关注和保障所有在场人员的安全，承包人对安全防护工作负全责

(包括但不限于责任和费用),并禁止非施工人员、车辆进入现场,且负责发包人供应的材料设备的保管。为保护本工程免遭损坏,或为现场附近和过往人群的安全与方便,在确有必要的时候和地方,或当监理工程师或有关主管部门要求时,承包人应自费提供照明、警卫、围挡、护栅、警告标志等安全防护措施。所有安全事故及责任,由承包人承担。如承包人未履行上述约定及通用条款相关义务造成工程、财产和人身伤害,由承包人承担责任,赔偿损失及支付发生的费用。承担承包人施工范围的安全保卫工作。

(3) 向发包人或其委托的项目管理单位提供的办公和生活房屋及设施的要求:不提供。

(4) 需承包人办理的有关施工场地交通、环卫和施工噪音管理等手续:涉及交通、环卫、市容、渣土办、施工噪声及劳务用工管理等所有应办手续,均由承包方自行按相关部门要求的时限及标准办理完毕,所发生的费用由承包人自行承担。

(5) 已完工程成品保护的特殊要求及费用承担:工程在竣工交付前,成品保护由承包人负责,费用已含在合同价款内,发生成品损坏,承包人负责予以修复,费用自理;如交付后,发包人要求承包人继续保护,费用另行商定。

(6) 施工场地周围地下管线和邻近建筑物、构筑物(含文物保护建筑)、古树名木的保护要求及费用承担:现场施工应采取相应的保护措施,如承包人未履行上述义务造成工程、财产的损失,由承包人承担责任及所发生的费用。

(7) 施工场地清洁卫生及渣土运输的要求:按江苏省和南京市有关规定执行,文明施工,保证工完场清。承包人应按发包人或其委托的项目管理单位要求,按规定做好场内道路硬化、布置各项标识,标牌,便于检查、视察或参观。若因承包人施工现场清洁卫生工作不好,导致投诉或新闻媒体曝光,承包人需承担由此产生的一切后果和费用,发包人或其委托的项目管理单位有权要求承包人按每次××元的标准支付违约金。

4) 双方约定承包人应做的其他工作

(1) 必须不计条件服从发包人或发包人委托的项目管理单位的协调、管理。

(2) 承包人负责保养及维修施工区域道路,包括维修由于其他人使用道路所造成的损坏,费用由承包人承担。

(3) 承包人必须立刻执行发包人或其委托的项目管理单位派驻的工程师获本合同授权而发出的指令。若承包人没有在规定时间之内执行指令,而在收到发包人或其委托的项目管理单位催促执行的书面通知后 7 日之内,承包人仍未执行,发包人或其委托的项目管理单位可另聘和支付他人执行该指示所要求的工作。其他承包商完成此项工作的相关费用从本合同应付或将会付给承包人的款项中扣除;造成发包人额外损失或间接损失的,发包人有权向承包人追讨。

(4) 承包人必须签收监理工程师发出的书面资料,如有异议必须在收文之日起 3 日内书面回复,否则视同认可。

(5) 承包人应妥善处理好与其他工程承包人的关系,发生交叉施工时,应相互配合,友好协作,并无条件服从发包人或其委托的项目管理单位的统一协调。并承担由此而引起的临时停工及施工作业面不连续等风险,承包人也不得就此要求发包人给予额外费用补贴,由此发生的一切费用视为已计入投标报价中。

(6) 承包人必须在开工前提供所有进入施工现场的人员名单和身份证复印件,报发包人或其委托的项目管理单位备案。

(7) 各级政府相关管理部门对施工现场进行的有关建筑工程安全防护、文明施工的各种检查而发生的费用,无论在投标报价中是否单独列出均由承包人承担。

(8) BT 实施过程中,承包人必须按本合同约定负责本项目建安工程费、前期费用的资金准备及提供,确保工程建设需要。其中,前期费用由发包人自行使用。

(9) 承包人承担本项目施工建设,确保按照合同约定的工期和质量目标完成工程建设任务,服从发包人委托的代建单位的管理。涉及本项目的重大设备(如电梯、变配电设施、消防设备、空调等,具体内容另行协商)的采购及安装部分,由双方联合招标,招标方案及文件经发包人审核批准,招标结果经发包人确认后确定中标单位。采购及安装(建设)费用,如需由承包人承担的,承包人必须无条件承担,所承担费用已含在合同总价中,发包人不另行计付。

(10) 承包人负责项目建设实施,并按照发包人确认的规划、设计方案、施工图组织施工,并制定各项资金筹措、施工风险应急预案。

(11) 承包人保证按时完成建设项目、通过竣工验收、进行交付,且全部工程质量符合国家建设、安装工程的质量标准。承包人负责筹集用于本项目的资金,确保建设资金按期到位,确保项目建设顺利进行。承包人必须按照合同约定的时间和要求提供资金,并确保按照合同约定的时间内将项目工程向发包人顺利交付。

(12) 承包人在合同规定的期限内,收取发包人支付的合同款项;如果发包人未按约定支付款项,承包人有权根据相关规定要求支付。

(13) 承包人按照合同要求和工程进度安排以承包人名义为本项目建设所需资金进行融资并进行工程款项的支付。承包人必须保证融资渠道畅通,资金及时筹措、提供到位。若因承包人筹措、提供的资金不足而导致施工无法进行或延期,工期不予顺延,由承包人承担违约责任并处违约金,违约金达到限额时,发包人有权解除本合同并要求承包人承担全部损失。

5) 项目的融资

承包人具体负责本项目的融资和建设,接受发包人的协调、管理。承包人应配备专业人员负责有关本项目的投资、融资、施工、财务管理、采购、协调等工作。承包人运作和管理应始终遵守有关法律、法规、规章、其他规范性文件以及本合同的规定,同时服从政府有关部门的管理。

承包人应保证签订与本工程有关的合同、工程文件、融资文件、公司章程等不得与本合同相抵触并符合国家有关的法律法规。

为确保本项目开工及顺利进行,承包人应向发包人提供切实可行的月度、季度、年度建设资金使用计划,以及经发包人认可的资金筹措、供应计划和为实现该计划所制定的融资方案及保证措施,确保项目建设所需任何资金足额及时到位,应由承包人提供的前期费用的具体支付时间应根据发包人的要求进行调整。

承包人应利用自有资金或其他合法渠道筹集工程建设所需的资金。融资所获得的资金只能用于本合同的需要,除此之外不得用于其他任何用途。

承包人应向发包人提交按照工程建设进度要求编制的详细投资用款计划(整个工程的年度、季度、月度用款计划)2 份,承包人应每三个月对投资用款计划进行一次修订,并应在前一个进度计划的最后一个月的25日前提交给发包人，分项工程待具备开工条件后再提交发包人。合同实施过程中，如果发包人认为有必要或者投资用款计划已经不符合工程实际进度要求，发包人可要求承包人每个月提交一次投资用款修订计划，以满足工程建设需要。在这种情况下，承包人应在接到发包人指令后的14天内将修订后的进度计划提交给发包人审核，经发包人修改或审定的资金用款计划即为承包人的正式用款计划。

承包人必须按照经发包人审定的投资用款计划，并在规定的期限内（或发包人认可的调整）将资金转入资金专用账户。

除非经发包人书面同意并确认，承包人不得将本项目所涉及的资产进行任何形式的担保或抵押，亦不得对本项目所涉及的资产进行任何形式的处置。

承包人须按月并根据工程实际进度情况向发包人提供款项的使用及支付情况说明。对工程相关单位（分包人、供货商等）的款项支付，必须严格按照有关合同的约定执行，不得违约拖欠，若因此影响工程进度或工程质量，发生的损害均由承包人承担。承包人若违约拖欠工程相关单位的款项或拖欠包括农民工在内的工资而引发群体性事件、仲裁、诉讼、请求、索赔等情况，承包人必须承担由此引起的一切后果。如因上述情况引起或导致发包人的任何费用支出或责任承担，承包人应立即予以全部足额的补偿。

本项目发包人将会同市有关部门成立跟踪审计（核）机构，有关工程造价方面的确定将根据跟踪审计（核）操作规程执行。承包人每月申报完成的工作量，按合同条件、经批准的设计变更及工程量计算规则等有关规定编制工程结算，经监理工程师审查和审计机构审核后，报发包人签字确认的结果作为双方结算的最终依据。

另外，承包人在施工地铁三号线土建工程时测量工作必须服从地铁施工管理部门的安排，配合地铁施工管理部门的标高、中线等复核工作，同时承包人必须按照地铁部门的规范、施工图等要求进行施工、验收、工程质量保修及工程资料编制。

6）质量与验收

工程质量必须达到《建筑工程施工质量验收统一标准》（GB 50300-2001）和地铁验收规范的规定。

本工程的验收包括工程期间所进行的材料检测、试验、隐蔽工程验收等专业工程验收，发包人或其委托的项目管理单位协助承包人办理，费用由承包人自行承担并考虑到综合单价中，发包人或其委托的项目管理单位不另行计量与支付。

承包人的质量未达标违约金：本工程合同价款 $x\%$ 的罚金，在结算价款中扣除。承包人向发包人支付上述违约金后，不足以弥补发包人损失的还应继续赔偿，且前述违约赔偿并不免除承包人施工质量应达到合同要求的质量标准的责任。

7）合同价款、支付与调整

本合同价款采用固定单价与下浮率相结合的方式确定，工程量按实结算。

（1）采用固定单价合同，合同价款中包括的风险范围

建设期内定额的人工按照苏建价〔2011〕812号文件执行，如有最新文件则按新文件作相应调整；材料价按投标时最新《南京工程造价管理》的南京市材料信息指导价计；再没有的，参照投标时最新《江苏工程建设材料价格信息》计；仍没有的，由承包人列出采购目录和报价，明确标准，经发包人、代建、纪检、承包人、监理、跟踪审计、设计等单位人员

组成的询价工作组会议会审确定，询价依据按照投标时的实际市场价计。

建设期内材料价格调整，按照江苏省建设厅苏建价〔2008〕67 号文进行相应调整文件执行。

招标人提供的工程量清单中工程量为暂估工程量，具体结算时以实际完成并经发包人认可的工程量为结算依据，承包人应充分考虑到工程量的增减所带来的一切风险。工程量的增减不会改变投标时的综合单价。

（2）风险范围以外合同价款的调整方法

若现场工程量发生变更，则经监理工程师、设计单位、审计单位、项目管理单位和招标人确认后给予计量，未经以上参与各方签字确定的变更和计量不作为结算的依据。

（3）调整的原因

①施工图变化而引起的设计变更、不属于承包商责任范围内场地条件变化引起的现场签证、发包人或其委托的项目管理单位认可的材料代用（材料代用引起的量差和价差）；

②工程量清单中注明材料暂定价；

③发包人或其委托的项目管理单位确认的其他费用。

（4）调整的办法

①变更、变动后的子目或单项的综合单价，按以下办法调整：a. 工程量清单中已有工作内容和价格组成相同于变更子目或单项的综合单价时，按合同已有综合单价执行；b. 工程量清单中只有工作内容和价格组成类似于变更子目或单项的综合单价时，可以参照类似综合单价，由双方协商调整后确定变更的综合单价；c. 工程量清单中没有工作内容和价格组成相同或类似于变更子目或单项的综合单价时，由承包人按投标时的材料价、计价标准及投标费率编制变更综合单价报送监理工程师复核，监理工程师复核后报至项目管理单位审核，最终由发包人确定变更的综合单价。

②工程量清单中注明材料暂定价，如审计确认的供应单价与暂定价不符，则按以下公式计算材料价差：材料价差＝实物工程量×（审计确认的供应单价－材料暂定价）。

③分部分项工程量变更时，综合单价不调整。

（5）双方约定合同价款的其他调整因素

①承包人的材料（含土方）运输方案，必须无条件允许发包人指定的非本标段施工单位车辆通过承包人标段内的运输路线，并不承担任何费用；因包括但不限于前述原因造成的交叉施工、临时便道维护、占用等费用，投标人在投标时已经充分考虑，并包含在投标报价的综合单价中，发包人不为此另行计量与支付。

②对于变更、签证的约定。有效工程变更签证的认定原则：签证单上必须有发包人代表、代建人代表、监理工程师、承包人（项目部）四方的签字和盖章，并报跟踪审计备案，方可作为竣工结算的依据；签证单上必须明确签证的原因、位置、尺寸、数量、材料、人工、机械台班、价格等和签证时间。

③因本项目二期地下工程采用固定单价合同模式，二期地面及三期工程采用下浮费率合同模式，如投标人中标后二期地下工程施工图设计发生变化，原投标文件已标价工程量清单不再适用时，则此部分内容按照中标人投标时的三期下浮费率给予计量与结算，中标人投标时的二期地下工程已标价的工程量清单单价可供参考时，按本合同专用

条款约定的调整方法确定价格。

若发生调整事项，承包人应当在情况发生后14天内，将调整原因、金额以书面形式通知工程师，工程师确认调整金额后作为追加合同价款。

8）工程款（进度款）支付

（1）正常支付模式付款总原则：按照单价 B 确认工程计量款，发包人将按照承包人上报并经发包人确认的季度工程量款的一定比例支付给承包人，工程竣工验收合格后支付至经监理、代建、审计审签确认的工程量款，工程结算审计后一月内支付至结算总费用的约定比例，余款在质保期结束后结清。若发包人决定采用此种方式支付时，只需提前2个月通知承包人即可采用此种方式支付。

未付款额的利率不予考虑。每次付款时，发包人有权直接扣除按合同规定承包人应支付的违约金及赔偿金、补偿费等。

（2）采用BT支付方式的回购：

a. 回购款由前期费用、建安费用和融资费用组成。

b. 回购前提为：承包人全部履行与招标人所签订的所有合同项下义务且未在本建设项目上设置任何担保物权或其他他项权利。项目工程全部通过竣工验收且全套竣工结算资料已经被合格制作并交至招标人。政府审计完成。发包人确认项目全部移交完毕。

c. 回购期共分三年，按40%∶30%∶30%比例完成回购。具体为：自全部工程完工，并通过竣工验收满一年后支付前期费用、经审计确认建安费及之前的所有融资费用之和的40%；满二年后支付前期费用、经审计确认建安费及第一次回购之后的所有融资费用之和的30%；满三年后结清所有剩余合同价款。如果发包人未按协议约定及时支付款项，发包人承担相应违约责任。

d. 前述c项所述第三期付款前，如未完成工程决算审计，则发包人暂按已批复计量支付额的95%计算进行计付，至最后一期付款期限为止，发包人所支付的款项总额在政府审计批复前最多支付至合同价的95%。剩余5%在完成工程决算审计、且符合合同规定条件后结付，并根据合同规定计算相应融资费用。

（3）地铁施工。南广场范围内地铁三号线区间土建工程将与南广场同步施工。地铁公司委托发包人代建，地铁工程单独计量与支付，支付方式具体为：

按照上报并经本合同发包人确认的季度工程量款的60%支付给承包人，工程竣工验收合格后支付至经监理、代建、审计审签确认的工程量款的80%，工程结算审计后一月内支付至结算总费用的95%，余款在质保期结束后付清。

（4）根据政府现行税法和有关部门现行规定，应由承包人所缴纳的税费在当期计量工程款时由发包人直接扣除，不纳入融资费用中，扣除税费后经计量工程款作为建设融资费用，计入发包人的融资成本。合同实施期间若国家或地方下达税收调整文件时，合同价款作相应调整。

（5）发包人支付给承包人的工程进度款，承包人必须专款专用，保证工程所需的一切材料，按时支付劳务费，确保工程按期竣工交付。承包人如将发包人的付款用于本工程以外的用途，应当按照挪用款项的20%向发包人支付违约金。

（6）每次工程付款时，发包人有权直接扣除按合同规定承包人应支付的违约金及赔偿金、补偿费等。

另外，在承包人无违约的情形下，发包人在正常支付模式时不按合同约定支付工程款（进度款），双方又未达成延期付款协议，导致施工无法进行，承包人可停止施工。

9）承包人采购材料设备的约定

①用于本工程的任何材料，承包人须提供样品，在使用前必须得到发包人或其委托的项目管理单位和监理工程师书面批准。发包人或其委托的项目管理单位和监理工程师的认可，并不会解除承包人按合同须履行之责任。

②承包人自购材料在质量上必须符合设计及国家有关规范、标准及有关职能部门规定要求，并是在响应招标文件的基础上，经检测和复试后，必须经发包人或其委托的项目管理单位和监理单位认可后才能用于本工程，否则造成的损失由承包人负责。

③承包人自购件的质量等级不得低于招标文件要求，招标文件规定标准、参考品牌的，承包人必须按指定的标准、并在参考品牌范围内进货并报验；否则发包人或其委托的项目管理单位有权改为发包人或其委托的项目管理单位采购，并按实际采购价的120%扣回。在结算时按照实际采购价格的1%作为材料保管费支付给承包人，承包人不再收取任何其他费用。

④实际施工中，经发包人或其委托的项目管理单位和监理市场调研后，发现承包人所购材料质价不符、不符合设计要求，经招标人要求整改后仍不满足要求，影响施工进度的，招标人有权将该材料改为发包人或其委托的项目管理单位采购，或对该材料实行实时限价，材料的价格作相应的调整。若发包人或其委托的项目管理单位需要变更某种材料的品牌、质量等级、规格，发包人或其委托的项目管理单位将以书面形式通知承包人，要求承包人按照某种价格限价购买，承包人应无条件接受，承包人拒绝的，发包人或其委托的项目管理单位有权将该部分材料、设备改为发包人采购，或在工程结算时，直接按照限定的价格进行结算，同时承包人应向发包人支付该材料、设备价款20%的违约金。改为发包人采购后的材料，在结算时按照实际采购价格的1%作为材料保管费支付给承包人，承包人不再收取任何其他费用。

⑤对于投标时给定了暂定价部分的材料和设备，发包人有权根据需要决定采购方式，或由发包人采购，或由承包人采购。若由承包人采购，承包人提前30日向发包人提出核价申请，发包人根据采购品种、数量、价格确定核价方式（包括邀请招标、询价、竞争性谈判等方式），最终的采购合同由承包人与供应商签订，结算时按发包人书面同意的价格进行结算；若由发包人采购，则发包人向承包人支付不超过该项总价1%的总包配合费。涉及本项目的重大设备（如电梯、变配电设施、消防设备、空调等，具体内容另行协商）的采购及安装部分，由甲乙双方联合招标，招标方案及文件经发包人审核批准，招标结果经发包人确认后确定中标单位。采购及安装（建设）费用，假如需由承包人承担的，承包人必须无条件承担，所承担费用纳入合同总价款，发包人不另行计付。

⑥承包人须在指定时间内自费把任何被拒绝使用的材料迁离工地。

10）竣工验收与结算

(1) 竣工验收

承包人提供竣工图的约定：承包人应在竣工验收合格后30日内，向发包人或其委托的项目管理单位提交三套竣工图和工程竣工资料，并承担相关费用。所有工程资料必须符合工程验收的档案管理要求。

竣工时间以发包人或其委托的项目管理单位组织的竣工验收合格日期为准。工程竣工验收后，施工单位的施工人员、材料、设备必须在30天内全部退出现场，否则支付规定数额违约金。

(2) 项目交付

承包人在本工程通过竣工验收后即行将工程交付给发包人,承包人应确保工程移交时本工程资产不存在抵押、担保、诉讼、仲裁等任何有损发包人权益的情况。项目工程顺利移交之后,发包人与承包人签订工程交付确认书。

发包人支付任何款项的同时,对承包人须交纳的相关税款进行代扣代缴。

(3) 竣工结算

工程竣工后60天内,承包人向发包人递交竣工结算报告及完整的结算资料。发包人负责协调相关部门在收到竣工结算资料180天内,完成竣工结算及审计。承包人应根据发包人或其委托的项目管理单位要求,召集相关技术人员参与工程的竣工结算。其他按通用条款执行。

(4) 工程不可预见费

暂定金作为工程不可预见和自然不可预见的预备费用,按工程量清单中所列金额计入投标总价中。暂定金由发包人控制使用,根据实际发生额,经设计单位确认、项目管理单位、监理及审计单位审核,并最终由发包人批准后,据实支付。

11) 违约、索赔和争议

(1) 关于承包人违约的具体责任如下

合同工期执行中标单位投标文件中的自报工期;工期延误一天按壹拾万元人民币的违约金支付,最多不超过此单位工程合同总价的5%。违约金不足以弥补发包人的损失时,发包人有权要求承包人赔偿损失,该赔偿数额以发包人的财务数据为准。

(2) 通用条款约定承包人违约应承担的违约责任

承包人应按现行的国家施工验收规范和质量评定标准施工,必须达到国家或专业的质量评定的标准,如达不到合同规定的质量标准,按合同总价的2%支付违约金,并负责无偿返修,直至工程符合验收标准,如上述约定仍不足以弥补发包人的损失,发包人有权要求承包人赔偿损失,该赔偿数额以发包人的财务数据为准。由此引起的工期延误责任,按照相应的专用条款执行。

双方约定的承包人其他违约责任:所有违约金和赔偿金的支付不减轻承包人合同项下的任何责任和义务。

(3) 严重违约终止的处理

当发生本协议约定的事件发包人终止本协议时,承包人不再承担继续提供资金的义务。

当发包人严重违反工程承包合同,被承包人解除工程承包合同并终止本协议时,发包人除按照工程承包合同承担违约责任外,发包人同意承包人不再提供资金,同时发包人与承包人就已提供资金建设部分及已结束并经验收合格的工程进行一次性清算,同时扣除承包人应支付的全部违约金、赔偿金、质量保修金等。

如果根据国家法律,认为承包人已强制性破产、企业清算或解散(为合并或重组而进行的自动清算除外),则发包人可以进驻现场和接管本工程,并有权终止本合同,但不因此解除合同规定的承包人的其他持续性义务和责任(包括但不限于承包人对已建工程的责任承担、违约和争议解决),或影响合同赋予发包人或监理工程师的各种权利和权限,发包人可自行完成该工程,或雇用他人完成该工程。发包人或新雇用的他人为了完成本工程,可以使用他们认为合适数量的承包人装备、临时工程和材料。发生本款的情况下,发包人终止本合同并进驻现场接收已完工程部分的资产，并按跟踪审计单位确认的已完合格工程量的70%支付给承包人，但仍应按原定回购计划确定的期限分期支付。

12）争议

双方约定，在履行合同过程中产生争议时，首先协商解决，协商不成诉讼的，由发包人所在地人民法院行使管辖权。

13）其他

(1) 工程分包

部分承包人不具备施工资质的项目，必须在南京市交通行业招标与投标管理办公室监督下通过公开招投标方式，确定中标单位，并与承包人签订承包合同。

涉及本项目的重大设备（如电梯、变配电设施、消防设备、空调等，具体内容另行协商）的采购及安装部分，由甲乙双方联合招标，招标方案及文件经发包人审核批准，招标结果经发包人确认后确定中标单位。采购及安装（建设）费用，如需由承包人承担的，承包人必须无条件承担，所承担费用纳入合同总价款，发包人不另行计付。

(2) 承包人投保内容

a. 工程一切险由承包人以承包人与发包人联名投保，保险费率由承包人调查确定，投保的范围和条件应符合招标文件及国家有关规定，保险费由承包人支付，其费用包含在清单各细目的单价或总额价中，不单独报价。一旦发生上述保险范围内的事件，损失由承包人自行承担。

b. 第三方责任险由承包人以承包人与发包人联名投保，事故次数不限（不计免赔额），保险费率由承包人调查确定，投保的范围和条件应符合招标文件及国家有关规定，保险费由承包人承担并支付，其费用包含在清单各细目的单价或总额价中，不单独报价。一旦发生上述保险范围内的事件，损失由承包人自行承担。

c. 承包人装备险和承包人职工的（人身）事故险由承包人自行投保，保险费由承包人承担并支付，并包含在所报的单价或总额价中，不单独报价。

d. 承包人必须在签订合同协议书前将保单提供给发包人或其委托的项目管理单位核查，该保单符合招标文件及国家有关规定后发包人及其委托的项目管理单位给予签订施工合同。

(3) 补充条款

承包人必须按“南京市工程施工现场管理规定”（南京市人民政府文件第237号）的要求规范管理，所发生的费用承包人自行承担。

承包人污染、损坏区内主干道必须清理、修复，如污染城市道路，一切责任由承包人承担。

承包人在竣工验收后15天内拆除现场的所有临时设施，并清除全部垃圾，其费用由承包人承担。现场的清理标准应征得发包人或其委托的项目管理单位认可，否则如发生相关费用由发包人或其委托的项目管理单位在工程竣工结算价款中扣除。

承包人应按有关法律规定和合同约定，为其雇用人员办理保险。并且承包人必须认真贯彻落实南京市人民政府宁政办发〔2006〕51号文的要求、《建设领域农民工工资支付管理暂行办法》（劳社部发〔2004〕22号）及《关于切实解决建筑业企业拖欠农民工工资问题的通知》（劳社部发〔2003〕27号）、《关于建立劳动用工备案制度的通知》（劳社部发〔2006〕46号）国务院5号文件和《关于农民工参加工伤保险有关问题的通知》（劳社部发〔2004〕18号）、《关于实施农民工“平安计划”加快推进农民工参加工伤保险工作的通知》

(劳社部发〔2006〕19 号)等国家及省市相关法律法规有关禁止拖欠民工工资的要求,完善民工工资支付的实施办法,承包人应对劳务分包单位工资支付进行监督,督促其依法支付民工工资。承包人应采取必要措施保证不拖欠民工工资,否则承包人应向发包人支付所欠民工工资额双倍的违约金。承包人并按招标文件中规定"不拖欠民工工资承诺书"的要求填写并按相应要求执行。

4.3.6 对 BT 项目招标文件和普通项目区别的总结

(1) BT 项目的重要内容除了投融资便是施工,采用单一投融资 BT 模式进行招标,可以说就是招施工单位参与融资。因此,投融资方面的内容在投标人资格要求中做出规定,施工方面的内容在招标文件中提出要求,两者加起来,就组成了整个 BT 项目的招标内容。可采用 2007 年版标准施工招标文件,在须知及投标格式中增加要求投标人提供投资计划书、工程月投资计划安排、资金来源渠道安排、风险防范措施、金融机构对投标人在本项目的融资支持承诺和意向、投标人的银行资信等级等内容。

(2) BT 项目的投标报价等于回购总价,包括工程施工建设费用、投标人为本工程在建设期和回购期发生的融资费用。工程建设费用投标报价应是招标文件规定范围内的全部工作内容的价格体现,包括施工设备、劳务、管理、材料、安装、维护、利润、税金及政策性文件规定的所有费用,按工程量清单方式计价。融资费用包括建设期融资费用和回购期融资费用。建设期融资费用结算方式:以建设期内经招标人批准的建设资金总额为计算基数,依据投标人自报或招标人给定的建设期年融资利率,按月均匀投入并以月初为计算时点计算建设期融资利息。回购期融资费用结算方式:以回购基价、投标人自报或招标人给定的回购期年融资利率及招标文件给定的回购方式计算回购期融资费用。回购基价为竣工验收后经招标人结算审核后的工程建设费用及建设期融资利息;自报的融资利率不得高于相关规定。

(3) 回购方式及回购的担保:BT 项目回购计划所确定的回购时段和回购款额度的不同,招标人为资金占用所支付的利息费用也不同。回购方式的选择应慎重考虑,选定回购方式时,招标人应综合考虑自身财务状况和项目运营的实际情况,同时还要考虑未来利率的变化状况等。回购方式需要在项目招标文件和合同中明确予以规定。BT 项目从签订协议到建设、回购的周期长,当期财政压力虽然减轻,预期财政压力大,若政府不能及时回购,会给企业造成巨大风险。招标人应在 BT 项目实施前,确定回购资金来源及计划,向社会投资人提供回购承诺及有效的第三方担保。根据我公司 BT 项目的运作经验,除银行担保可有效避免回购风险外,国有资产、股权、国有土地使用权之类的担保也可较好减小回购风险。现在普遍使用担保方式为土地担保,那么就要求土地储备中心提供的抵押土地必须是合法有效的、可出让的国有商业土地,为本项目银行融资提供的抵押土地应满足融资银行的需求。合同中还应注明抵押土地的释放:为了保证政府及时、足额支付回购款,在征得抵押权人同意后,土地储备中心可以将抵押土地的使用权出让。

(4) 要用 BT 合同规范双方行为。依法确定中标人后,BT 项目的法人必须与中标的建筑商签订 BT 项目合同。该合同在相关示范文本的基础上加入投融资的有关条款即可。

4.4 案例二：快速环线项目花神庙立交施工招标

4.4.1 工程概况

花神庙立交桥梁长约 3 872 m，面积约 41 906 m^2。招标内容为花神庙立交的桥梁工程施工。总计划工期共计 437 日历天，本节将只对桥梁工程需特别注意的内容进行阐述。

4.4.2 评标办法

本次评标采用综合评估法。评标委员会对满足招标文件实质性要求的投标文件，按照规定的评分标准进行打分，并按得分由高到低顺序推荐中标候选人，或根据招标人授权直接确定中标人，但投标报价低于其成本的除外。综合评分相等时，以投标报价低的优先；投标报价也相等的，招标人可采用被招标项目所在地省级交通主管部门评为较高信用等级的投标人优先或递交投标文件时间较前的投标人优先或其他方法确定第一中标候选人。各项具体分值参考表 4.4 和表 4.5。

表 4.4 评标分值表

条款号	条款内容	编列内容
2.2.1	商务及技术文件分值构成（总分 100 分）	(1) 财务状况(10 分) 根据《江苏交通项目投标企业财务能力评价指标(试行)》进行评分。 (2) 项目管理机构(60 分) a. 拟投入项目经理和技术负责人(20 分)：根据申请人拟投入项目经理和技术负责人的素质及单跨在 50 m 及以上的公路或城市道路连续箱梁施工项目管理工作经历、履约表现等进行评定。 b. 拟投入主要技术人员(20 分)：根据参与主要人员的专业、资历、配置和业绩能否满足本工程施工的需要进行评定。 c. 拟投入本项目的主要机械、仪器设备(20 分)：根据本项目申请人所申报的机械设备及检测仪器的数量、配置等进行评定。 (3) 企业已完类似工程数量(10 分)：根据申请人近 3 年内较好地完成过的与本项目同等规模及以上的单跨在 50 m 及以上的公路或城市道路连续箱梁业绩个数及规模进行评定。 (4) 履约及信誉(15 分) 由评审委员会根据《江苏省交通行业与产业项目招标投标信用档案管理办法》和根据申请人近 2 年在江苏省交通系统的履约状况和奖惩情况等进行评定。 a. 信用等级评为 AA(好)级的投标人，评标委员会应给予其信誉分评满分。 b. 信用等级评为 A(较好)级的投标人，评标委员会最多扣减其信誉分满分的 20%。 c. 信用等级暂定为 A(较好)级的投标人，评标委员应当对其信誉评满分的 80%。 (5) 初步施工组织计划(5 分)：根据申请人填报的工程总体实施计划、主要工程初步施工方案、确保工程质量、工期与安全的主要措施等进行评定。

续表 4.4

条款号	条款内容	编列内容
2.2.2	评标基准价计算方法	评标基准价的计算： 在开标现场，招标人将当场计算并宣布评标基准价。 (1) 评标价的确定：评标价＝投标函文字报价 (2) 评标价平均值的计算： a. 在开标现场经招标人宣读了投标报价的投标人，除因未通过开标完备性检查或投标价高于标底的废标以外，其余为有效评标价，并全部在评标时进入评标基准价的计算，且该评标基准价在整个评标期间保持不变。评标基准价的计算方法有下列两种。 Ⅰ. 当有效评标价大于等于 3 家时，首先计算所有有效评标价的一次算术平均值（有效评标价为五个或五个以上时，去掉一个最高值和一个最低值后计算有效评标价的一次算术平均值），然后将有效评标价的一次算术平均值与开标现场抽签确定的浮动系数相乘，所得乘积即为评标基准价。 Ⅱ. 当有效评标价小于等于 2 家时，则由评标委员会审核标底，如果认为标底合理，则所有投标文件按废标处理，招标人将重新组织招标。如果认为标底不合理，则根据核查情况确定本标段的所有投标是否具有竞争性，如本标段无竞争性，招标人将重新组织招标。如本标段有竞争性，判断哪些投标文件具有竞争性，同时将无竞争性的投标文件作废标处理，将有竞争性的投标文件继续评审，则评标基准价的计算方法是：所有被认定具有竞争性的评标价的一次算术平均值（评标价为五个或五个以上时，去掉一个最高值和一个最低值后计算评标价的一次算术平均值）与开标现场抽签确定的浮动系数相乘，所得乘积即为评标基准价。 b. 如果投标人认为评标基准价计算有误，有权在开标现场提出，经监标人当场核实确认之后，可重新宣布评标基准价。确认后的评标基准价在整个评标期间保持不变，不随通过初步评审和详细评审的投标人的数量发生变化。 c. 招标人公布 3 个至 5 个浮动系数，浮动系数的范围为 105％～95％，由公证人员在第一次开标现场随机抽取。
2.2.3	评标价的偏差率计算公式	偏差率＝(投标人评标价－评标基准价)/评标基准价×100％
2.2.4	施工组织设计	0 分
	项目管理机构	0 分
	评标价	100 分 评标价得分计算公式示例： (1) 如果投标人的评标价＞评标基准价，则评标价得分＝100－偏差率×100×E_1； (2) 如果投标人的评标价≤评标基准价，则评标价得分＝100＋偏差率×100×E_2。 其中：E_1 是评标价每高于评标基准价一个百分点的扣分值；E_2 是评标价每低于评标基准价一个百分点的扣分值。招标人可依据招标项目具体特点和实际需要设置 E_1、E_2，但 E_1 应大于 E_2。
	其他因素	0 分

表 4.5　评标办法补充表

补充性质	条款号	相关事项	条款内容
方法确认	1	中标候选人的确定	按得分由高到低顺序推荐中标候选人，推荐的原则为：投标人同时参加NZ-HSM-B1、NZ-JCGS-B1 NZ-JCGS-A2、NZ-JCGS-A1、NZ-RC-A1标段的投标，但最终只能中标1个标段。推荐时按照NZ-HSM-B1、NZ-JCGS-B1 NZ-JCGS-A2、NZ-JCGS-A1、NZ-RC-A1的顺序依次推荐。 ☒根据招标人授权直接确定中标人
方法确认	1	综合评分相等，投标报价也相等时的中标候选人排序方法	☑信用等级高者优先 ☒递交投标文件时间较前的优先 ☒其他方法
定义确认	2.2.2(1)	评标价的定义	☑评标价＝投标函文字报价 ☒评标价＝投标函文字报价－暂估价－暂列金额
方法确认	2.2.2(3)	评标基准价的确定	☒评标价平均值直接作为评标基准价 ☒评标价平均值下浮____%，作为评标基准价 ☑招标人设置评标基准价系数，由监标人现场抽取，评标价平均值乘以现场抽取的系数作为评标基准价 ☒其他方法
分值确认	2.2.4(3)	偏差扣分值	$E_1=1$ $E_2=0.5$
增加条款	3.0	评标的程序	1. 听取招标人关于工程和有关情况的说明。 2. 听取招标人(或招标代理)对招标过程、开标情况的汇报。 3. 讨论和通过评标办法。 4. 听取清标工作组关于商务及技术文件清标工作情况的汇报。 5. 查阅有关投标文件的商务及技术文件和清标资料。 6. 对投标人的商备及技术文件按进行形式、资格及响应性三个阶段进行评审，只有通过前一阶段的评审，才能参加下一阶段评审，评审标准按事先规定。 7. 对投标文件商务及技术文件综合评分，并确定本标段的综合排名，评分分值按事先规定执行。 (1) 评标委员会超过半数评委对某一申请人7个评分项目中任何一项评分低于该项目满分值的60%或总得分低于75分的，不予通过商务及技术文件的评审。 (2) 商务及技术文件综合得分高者优先通过；若综合得分相同，信用等级较高者排名在前；若仍相同，则以投标人资质等级高者优先通过；若再相同，则以投标人注册资本较大者优先通过。 8. 确定通过商务及技术文件评审的投标人。 (1) 若通过商务及技术文件评审的投标人少于3家时，招标人应再次发布该标段的招标公告，继续该标段的资审活动。 (2) 若通过商务及技术文件评审的申请人为3家及以上时，则需对他们的申请文件进行综合评分，按得分分值高低和上条的规定进行排序，选取排名前8家的申请人通过本标段的商务及技术文件评审。 9. 对通过商务及技术文件评审的投标人的报价清单文件进行开标。 10. 对通过商务及技术文件评审的投标人的投标报价及工程量清单文件进行形式评审，形式评审的标准按事先规定。 11. 对通过商务及技术文件评审的投标人的投标报价及工程量清单文件进行算术性复核。 12. 计算投标报价和报价清单文件得分，方法按事先规定执行。

续表 4.5

补充性质	条款号	相关事项	条款内容
			13. 投标人的综合得分为商务及技术文件的得分×0.3+投标报价和报价清单文件得分×0.7,计算出得分,确定排名的原则为: (1) 综合得分由高到低的排名顺序,推荐通过详细评审且排名第一的投标人为中标候选人、排名第二、第三的依次为后备的中标候选人。 (2) 当投标人的综合得分相同时: a. 投标价不同,取投标价低的投标人排名在前。 b. 若标价仍相同,取在江苏省交通厅招投标信用档案中的等级较高者排名在前。 c. 信用等级仍相同,由评标委员会从其投入的人员和设备、施工组织设计、业绩和信誉等方面,通过集体讨论确定其排名先后。 14. 撰写评标报告。

4.4.3 招标人对桥梁工程项目施工组织设计的要求

一个合理有效的桥梁工程项目的施工组织设计是完成该工程的重要保证,因此招标人在招标文件应对以下几个方面提出要求:

(1) 明挖基础有适宜的支护方案;

(2) 围堰形式与水深、土质等实际情况相适宜;

(3) 灌注桩基础施工方法选用得当;

(4) 模板、支架计算时,荷载考虑全面,强度、刚度均符合规范要求,并应有足够的稳定性;

(5) 模板、支架的重复使用性;

(6) 主体结构混凝土应采用商品混凝土,保证混凝土材料的质量要求;

(7) 高强混凝土的材料、配合比严格按照规范要求;

(8) 热期、雨期、冬期混凝土的施工,应有相应的施工措施及费用准备;

(9) 预应力混凝土施工时,应采取必要的安全技术措施,防止事故的发生;

(10) 钢桥制造使用的材料必须符合设计要求和现行有关标准的规定;

(11) 钢构件在工厂加工完成后,运往工地的过程中有适当的运输方法、存放措施;

(12) 工地安装方法因地制宜,安全可行;

(13) 桥梁附属设施较多,分散凌乱,应避免漏项;

(14) 不同形式支座的附属配件不同,严防遗漏;

(15) 桥上构造除安全性外,美观要求高,施工措施应保证。

其中具体评分比重和细则根据各个项目要求确定。

4.4.4 招标人对路基和隧道工程项目施工组织设计的要求

1) 对填土路基施工组织设计的要求

路基施工作为公路施工主体工程,在检测时要求是非常高的,要求高质量。所以路基的施工组织除了要满足标准规范要求外,招标人还应提出以下方面的要求:

(1) 路基填料和粒径方面:不得使用腐殖土、生活垃圾土、淤泥、冻土块或盐渍土。填土内不得有草、树根等杂物,粒径过大的土块应打碎;

(2) 路面处理方面:排除地面积水,清除树根、杂草、淤泥等,妥善处理坟坑井穴,分层填实；

（3）防路基侧向滑移方面：当地面坡度陡于特定值时，需修成台阶形式；

（4）填筑措施：分层填土、压实，严禁倾填；

（5）路基压路机质量要求：根据项目特点选择符合质量要求的压路机；

（6）管涵顶面高度控制方面：为防止压路机对管涵造成破坏或移位，应在填土高度超过管涵顶面一定高度后才能用压路机碾压；

（7）固化剂的搅拌和喷洒要均匀。

2）对挖土路基的要求

（1）原地面处理方面：排除地面积水并疏干，妥善处理坟坑井穴；

（2）根据测量中线和边桩开挖；

（3）挖方段不得超挖，应留有余量；

（4）压路机质量要求：根据项目特点选择符合质量要求的压路机；

（5）碾压时，视土的干湿情况采取洒水或换土、晾晒等措施；

（6）雨水支管及检查井回填：雨水支管及检查井四周无法使用大型压实机械压实，用石灰土或石灰粉煤灰砂砾填实；

（7）固化剂的搅拌和喷洒要均匀。

3）对隧道施工组织设计中的要求

（1）施工单位必须在施工前进行相应的监控量测工作；

（2）及时支护；

（3）地下水的处理要及时；

（4）事先明确交替作业应注意的事项；

（5）注意施工时的通风、照明；

（6）微差爆破时要注意安全；

（7）软弱围岩坚持“短进尺、弱（不）爆破、快封闭、强支护、紧衬砌”的原则；

（8）根据隧道断面面积采用合理的施工方法。

5 室外及辅助工程项目招标

南京南站项目涵盖了铁路领域，建筑领域，道路、交通领域，市政领域等很多方面内容。正因为如此，在各个项目招标过程中难免也必然会遇到标段、专业、地理位置等相交叉的情况。例如，农花河施工招标项目中既有土方与基坑工程又有箱涵、人行道，泵闸等这样的辅助工程，很难单独的将其归纳为建筑工程类或是交通工程类等。故本招标手册额外划分出了本章内容，即：室外及辅助工程类招标，其最大的特点就是杂乱、交叉、相互覆盖、相互涵盖。也是综合性交通枢纽项目中常会出现的招标内容。

5.1 室外及辅助工程项目招标内容及范围

室外及辅助工程类项目招标内容主要是针对在室外进行的，综合性的、辅助性的包含多种专业的工程。大体上有绿化工程、强弱电工程、机电安装工程、市政配套工程、装饰装修工程、土方及土方运输工程、河道及河道周边设施工程等。

经整理，将室外及辅助工程类项目招标分为以下 17 类，见表 5.1。

表 5.1 室外及辅助工程类项目招标汇总表

序号	项目名称	项目内容	招标方式	评标方法
1	南站先导试验段绿化工程施工招标	绿化工程	公开招标	综合评估法
2	北广场弱电工程招标	弱电工程	公开招标	综合评估法

续表 5.1

序号	项目名称	项目内容	招标方式	评标方法
3	太阳能雨棚屋面冲洗招标	冲洗水管的安装、相关附属设施的施工	竞争性谈判	施工组织设计合理可行，价格最优且合理
4	农花河泵站及调蓄水池电气工程施工招标	泵房及配电间机电工程安装	公开招标	综合评估法
5	北广场地面景观工程招标	地面铺设、场地平整、园林绿化、给排水	公开招标	综合评估法
6	南京南站市政道路一期及农花河建设项目绿化工程施工招标	景观绿化、景观照明	公开招标	综合评估法
	南京铁投公司执法大队办公楼装修招标	装饰装修工程	竞争性谈判	施工组织设计合理可行，价格最优且合理
8	北广场装饰装修工程施工招标	建筑装饰装修工程	竞争性谈判	施工组织设计合理可行，价格最优且合理
9	南京南站地区环境综合整治一期工程施工招标	土方开挖、土方外运、绿化种植	公开招标	综合评估法
10	南京南站北广场配电房机电安装工程施工招标	配电房中设备采购、安装及调试	公开招标	综合评估法
11	景观绿化招标	中分带、侧分带、边坡的景观及绿化工程的施工，不含客土喷播的施工	公开招标	合理低价法
12	泵房设备招标	泵房设备采购、现场安装及调试	公开招标	综合评估法
13	农花河施工招标	老驳岸清理拆除、土方淤泥挖运、基坑围护(钻孔灌注桩)、驳岸防洪墙、人行道、泵闸、箱涵工程	公开招标	综合评估法
14	南站土方应急外运招标	土方外运	竞争性谈判	施工组织设计合理可行，价格最优且合理

续表 5.1

序号	项目名称	项目内容	招标方式	评标方法
15	南京南站综合枢纽工程土方外运项目招标	环境综合整治土方外运	竞争性谈判	施工组织设计合理可行,价格最优且合理
16	南京南站农花河建设项目栏杆及花槽施工招标	NZ-SG1007 标段、NZ-SG1008 标段内的护栏、植花槽、栏杆的制作、安装,包括护栏、植花槽、栏杆的制作、供货、运输(含装卸、保险)、保管、成品保护、保养、质量保证等内容	公开招标	合理低价法
17	南京南站综合枢纽快速环线项目渣土运输招标	土方开挖、土方运输	公开招标	综合评估法

5.2 室外及辅助工程项目招标规则及评标办法

5.2.1 室外及辅助工程施工企业资质等级标准要求

由于室外及辅助工程项目涉及的专业繁多,因此在对施工企业资质等级标准划分时需要按类别进行分类。具体要求见表 5.2 至表 5.6。

表 5.2 水利水电工程施工总承包企业资质等级标准

资质	标　　准	承包范围
特级	1. 企业注册资本金 3 亿元以上 2. 企业净资产 3.6 亿元以上 3. 企业近 3 年年平均工程结算收入 15 亿元以上 4. 企业其他条件均达到一级资质标准	可承担各种类型水利水电工程及辅助生产设施的建筑、安装和基础工程的施工

续表 5.2

资质	标　　准	承包范围
一级	1. 企业近10年承担过下列6项中的3项以上所列工程的施工，其中至少有1项是(1)(2)中的工程，工程质量合格。 (1) 库容10亿 m^3 以上或坝高80 m以上大坝1座，或库容1亿 m^3 以上或坝高60 m以上大坝2座； (2) 过闸流量>3 000 m^3/s 的拦河闸1座，或过闸流量>1 000 m^3/s 的拦河闸2座； (3) 总装机容量300 MW以上水电站1座，或总装机容量100 MW以上水电站2座； (4) 总装机容量10 MW以上灌溉、排水泵站1座，或总装机容量5 MW以上灌溉、排水泵站2座； (5) 洞径>8 m、长度>3 000 m的水工隧洞1个，或洞径>6 m、长度>2 000 m的水工隧洞2个； (6) 年完成水工混凝土浇筑50万 m^3 以上或坝体土石方填筑120万 m^3 以上或岩基灌浆12万m以上或防渗墙成墙8万 m^2 以上。 2. 企业经理具有10年以上从事工程管理工作经历或具有高级职称；总工程师具有10年以上从事施工管理工作经历并具有本专业高级职称；总会计师具有高级会计职称；总经济师具有高级职称。 企业有职称的工程技术和经济管理人员不少于220人，其中工程技术人员不少于160人；工程技术人员中，具有本专业高级职称的人员不少于15人，具有本专业中级职称的人员不少于60人。 企业具有的本专业一级资质项目经理不少于15人。 3. 企业注册资本金5 000万元以上，企业净资产6 000万元以上。 4. 企业近3年最高年工程结算收入2亿元以上。 5. 企业具有与承担大型拦河闸、坝、水工混凝土、水工隧洞、渡槽、倒虹吸及桥梁、地基处理、岩土工程、水轮发电机组安装相适应的施工机械和质量检测设备。	可承担单项合同额不超过企业注册资本金5倍的各种类型水利水电工程及辅助生产设施的建筑、安装和基础工程施工。工程内容包括：不同类型的大坝、电站厂房、引水和泄水建筑物、通航建筑物、基础工程、导截流工程、砂石料生产、水轮发电机组、输变电工程的建筑安装；金属结构制作安装；压力钢管、闸门制作安装；堤防加高加固、泵站、涵洞、隧道、施工公路、桥梁、河道疏浚、灌溉、排水工程施工
二级	1. 企业近10年承担过下列6项中的3项以上所列工程的施工，其中至少有1项是(1)(2)中的工程，工程质量合格。 (1) 库容1亿 m^3 以上或坝高50 m以上大坝1座，或库容1 000万 m^3 以上或坝高40 m以上大坝2座； (2) 过闸流量>1 000 m^3/s 的拦河闸1座，或过闸流量>100 m^3/s 的拦河闸2座； (3) 总装机容量50 MW以上水电站1座，或总装机容量10 MW以上水电站2座； (4) 总装机容量1 MW以上灌溉、排水泵站1座，或总装机容量500 kW以上灌溉、排水泵站2座； (5) 洞径>6 m、长度>2 000 m的水工隧洞1个； (6) 年完成水工混凝土浇筑20万 m^3 以上或坝体土石方填筑60万 m^3 以上或岩基灌浆6万m以上或防渗墙成墙4万 m^2 以上。 2. 企业经理具有8年以上从事工程管理工作经历或具有中级以上职称；技术负责人具有8年以上从事施工管理工作经历并具有本专业高级职称；财务负责人具有中级以上会计职称。 企业有职称的工程技术和经济管理人员不少于160人，其中工程技术人员不少于100人；工程技术人员中，具有本专业高级职称的人员不少于8人，具有本专业中级职称的人员不少于40人。 企业具有本专业二级资质以上项目经理不少于10人。 3. 企业注册资本金2 000万元以上，企业净资产2 500万元以上。 4. 企业近3年最高年工程结算收入1亿元以上。 5. 企业具有与承担中型拦河闸、坝、水工混凝土、水工隧洞、渡槽、倒虹吸及桥梁、地基处理、岩土工程相适应的施工机械和质量检测设备。	可承担单项合同额不超过企业注册资本金5倍的下列工程的施工：库容1亿 m^3、装机容量100 MW及以下水利水电工程及辅助生产设施的建筑、安装和基础工程施工。工程内容包括：不同类型的大坝、电站厂房、引水和泄水建筑物、通航建筑物、基础工程、导截流工程、砂石料生产、水轮发电机组、输变电工程的建筑安装；金属结构制作安装；压力钢管、闸门制作安装；堤防加高加固、泵站、涵洞、隧道、施工公路、桥梁、河道疏浚、灌溉、排水工程施工

续表 5.2

资质	标　　准	承包范围
三级	1. 企业近 10 年承担过下列 6 项中的 3 项以上所列工程的施工，其中至少有 1 项是(1)(2)中的工程，工程质量合格。 (1) 库容 100 万 m^3 以上大坝 1 座； (2) 过闸流量＞20 m^3/s 的拦河闸 1 座； (3) 总装机容量 5 MW 以上水电站 1 座； (4) 总装机容量 0.1 MW 以上灌溉、排水泵站 1 座； (5) 洞径＞4 m、长度＞1 500 m 的水工隧洞 1 个； (6) 年完成水工混凝土浇筑 3 万 m^3 以上或坝体土石方填筑 20 万 m^3 以上或岩基灌浆 2 万 m 以上或防渗墙成墙 1 万 m^2 以上。 2. 企业经理具有 6 年以上从事工程管理工作经历或具有中级以上职称；技术负责人具有 6 年以上从事施工管理工作经历并具有本专业中级以上职称；财务负责人具有初级以上会计职称。 企业有职称的工程技术和经济管理人员不少于 50 人，其中工程技术人员不少于 30 人；工程技术人员中，具有本专业中级以上职称的人员不少于 10 人。 企业具有的本专业三级资质以上项目经理不少于 6 人。 3. 企业注册资本金 600 万元以上，企业净资产 720 万元以上。 4. 企业近 3 年最高年工程结算收入 2 000 万元以上。 5. 企业具有与承包工程范围相适应的施工机械和质量检测设备。	可承担单项合同额不超过企业注册资本金 5 倍的下列工程的施工：库容 1 000 万 m^3、装机容量 10 MW 及以下水利水电工程及辅助生产设施的建筑、安装和基础工程施工。工程内容包括：不同类型的大坝、电站厂房、引水和泄水建筑物、通航建筑物、基础工程、导截流工程、砂石料生产、水轮发电机组、输变电工程的建筑安装；金属结构制作安装；压力钢管、闸门制作安装；堤防加高加固、泵站、涵洞、隧道、施工公路、桥梁、河道疏浚、灌溉、排水工程施工

表 5.3　市政公用工程施工总承包企业资质等级标准

资质	标　　准	承包范围
特级	1. 企业注册资本金 3 亿元以上 2. 企业净资产 3.6 亿元以上 3. 企业近 3 年年平均工程结算收入 15 亿元以上 4. 企业其他条件均达到一级资质标准	可承担各类市政公用工程的施工
一级	1. 企业近 5 年承担过下列 4 项中的 2 项以上单项合同额 3 000万元以上的市政公用工程施工总承包或主体工程承包，工程质量合格。 (1) 城市道路、桥梁、隧道、公共广场工程； (2) 城市供水工程、排水工程或污水处理工程； (3) 城市燃气工程或热力工程； (4) 城市生活垃圾处理工程。 2. 企业经理具有 10 年以上从事工程管理工作经历或具有高级职称；总工程师具有 10 年以上从事施工技术管理工作经历并具有本专业高级职称；总会计师具有高级会计职称；总经济师具有高级职称。 企业有职称的工程技术和经济管理人员不少于 240 人，其中工程技术人员不少于 150 人；工程技术人员中，具有高级职称的人员不少于 10 人，具有中级职称的人员不少于 40 人。 企业具有的一级资质项目经理不少于 12 人。 3. 企业注册资本金 4 000 万元以上，企业净资产 5 000 万元以上。 4. 企业近 3 年最高年工程结算收入 1.6 亿元以上。 5. 企业具有与承包工程范围相适应的施工机械和质量检测设备。	可承担单项合同额不超过企业注册资本金 5 倍的各类市政公用工程的施工

续表 5.3

资质	标　　准	承包范围
二级	1. 企业近5年承担过下列4项中的2项以上单项合同额1 000万元以上的市政公用工程施工总承包或主体工程承包，工程质量合格。 (1) 城市道路、桥梁、隧道、公共广场工程； (2) 城市供水工程、排水工程或污水处理工程； (3) 城市燃气工程或热力工程； (4) 城市生活垃圾处理工程。 2. 企业经理具有8年以上从事工程管理工作经历或具有中级以上职称；技术负责人具有8年以上从事施工技术管理工作经历并具有本专业高级职称；财务负责人具有中级以上会计职称。 企业有职称的工程技术和经济管理人员不少于100人，其中工程技术人员不少于60人；工程技术人员中，具有高级职称的人员不少于4人，具有中级职称的人员不少于20人。 企业具有的二级资质以上项目经理不少于10人。 3. 企业注册资本金2 000万元以上，企业净资产2 500万元以上。 4. 企业近3年最高年工程结算收入6 000万元以上。 5. 企业具有与承包工程范围相适应的施工机械和质量检测设备。	可承担单项合同额不超过企业注册资本金5倍的下列市政公用工程的施工： 1. 城市道路工程；单跨跨度40 m以内桥梁工程；断面20 m^2 及以下隧道工程；公共广场工程； 2. 10万t/d及以下给水厂；5万t/d及以下污水处理工程；3 m^3/s 及以下给水、污水泵站；15 m^3/s 及以下雨水泵站；各类给排水管道工程； 3. 总贮存容积1 000 m^3 及以下液化气贮罐场(站)；供气规模15万 m^3/d 燃气工程；中压及以下燃气管道、调压站；供热面积150万 m^2 热力工程； 4. 各类城市生活垃圾处理工程。
三级	1. 企业近5年承担过下列4项中的2项以上单项合同额300万元以上的市政公用工程施工总承包或主体工程承包，工程质量合格。 (1) 城市道路、桥梁、隧道、公共广场工程； (2) 城市供水工程、排水工程或污水处理工程； (3) 城市燃气工程或热力工程； (4) 城市生活垃圾处理工程。 2. 企业经理具有5年以上从事工程管理工作经历；技术负责人具有5年以上从事施工技术管理工作经历并具有本专业中级以上职称；财务负责人具有初级以上会计职称。 企业有职称的工程技术和经济管理人员不少于50人，其中工程技术人员不少于30人；工程技术人员中，具有中级以上职称的人员不少于8人。 企业具有的三级资质以上项目经理不少于8人。 3. 企业注册资本金500万元以上，企业净资产600万元以上。 4. 企业近3年最高年工程结算收入1 000万元以上。 5. 企业具有与承包工程范围相适应的施工机械和质量检测设备。	可承担单项合同额不超过企业注册资本金5倍的下列市政公用工程的施工： 1. 城市道路工程(不含快速路)；单跨跨度20 m以内桥梁工程；公共广场工程； 2. 2万t/d及以下给水厂；1万t/d及以下污水处理工程；1 m^3/s 及以下给水、污水泵站；5 m^3/s 及以下雨水泵站；直径1 m以内供水管道；直径1.5 m以内污水管道； 3. 总贮存容积500 m^3 及以下液化气贮罐场(站)；供气规模5万 m^3/d 燃气工程；2 kg/cm^2 及以下中压、低压燃气管道、调压站；供热面积50万 m^2 及以下热力工程；直径0.2 m以内热力管道； 4. 生活垃圾转运站。

表 5.4　建筑装修装饰工程专业承包企业资质等级标准

资质	标　　准	承包范围
一级	1. 企业近 5 年承担过 3 项以上单位工程造价 1 000 万元以上或三星级以上宾馆大堂的装修装饰工程施工，工程质量合格。 2. 企业经理具有 8 年以上从事工程管理工作经历或具有高级职称；总工程师具有 8 年以上从事建筑装修装饰施工技术管理工作经历并具有相关专业高级职称；总会计师具有中级以上会计职称。 3. 企业有职称的工程技术和经济管理人员不少于 40 人，其中工程技术人员不少于 30 人，且建筑学或环境艺术、结构、暖通、给排水、电气等专业人员齐全；工程技术人员中，具有中级以上职称的人员不少于 10 人。 企业具有的一级资质项目经理不少于 5 人。 4. 企业注册资本金 1 000 万元以上，企业净资产 1 200 万元以上。 5. 企业近 3 年最高年工程结算收入 3 000 万元以上。	可承担各类建筑室内、室外装修装饰工程（建筑幕墙工程除外）的施工
二级	1. 企业近 5 年承担过 2 项以上单位工程造价 500 万元以上的装修装饰工程或 10 项以上单位工程造价 50 万元以上的装修装饰工程施工，工程质量合格。 2. 企业经理具有 5 年以上从事工程管理工作经历或具有中级以上职称；技术负责人具有 5 年以上从事装修装饰施工技术管理工作经历并具有相关专业中级以上职称；财务负责人具有中级以上会计职称。 3. 企业有职称的工程技术和经济管理人员不少于 25 人，其中工程技术人员不少于 20 人，且建筑学或环境艺术、结构、暖通、给排水、电气等专业人员齐全；工程技术人员中，具有中级以上职称的人员不少于 5 人。 企业具有的二级资质以上项目经理不少于 5 人。 4. 企业注册资本金 500 万元以上，企业净资产 600 万元以上。 5. 企业近 3 年最高年工程结算收入 1 000 万元以上。	可承担单位工程造价 1 200万元及以下建筑室内、室外装修装饰工程（建筑幕墙工程除外）的施工
三级	1. 企业近 3 年承担过 3 项以上单位工程造价 20 万元以上的装修装饰工程施工，工程质量合格。 2. 企业经理具有 3 年以上从事工程管理工作经历；技术负责人具有 5 年以上从事装修装饰施工技术管理工作经历并具有相关专业中级以上职称；财务负责人具有初级以上会计职称。 3. 企业有职称的工程技术和经济管理人员不少于 15 人，其中工程技术人员不少于 10 人，且建筑学或环境艺术、暖通、给排水、电气等专业人员齐全；工程技术人员中，具有中级以上职称的人员不少于 2 人。 企业具有的三级资质以上项目经理不少于 2 人。 4. 企业注册资本金 50 万元以上，企业净资产 60 万元以上。 5. 企业近 3 年最高年工程结算收入 100 万元以上。	可承担单位工程造价 60 万元及以下建筑室内、室外装修装饰工程（建筑幕墙工程除外）的施工

表 5.5 机电安装工程施工总承包企业资质等级标准

资质	标　准	承包范围
一级	1. 企业近5年承担过2项以上单项工程合同额3 000万元以上的机电安装工程施工总承包或主体工程承包，工程质量合格。 2. 企业经理具有10年以上从事工程管理工作经历或具有高级职称；总工程师具有10年以上从事施工技术管理工作经历并具有本专业高级职称；总会计师具有高级会计职称；总经济师具有高级职称。 企业有职称工程技术和经济管理人员不少于200人，其中工程技术人员不少于120人；工程技术人员中，具有高级职称的人员不少于20人，具有中级职称的人员不少于60人。 企业具有的一级资质项目经理不少于15人。 3. 企业注册资本金5 000万元以上，企业净资产6 000万元以上。 4. 企业近3年最高年工程结算收入2亿元以上。 5. 企业具有与承包工程范围相适应的施工机械和质量检测设备。	可承担各类一般工业、公用工程及公共建筑的机电安装工程的施工
二级	1. 企业近5年承担过2项以上单项工程合同额1 500万元以上的机电安装工程施工总承包或主体工程承包，工程质量合格。 2. 企业经理具有8年以上从事工程管理工作经历或具有中级以上职称；技术负责人具有8年以上从事施工技术管理工作经历并具有本专业高级职称，财务负责人具有中级以上会计职称。 企业有职称的工程技术和经济管理人员不少于120人。其中工程技术人员不少于80人；工程技术人员中，具有高级职称的人员不少于10人，具有中级职称的人员不少于30人。 企业具有的二级资质以上项目经理不少于15人。 3. 企业注册资本金2 000万元以上，企业净资产2 500万元以上。 4. 企业近3年最高年工程结算收入6 000万元以上。 5. 企业具有与承包工程范围相适应的施工机械和质量检测设备。	可承担投资额3 000万元及以下的一般工业、公用工程和公共建筑的机电安装工程的施工

注：一般工业机电安装工程是指未列入港口与航道、水利水电、电力、矿山、冶炼、化工石油、通信工程的机械、电子、轻工、纺织及其他工业机电安装工程

表 5.6　城市园林绿化资质等级标准

资质	标　　准	承包范围
一级	1. 注册资金且实收资本不少于 2 000 万元；企业固定资产净值在 1 000 万元以上；企业园林绿化年工程产值近 3 年每年都在 5 000 万元以上。 2. 6 年以上的经营经历，获得二级资质 3 年以上，具有企业法人资格的独立的专业园林绿化施工企业。 3. 近 3 年独立承担过不少于 5 个工程造价在 800 万元以上的已验收合格的园林绿化综合性工程。 4. 苗圃生产培育基地不少于 200 亩，并具有一定规模的园林绿化苗木、花木、盆景、草坪的培育、生产、养护能力。 5. 企业经理具有 8 年以上的从事园林绿化经营管理工作的资历或具有园林绿化专业高级技术职称，企业总工程师具有园林绿化专业高级技术职称，总会计师具有高级会计师职称，总经济师具有中级以上经济类专业技术职称。 6. 园林绿化专业人员以及工程、管理、经济等相关专业类的专职管理和技术人员不少于 30 人。具有中级以上职称的人员不少于 20 人，其中园林专业高级职称人员不少于 2 人，园林专业中级职称人员不少于 10 人，建筑、给排水、电气专业工程师各不少于 1 人。 7. 企业中级以上专业技术工人不少于 30 人，包括绿化工、花卉工、瓦工（或泥工）、木工、电工等相关工种。企业高级专业技术工人不少于 10 人，其中高级绿化工和/或高级花卉工总数不少于 5 人。	1. 可承揽各种规模以及类型的园林绿化工程，包括：综合公园、社区公园、专类公园、带状公园等各类公园，生产绿地、防护绿地、附属绿地等各类绿地。 2. 可承揽园林绿化工程中的整地、栽植及园林绿化项目配套的 500 m^2 以下的单层建筑（工具间、茶室、卫生设施等）、小品、花坛、园路、水系、喷泉、假山、雕塑、广场铺装、驳岸、单跨 15 m 以下的园林景观人行桥梁、码头以及园林设施、设备安装项目等。 3. 可承揽各种规模以及类型的园林绿化养护管理工程。 4. 可从事园林绿化苗木、花卉、盆景、草坪的培育、生产和经营。 5. 可从事园林绿化技术咨询、培训和信息服务。
二级	1. 注册资金且实收资本不少于 1 000 万元；企业固定资产净值在 500 万元以上；企业园林绿化年工程产值近 3 年每年都在 2 000 万元以上。 2. 5 年以上的经营经历，获得三级资质 3 年以上，具有企业法人资格的独立的专业园林绿化施工企业。 3. 近 3 年独立承担过不少于 5 个工程造价在 400 万元以上的已验收合格的园林绿化综合性工程。 4. 企业经理具有 5 年以上的从事园林绿化经营管理工作的资历或具有园林绿化专业中级技术职称，企业总工程师具有园林绿化专业高级技术职称，总会计师具有中级以上会计师职称，总经济师具有中级以上经济类专业技术职称。 5. 园林绿化专业人员以及工程、管理、经济等相关专业类的专职管理和技术人员不少于 20 人。具有中级以上职称的人员不少于 12 人，其中园林专业高级职称人员不少于 1 人，园林专业中级职称人员不少于 5 人，建筑、给排水、电气专业工程师各不少于 1 人。 6. 企业中级以上专业技术工人不少于 20 人，包括绿化工、花卉工、瓦工（或泥工）、木工、电工等相关工种。企业高级专业技术工人不少于 6 人，其中高级绿化工和/或高级花卉工总数不少于 3 人。	1. 可承揽工程造价在 1 200 万元以下的园林绿化工程，包括：综合公园、社区公园、专类公园、带状公园等各类公园，生产绿地、防护绿地、附属绿地等各类绿地。 2. 可承揽园林绿化工程中的整地、栽植及园林绿化项目配套的 200 m^2 以下的单层建筑（工具间、茶室、卫生设施等）、小品、花坛、园路、水系、喷泉、假山、雕塑、广场铺装、驳岸、单跨 10 m 以下的园林景观人行桥梁、码头以及园林设施、设备安装项目等。 3. 可承揽各种规模以及类型的园林绿化养护管理工程。 4. 可从事园林绿化苗木、花卉、盆景、草坪的培育、生产和经营，园林绿化技术咨询和信息服务。

续表 5.6

资质	标　　准	承包范围
三级	1. 注册资金且实收资本不少于 200 万元；企业固定资产在 100 万元以上。 2. 具有企业法人资格的独立的专业园林绿化施工企业。 3. 企业经理具有 2 年以上的从事园林绿化经营管理工作的资历或具有园林绿化专业初级以上技术职称，企业总工程师具有园林绿化专业中级以上技术职称。 4. 园林绿化专业人员以及工程、管理、经济等相关专业类的专职管理和技术人员不少于 10 人，其中园林专业中级职称人员不少于 2 人。 5. 企业中级以上专业技术工人不少于 10 人，包括绿化工、瓦工（或泥工）、木工、电工等相关工种，其中高级绿化工和/或高级花卉工总数不少于 3 人。	1. 可承揽工程造价在 500 万元以下园林绿化工程，包括：综合公园、社区公园、专类公园、带状公园等各类公园，生产绿地、防护绿地、附属绿地等各类绿地。 2. 可承揽园林绿化工程中的整地、栽植及小品、花坛、园路、水系、喷泉、假山、雕塑、广场铺装、驳岸、单跨 10 m 以下的园林景观人行桥梁、码头以及园林设施、设备安装项目等。

5.2.2 招标方式的确定

首先，根据建筑类、交通类各项法律法规，对必须进行公开招标的项目实行公开招标。若某一项工程由于时间紧急，资质要求高，或规模较小等原因，不适宜进行公开招标，经批准可使用竞争性谈判的方式进行招标。

5.2.3 评标办法

在室外及辅助类工程类评标过程中，有以下几种评标方法最为常用：合理低价法、综合评估法，以及在这两者基础上派生出来的资格预审与资格后审相结合的综合评估法（俗称双信封评标法）。在面对不同招标案例时，根据具体情况和具体要求选择合适的评标方法是评标工作成功的关键。其中合理最低价评标法和综合评估法在第 3 章中已有说明，不再赘述。下面详细介绍一下资格预审与资格后审相结合的综合评估法。

综合评估法又称为双信封评标法是指投标人将投标报价和工程量清单单独密封在一个报价信封中，其他商务和技术文件密封在另外一个信封中，分两次开标的评标方法。

双信封评标在开标前，两个信封同时提交给招标人。评标程序如下：

1）第一次开标时，招标人首先打开商务和技术文件信封，报价信封交监督机关或公证机关密封保存

评标委员会对商务和技术文件进行初步评审和详细评审：

（1）若采用合理低价法或最低评标价法，评标委员会应确定通过和未通过商务和技术评审的投标人名单。

（2）若采用综合评估法，评标委员会应确定通过和未通过商务和技术评审的投标人名单，并对这些投标文件的技术部分进行打分。

招标人向所有投标人发出通知，通知中写明第二次开标的时间和地点。招标人将在开标会上首先宣布通过商务和技术评审的名单并宣读其报价信封。对于未通过商务和技术评审的投标人，其报价信封将不予开封，当场退还给投标人。

2）第二次开标后，评标委员会按照招标文件规定的评标办法进行评标，推荐中标候选人

双信封评标法适用于规模较大、技术比较复杂或特别复杂的工程，但应按照本指导意见和项目的不同特点，采用合理低价法、最低评标价法或综合评估法。

双信封评标法应注意的问题是采用本办法评标程序比较复杂、时间较长，但可以消除技术部分和投标报价的相互影响，更显公平。特别注意技术评标期间的信息保密和报价信封的保管工作。

5.3 案例一：南京南站土方应急外运招标

5.3.1 项目概况

1）招标内容及范围

南京南站范围内，京沪铁路以北，绕城公路以南，站东路东侧，站西路西侧，清运土方暂估总量约 80 万 m^3，以实际外运量为准。

2）项目特点

土方外运几乎出现在每个建筑类工程项目中，随着项目规模的扩大，土方量也随之变大。南站土方应急外运招标工作有如下特点：

（1）时间紧，为了保证 630 车道顺利通车，建设方只给出 13 天的时间完成此项任务。

（2）土方量大，指定清理的土方暂估量约为 80 万 m^3，这在全国范围内也是超大规模的土方外运项目。

（3）招标人多，南京南站的建设由铁路、地铁、交通等多家招标人共同承担。每家招标人独立工作，这样一来就缺少一个统筹全局的“上级”，导致土方的挖填得不到合理的分配，经常出现调配不当、重复作业、做无用功的情况，建议今后如有同类工程，应设立“土方工程调配小组”，利用运筹学知识，合理规划土方调配工作。

（4）应急性，本招标为应急招标预案，即实际土方量与暂估土方量有一定误差。

鉴于以上情况对承包商资质、能力要求较高，国内暂无某家企业可以在规定期限内独自承揽此规模的土方工程，再者若采用公开招标必然时间不够，所以经上级部门批准，本工程采用竞争性谈判方式选出三家承包商共同完成此项任务。

3）工期

计划工期：共计 13 日历天。

4）合同价调整

固定单价合同，合同单价不调整。土方外运单价中含 30 km 范围内运距，规费由发包人承担。

5）工程款支付方式

（1）根据实际完成工程量给予计量，每完成 2 万 m^3 土方外运为一个计量支付期，支付额为当期实际完成工程量的 70%；土方外运工作完成，并达到发包人要求后付清经审计工程款的余款；

(2) 未付款额的利率不予考虑。

6) 确定承包人

根据本项目的工程量大小和工期要求,发包人将最终确定3家承包人完成本次发包项目范围内的工作内容。

7) 谈判代理费

按每家承包人固定价壹万元整向承包人收取,此费用含在谈判申请人报价中,发包人不另行计量与支付。

5.3.2 招标组织形式及招标方式

本工程参照《中华人民共和国招标投标法》,原国家计委、国家经贸委、交通部等七部联合发布的第30号令《工程建设项目施工招标投标办法》等法律法规组织竞争性谈判活动。

5.3.3 报名方式

由发包人邀请至少3家符合资质要求的谈判申请人参加谈判。

5.3.4 报名企业资质要求

资质要求具体见表5.7。

表5.7 资格预审表

南京南站地区应急土方外运项目竞争性谈判	企业资质:具有土方工程施工资质的独立法人企业;且具有省级或省级以上建设行政主管部门核发的《安全生产许可证》。企业业绩:企业具有已完类似项目的施工业绩
	项目负责人:具有二级或二级以上注册建造师资质,且具有省级或省级以上相关行政主管部门核发的《建筑施工企业项目负责人安全生产考核合格证书》; 专职安全员:具有省级及以上相关行政主管部门核发的《建筑施工企业专职安全管理人员安全考核合格证》

注:本项目不接受联合体投标。

5.3.5 竞争性谈判

1) 竞争性谈判邀请书样式(表5.8)

表5.8 竞争性谈判邀请书

一、发包人
二、谈判代理机构 某招标代理公司
三、谈判内容 南京南站范围内,京沪铁路以北,绕城公路以南,站东路东侧,站西路西侧,土方暂估总量约80万 m^3,以实际外运量为准

续表 5.8

四、谈判方式 竞争性邀请谈判
五、谈判文件发放 1. 发放时间： 2. 发放方式：由发包人统一向谈判申请人发放
六、联系人及联系方式 1. 联系人： 2. 联系电话： 传真： 3. 地点：

2）谈判申请人须知中的重要事项

（1）谈判费用

申请人应承担编制谈判响应性文件与递交谈判响应性文件所涉及的一切费用。不管谈判结果如何，发包人对上述费用不负任何责任。

（2）谈判保证金

谈判保证金金额为：每家申请人人民币壹万元整。承包人必须选择下列任一种谈判担保形式：现金、支票、银行汇票或银行本票。谈判保证金于谈判活动结束且签订合同7日内无息退还；若申请人未经发包人许可，中途退出，保证金不予退还；发包人因故或不可抗力中途停止谈判活动，将退还保证金。

注：每家承包人应支付竞争性谈判代理服务费壹万元整。此费用由谈判申请人综合考虑进谈判报价中，发包人不另行计量与支付。

（3）付款条件

根据实际完成工程量给予计量，每完成2万 m^3 土方外运为一个计量支付期，支付额为当期实际完成工程量的70%；土方外运工作完成，并达到发包人要求后付清经审计工程款的余款；未付款额的利率不予考虑。

在签订合同书后，中标方将货物运至现场，经监理验收后，建设方支付合同额的60%；工程完工经建设方验收符合设计要求后付至合同额的90%；质保期满（1年）后，一次性无息付清经审计的工程余款。

（4）谈判有效期

自递交谈判响应性文件截止之日起30天内有效。

（5）谈判文件的组成

谈判文件包括本文件及所有发出的修改澄清通知。其中澄清中包括：①申请人在收到谈判文件后，若有疑问需要澄清，应在规定时间前以书面形式（包括书面文字、传真等）向谈判代理机构提出。②对所有问题的解答，谈判代理机构将在规定时间前以书面形式提供给所有已领取谈判文件的申请人。申请人收到解答后，应立即以书面形式通知谈判代理机构，确认已收到解答。

谈判文件的修改包括：①在谈判响应性文件递交截止日期前，谈判代理机构都可能会以书面通知的方式修改谈判文件。修改通知作为谈判文件的组成部分，对参与竞争申请人起同等约束作用。申请人收到修改通知后，应立即以书面通知方式通知谈判代理机构，确认已收到修改通知。②为使申请人在编制谈判响应性文件时能把修改通知内容考虑进去，谈判代理机构可以酌情延长递交谈判响应性文件的截止日期。具体时间将在修改通知中写明。③当谈判文件、修改通知内容相互矛盾时，以最后发出的通知为准。

另外，申请人应认真审阅谈判文件所有的内容，如果申请人的响应性文件不能完整、实质性地响应谈判文件要求，责任由申请人自负，其谈判有可能被拒绝。

(6) 谈判响应性文件

谈判响应性文件由以下几个部分组成：竞争性谈判申请书；竞争性谈判申请书附录；工程量清单报价表；授权书；拟投入本合同工程的主要人员汇总表；拟投入本合同工程的主要施工机械表。另外还有附件清单，包括：企业营业执照(复印件)；企业资质证书(复印件)；企业安全生产许可证(复印件)；项目负责人的注册建造师证书及安全考核合格证书(复印件)；专职安全员的《建筑施工企业专职安全管理人员安全考核合格证》(复印件)。

(7) 谈判响应性文件的装订和密封

①谈判响应性文件正本一份，副本两份，正副本不同时，以正本为准。

②谈判响应性文件应对第(5)事项的内容做出完整、实质性的响应，并装订成册，并在封面写明发包人名称、申请人单位名称并盖申请人单位公章。

③谈判响应性文件应密封递交，并在密封袋封面写明发包人名称、申请人单位名称并盖申请人单位公章。

④报价清单应加盖申请人单位公章并有本企业法定代表人或其授权代理人的签字。

(8) 谈判响应性文件递交的变更

如需推迟谈判会议时间，谈判代理机构将以书面形式将顺延时间通知所有谈判文件收受人。谈判截止时间后送达的谈判响应性文件，发包人将拒收。谈判响应性文件递交后不得修改和撤销。

(9) 评审原则

报价最优且合理，施工组织设计合理可行，拟投入的人员技术力量较强，设备能满足土方外运及工期要求。最终谈判评审小组从邀请的申请单位中确定 3 家单位为最终本次谈判范围的承包人，并与之签订土方外运合同。

(10) 谈判响应性文件澄清

为了有助于谈判响应性文件的审查、评价和比较，谈判小组可以要求申请人对谈判响应性文件中含义不明确的内容以书面方式作出必要的澄清和说明，也可要求申请人进行二次报价。

(11) 成果归属

所有谈判成果均归发包人所有，谈判响应性文件不予退还；对此条件，申请人参与谈判即视为认可。

5.3.6 评审原则

施工组织设计合理可行，所投入设备能满足土方外运要求，价格最优且合理。为体现竞争性，竞争性谈判时，发包人可要求谈判申请人进行二次报价。

5.4 案例二：南京南站先导试验段绿化工程施工招标

5.4.1 项目概况

1）招标内容

本次招标项目共设 1 个标段，对应标段号为 NZ-SG1015。本标段对应道路施工标段为 NZ-SG1001、NZ-SG1002 标段，共计 8 条道路，为该 8 条道路红线范围内的绿化景观工程施工。

2）施工工期

计划工期：共计 63 日历天。

3）合同价调整

合同单价不调整，材料单价不调整。

5.4.2 招标准备

1）施工标段划分

针对该绿化工程，考虑到施工的便利程度、各个区域树木植物的品种、不同植物的种植期、一次性投入的工作量、不同植物的后期管理等原因，施工段划分详见表 5.9 所示。

表 5.9 标段划分表

<table>
<tr><th>绿化标标段号</th><th>对应路基施工标段</th><th>道路名称</th><th>起点</th><th>迄点</th></tr>
<tr><td rowspan="12">NZ-SG1015</td><td rowspan="6">NZ-SG1001</td><td>站北路</td><td>站中七路</td><td>站东三路</td></tr>
<tr><td rowspan="2">站中七路</td><td colspan="2">站中七路与站前路交叉口北侧 47.5 m</td></tr>
<tr><td colspan="2">站中七路与站北路交叉口南侧 86.11 m</td></tr>
<tr><td>站前路</td><td>站中七路</td><td>宁溧路</td></tr>
<tr><td>站东二路</td><td>站前路</td><td>站北路</td></tr>
<tr><td>站东三路</td><td>站前路</td><td>站北路</td></tr>
<tr><td rowspan="6">NZ-SG1002</td><td>站北路</td><td>站西三路</td><td>站中二路</td></tr>
<tr><td>站西三路</td><td>站前路</td><td>站北路</td></tr>
<tr><td rowspan="2">站中二路</td><td colspan="2">站中二路与站前路交叉口北侧 28.5 m</td></tr>
<tr><td colspan="2">站中二路与站北路交叉口南侧 28.5 m</td></tr>
<tr><td>站前路</td><td>站西三路</td><td>站中二路</td></tr>
<tr><td>站西二路</td><td>站前路</td><td>站北路</td></tr>
</table>

2）合同形式的选择

本项目采用固定单价合同，在合同实施期间（包括工期拖延期间），由于人工、材料设备价格的上涨和工程量的增减而引起工程施工成本增加的风险由承包人自行承担，合同单价不会因此而调整。若施工时现场工程量发生变更，则经监理工程师、设计单位、审计单位、项目管理单位和建设方确认后给予计量，如变更后工程量在原清单工程量基础上增加了15%及以上时，则发包人有权对原报价清单单价进行重新核价；变更后工程量在原报价清单工程量基础上增加15%以下或者减少时单价仍按原投标工程量清单中单价执行。施工过程中工程量以施工图为计算依据，最终以工程审计决算的工程量和投标单价或者经发包人、审计单位、项目管理单位、监理单位重新调整的单价为准。未经以上参与各方签字确定的变更和计量不作为结算的依据。

3）计价模式的确定

本工程采用综合单价法计价。

5.4.3 资格预审

资格预审的具体流程请参照本手册3.4.3部分。对于投标人和项目负责人的具体要求如表5.10所示。

表5.10 资格预审一览表

对投标人资格要求	(1) 国内具有城市园林绿化施工二级及以上施工资质的独立法人企业。 (2) 企业自2007年1月1日以来至少具有一个类似绿化工程施工业绩，且最近一次在江苏省交通运输厅信用等级考核为A(暂定)级及以上。 (3)具有直接管理和被管理关系的母子公司或同一母公司的子公司，或具有投资参股关系的关联企业不予同时参加同一标段的投标。	对项目负责人资格要求	1. 项目经理：中级及以上技术职称，2007年1月1日以来至少担任过类似绿化工程的一任项目经理或项目副经理的经历。 2. 技术负责人：中级及以上技术职称，2007年1月1日以来至少担任过类似绿化工程的一任技术负责人或项目副经理或项目经理经历。

5.4.4 编制招标文件

1）主要合同条款

通用条款见中华人民共和国《标准施工招标文件》(2007年版)；专用条款具体内容如下：

(1) 公路工程专用合同条款

采用中华人民共和国交通运输部《公路工程标准施工招标文件(2010年版)》第四章第二节“专用合同条款”之A.公路工程专用合同条款。

(2) 项目专用合同条款

如果项目专用合同条款与公路工程专用合同条款之间有不符之处，以项目专用合同条款为准。

2）交通运输中的场外交通补充

承包人应自行修建场内及场外施工便道和临时排水、取水设施，确保车辆在施工期间正常通行，相关建设费用含在承包人的报价中，发包人不另行计量与支付。

3）施工控制网需要补充的内容

在合同工程的整个施工期间，承包人必须对原有非施工范围内的国家基准点进行维护。如测量基准网点或标志受到损坏，则承包人应立即报告监理人，并负责立即恢复，承担修复和赔偿费用，并在工程竣工后将施工控制网点移交给发包人。

在监理人或设计图纸书面给定的原始基准点、基准线和基准高程的基础上进行精心复测，检查其准确性，并为工程施工进行合理的控制网加密测量，上述这些复测和加密测量成果在得到监理人检查和批准后，进行精确的工程放线，并对本工程各部分的位置、标高、尺寸及其线形的正确性负责，并将施工控制网资料报送监理人审批。

承包人应当将每次施工测量资料报监理人审核，对于重要的主体工程的施工测量资料，应至少在施工前 2 天通知监理人进行复测。承包人配备的测量仪器和工具必须合格和满足工程精度的要求。在施工过程中，承包人应经常对使用的测量仪器进行定期检查与校正，填写检查证书报监理人核查。

监理人对放样、线形或标高的核查，均不应解除承包人对其上述工作准确性所负的责任。承包人应有效地保护一切基准点、标桩和其他有关标志，必要时，应按监理人的要求，把红线内的基准点、标桩和其他有关标志移至红线外便于保护的地方，并妥善保管至工程交工验收结束。其费用由承包人负责。

4）进度计划补充

工程款支付按工程实际进度执行，每月按已完合格工程量的 75%支付进度款（资料齐全），付款时间为工程量核定后 28 天内支付；分项工程验收符合合同要求并经项目管理单位、跟踪审计单位、监理单位审核并经发包人确认，承包人按规定交齐发包人全部的竣工资料后付至已完合格工程量的 80%。

余款经具有资质的政府审计结算审核完成后 30 日内一次性无息付清（扣完水电费、各种违约金等）。

扣回工程预付款按比例抵扣进度款，完成合同价款 50%时扣完。逾期付款违约金的利率：不考虑。质量保证金百分比：支付额的 5%，质量保证金限额：5%合同价格，逾期交工违约金：10 000 元/天，逾期交工违约金限额：10%签约合同价。

承包人提出的合理化建议降低了合同价格或者提高了工程经济效益的，发包人不予奖励。

在合同总工期未变的前提下，发包人或监理人根据工程实际情况或他认为有必要的任何其他理由而对工程分阶段所进行的进度计划调整，承包人应无条件地服从。由此而可能引起工程费用投入的变化发包人将不另考虑。

5）工期延误

（1）异常恶劣气候条件的细化

异常恶劣的气候条件，指以月计的某个时期的恶劣气候比当地气象部门 20 年的统计资料、以 10 年一遇的频率计算的平均气候还要恶劣的天气，异常恶劣的气候条件，对本项目而言，指发生烈度七度以上（含七度）地震、龙卷风、工地受淹超过桥梁设计洪水位等引起的延误的情况。

(2) 承包人的工期延误

工程延误，由监理人根据承包人提交的证明予以评定。但在进行上述评定时还将考虑按同等标准以同期或其他月份异常良好的气候予以抵补。异常气候在每个月对工程进度影响的评定，应在整个合同期内予以累计。

因发现文物，需要进行保护性挖掘，而引起的工期延误，由承包人与发包人协商工期延长并协商补偿费用。

6) 工程质量

(1) 工程质量要求补充

承包人应采取一切必要的措施，严格执行技术规范各项规定，以保证达到合同规定的质量要求，在工程竣工质量要求较招标文件技术规范未发生改变的情况下，即使发包人或监理人对施工工艺提出了特别要求，承包人也不得就此要求发包人给予额外费用补贴，由此发生的一切费用视为已计入投标报价中。

(2) 试验和检验中试验的配合

在合同实施期间，根据工程需要，发包人可能在本工程工地进行合同中未做明确规定的有关试验，承包人应积极给予配合。由此而产生的费用问题，由发包人与承包人协商解决。

7) 变更权补充

如有某一项工程内容变更后的工程量在原有工程量的基础上增加了15%及以上时，则发包人有权对该项的单价进行调整。变更后工程量在原报价清单工程量基础上增加15%以下或者减少时单价不调整。

变更的估价原则细化为:变更工程价格的增加或减少金额，应首先以工程量清单中的单价或总额价为依据;如果工程量清单中有该变更项目的单价则直接采用，如没有变更项目的单价但有可参照的单价，则由监理单位、审计单位、项目管理单位按照此单价进行调整后给出变更后项目单价，如无变更项目的单价，则以下列程序确定新增单价:

①根据变更发生时的价格水平或价格行情确定原材料价格，采用此原材料价格计算的新增项目单价，不调整材差;

②根据投标时江苏省现行预算定额及其编制办法测算所得单价为预算单价 A。

新增单价 $B=A\times\frac{\text{合同总价}}{\text{标底(或限价)}}$

如$\frac{\text{合同总价}}{\text{标底(或限价)}}$小于等于0.85时，则按 $B=A\times0.85$ 计算新增单价。

如果没有配套定额，则由承包人与监理工程师及建设方根据工料机消耗共同测算新增单价 B，并报政府审计部门审核确定最终单价。

8) 承包人的合理化建议

承包人提出的合理化建议降低了合同价格或者提高了工程经济效益的，发包人不予奖励。

不可预见费作为工程不可预见和自然不可预见的预备费用，按工程量清单小计的10%计列并计入投标总价中。不可预见费由建设方控制使用，根据实际发生额，经设计单位确认、项目管理单位、监理及审计单位审核，并最终由建设方批准后，据实支付，最高限额为工程量清单中所列数额。

9）工程量清单与价格调整补充

清单方面：中标后，建设方有权对原投标单价中的不合理单价进行调整，但是投标总价不变。所有有效投标报价的主要单项单价的平均值下浮5%后为基准单价，清单单价调整范围为基准单价的110%～85%。

价格方面：物价波动引起的价格调整，本款约定为合同单价不调整。法律变化引起的价格调整，本款约定为在送交投标文件截止期前28天之后，即使国家或省颁布的法律、法规出现修改或变更，发包人对合同价格也不作调整。

10）计量与支付

政府根据现行税法和有关部门现行规定就本合同项下向承包人征收的所有规费、税金等，均由承包人摊入各工程细目的单价中，不另报价。建设方给承包人的支付款将按上述规定代征代缴营业税及附加税等税种，在期中支付款项中扣除相应部分款项，承包人漏计的规费、税金视为已计入相关细目的单价中。

所有计量付款前的工程量，必须由监理单位、跟踪审计单位、项目管理单位共同审核并经发包人同意后给予计量与支付。

开工预付款：合同签订后一周内支付合同价的8%。

工程款支付按工程实际进度执行，每月按已完合格工程量的75%支付进度款(资料齐全)，付款时间为工程量核定后28天内支付；分项工程验收符合合同要求并经项目管理单位、跟踪审计单位、监理单位审核并经发包人确认，承包人按规定交齐发包人全部的竣工资料后付至已完合格工程量的80%。

余款经具有资质的政府审计结算审核完成后30日内一次性无息付清(扣完水电费、各种违约金等)。

工程预付款按比例抵扣进度款，完成合同价款50%时扣完。

11）确保民工工资按时足额到位

①承包人应按照《劳动法》规定雇用和使用民工，工资将直接发放给民工本人，严禁发放给“包工头”。

②如果发生违反规定拖欠或克扣民工工资行为，造成民工上访，及其他突发事件或公共事件，发包人将对承包人执行暂停承包人1年时间参加发包人招标项目投标资格的处罚，同时报交通行政主管部门。

③承包人必须按照南京市人民政府宁政办发〔2006〕51号文的要求，向南京市建筑工程局民工工资保障金管理办公室缴纳民工工资保障金。承包人与发包人签订施工合同时，发包人应当要求承包人出具缴纳保障金的证明。

5.4.5 开标、评标和定标

该部分具体内容参照本手册3.3.5节，在此不再重复介绍。

6 货物类项目招标

货物采购在项目实施中具有举足轻重的地位，是项目建设成败的关键因素之一。从某种意义上讲，货物采购工作是项目的重要环节，合理有效地进行货物采购，对整个项目的成本控制、质量控制、进度控制等都是十分有利的。

本项目京沪高铁南京南站的货物招标具有标的额大、技术复杂、交货期紧等特点，这就对招标人进行招标活动提出了更高的要求。本章着重介绍该项目在实施过程中较为重要的几个货物采购案例。

6.1 货物类项目招标内容及范围

工程项目货物采购的内容主要包括材料、机械设备、服务及其他采购。《工程建设项目货物招标投标办法》(简称七部委第 27 号令)对工程建设项目货物招标的招标范围有明确的规定。主要内容如下：

(1) 七部委第 27 号令明确，工程建设项目符合《工程建设项目招标范围和规模标准规定》(原国家计委令第 3 号)规定的范围和标准的，必须通过招标选择货物供应单位。

(2) 项目实行总承包招标时，未包括在总承包范围内的货物达到国家规定规模标准的，应当由工程建设项目招标人依法组织招标。

(3) 项目实行总承包招标时，以暂估价形式包括在总承包范围内的货物达到国家规定规模标准的，应当由中标人和工程建设项目招标人共同依法组织招标。

(4) 任何单位和个人不得将依法必须进行招标的项目化整为零或者以其他任何方式规避招标。

(5) 国家重点建设项目、地方重点建设项目其货物采购应当公开招标的，有下列情形之一，经批准可以进行邀请招标。

① 货物技术复杂或有特殊要求，只有少量几家潜在投标人可供选择的；

② 涉及国家安全、国家秘密或者抢险救灾，适宜招标但不宜公开招标的；

③ 拟公开招标的费用与拟公开招标的节资相比，得不偿失的；

④ 法律、行政法规规定不宜公开招标的。

本项目南京南站大型交通枢纽工程货物采购招标的内容与一般交通枢纽工程类似，主要包括屋顶光伏发电设备采购、电梯采购、空调采购、配电房设备采购、建筑智能化系统及服务(票务系统、客流监控系统等)、泵站设备采购以及其他采购。

南京南站项目货物类项目招标内容及范围详见表 6.1。

表 6.1　货物类招标内容及范围一览表

序号	项目名称	招标范围
1	京沪高铁南京南站屋顶光伏并网示范应用工程设备采购及安装调试	光伏并网系统中从光伏组件到光伏并网逆变器的所有设备(包括光伏组件至光伏并网逆变器间的所有电缆及安装配件)安装调试和售后服务
2	南京南站南北广场（北广场）发电机组采购安装	发电机组；2 台 VP200
3	南京南站南北广场（北广场）空调采购	空调机组采购、安装及服务
4	南京南站南北广场(北广场)电梯采购及相关服务	垂直电梯 4 台，自动扶梯 10 台；包括电梯设备的采购、安装及服务
5	南京南站地区农花河泵站及调蓄水池设备采购及安装项目	泵房设备采购、现场安装及调试
6	南京南站配电房设备采购、安装及调试项目	1 000 kV・A 分裂绕组升压变压器 7 台，500 kV・A 双绕组升压变压器 1 台，24 kV 进线柜 7 台，24 kV 出线柜 1 台，24 kV母线设备柜 1 台，以及配电房内电气、线路、暖通系统的施工
7	南京交通主枢纽南站综合管理与信息服务系统工程建设	汽车客运南站建筑智能化工程中的所有设备、软件和系统集成服务的全部内容。包括系统的安装、测试、系统联调、开通及验收、培训工作；在系统集成中解决全部技术问题及相关设备的联调问题；设计、开发、供货、系统集成、安装、调试、培训、保修及其他相关服务
8	南京南站地区石材采购	花岗岩侧石、条石、树池及花池采购
9	南京南站地区市政道路二期石材采购	花岗岩侧石、条石、树池及花池采购
10	京沪高铁南京站、南京南站退料采购商竞争性谈判	各仓库退料采购商的确定

6.2 货物类项目招标规则及评标办法

6.2.1 货物类项目招标规则

招标活动应遵守国家法律、法规及各项规范的规定。货物招标应遵循招标人对货物的各项要求，包括货物品目、技术规范、交货期、货物到现场的方式、主要性能指标、售后服务、培训等要求。货物招标的目的在于获取优良设备材料，使设备、材料使用的生命周期所需成本最小化。招标过程应遵循目标最大化实现原则，尽力达到招标人的所有既定要求和目标。

工程项目货物招标投标活动除应遵循公开、公平、公正和诚实信用的原则外，还应遵守下列原则：

(1) 质量保证原则。招标采购的货物必须保证质量，必须符合设计文件和合同文件对货物的技术性能方面的要求。

(2) 安全保证原则。招标采购的货物必须安全，在运输、安装、调试和使用过程中，要保证人身和财产的绝对安全。

(3) 进度保证原则。招标采购的货物必须按期到货，保证与工程项目相关各方面的进度要求一致，不因货物供应进度产生问题，而影响工程总进度，使项目拖期。

(4) 经济原则。在保证货物质量前提下，货物必须遵守低成本、低价格、使用时低消耗的原则，每种货物的购置费用，原则上不应超过计划安排的投资额。

(5) 国产化原则。货物采购要立足国内，除个别关键设备国内无法生产以外，凡是国内能生产的，且能保证质量的，原则上就不应再到国外采购。

货物招标过程中应注意的问题：

(1) 注意货物品牌对价格的影响。货物品牌差异对价格的影响极大，招标前招标人应首先确定对货物的心理定位，确定货物的档次，如中档、中高档、高档、国产中档、进口高档等。

(2) 注意招标范围对报价的影响。招标人应首先确定招标范围所涵盖的后续服务，明确是否含有安装及维修服务，维修保养的响应时间，维保期间备品备件是否包换还是由建设方购买。如空调的管道、风口是否包含在设备采购合同中；如电梯面板的价格高且易损坏，维修时配件是否包换等问题。

(3) 注意与主体工程的交叉界面。所有货物招标均存在与主体工程的交叉界面问题，在招标文件中应明确交叉界面工作的分配。如电梯招标中，电梯的井道尺寸不符，需要加固或修改，这项工作应由施工方承担还是设备提供方承担；如弱电工程的支架及管廊是由施工方完成还是由设备提供方自行施工等问题。

(4) 注意招标文件的技术要求。货物招标的技术要求繁杂，变化多，更新速度快。技术文件范本及本手册中给出的是一般项目的技术要求，在编写具体招标文件时需根据实际情况进行调整，并结合最新的技术规范及最新的技术。

6.2.2 货物类项目评标办法

1）综合评分法

综合评分法是指在最大限度地满足招标文件实质性要求的前提下，按照招标文件中规定的各项因素进行综合评审后，以评标总得分最高的投标人作为中标候选供应商或者中标供应商的评标办法。

综合评分的主要因素是：价格、技术、财务状况、信誉、业绩、服务、对招标文件的响应程度，以及相应的比重或者权值等。上述因素应当在招标文件中事先规定。

评标时，评标委员会各成员应当独立对每个有效投标人的标书进行评价、打分，然后汇总每个投标人每项评分因素的得分。

采用综合评分法的，货物项目的价格分值占总分值的比重为30%～60%；服务项目的价格分值占总分值的比重为10%～30%。

评标总得分$=F_1\times A_1+F_2\times A_2+\cdots+F_n\times A_n$

$F_1,F_2,\cdots,F_n$ 分别为各项评分因素的汇总得分；

$A_1,A_2,\cdots,A_n$ 分别为各项评分因素所占的权重($A_1+A_2+\cdots+A_n=1$)。

适用范围：用于技术复杂或技术规格、性能、制作工艺要求难以统一的货物。

(1) 优点

综合评分法是一种较为成熟的评标方法，也是我国目前工程货物招标采用最多的一种评标方法，其适用范围广泛，还可运用到不同专业的招标评标。而且评标因素覆盖面较广，需要专家对各种相关因素都进行量化评分，评标结果有一定说服力，并且在评标过程公平、公正的情况下，有利于选择较好的承包人。

(2) 缺点

综合评分法需要专家对各项因素进行综合评审，评审过程中人为主观因素很多，很难避免对中标结果的影响，尤其对报价以外的技术、经济指标评审很难给定一个标准的尺度，导致评审结果的透明度不高。而且在报价评审中大体采用低价优先原则、高价优先原则和平均价优先原则三种模式，不同的报价评定方法就决定了不同的中标人，而每一种评标价确定方法都有各自的特性，很难说哪种价格的确定方法更好，因此中标人的确定很难有强有力的说服性。

(3) 综合评分法使用中应注意的问题

①代理机构在制定招标文件时对综合评分法的评审因素进行合理设定

在选择综合评分法时，不同项目应该根据各自的特性选择不同的评审因素和不同的权值。在综合评分法使用过程中如突出技术指标或服务能力，淡化价格因素，将会抬高报价。

②注意对异常报价的甄别

通过专家评估法和财务指标法可以甄别出异常报价的投标商，从而剔除不合格的投标商，但在下结论时一定要遵循少数服从多数的原则，通过评标委员会的投票来得出最后结论，以免带来不必要的纠纷。专家评估法即由评标专家根据自己的知识和经验，结合招标项目的具体情况来判断投标报价是否低于成本。财务指标法就是以经过有关机构审计确认的投标人上一年度的财务会计报表(损益表)所反映的财务成本指标作为依据，来确定投标人的成本。

2）最低评标价法

最低评标价法是以价格为主要因素确定中标候选供应商的评标办法，即在全部满足招标文件实质性要求的前提下，评标专家依据同意的价格要素评定最低报价，以提出最低报价的投标人作为中标候选供应商或者中标供应商的评标方法。其适用范围是对于那些招标范围相对明确、且能以公认的标准或广泛认可的规格说明进行招标的事项，换句话说就是工艺简单或技术规格、性能、制作工艺要求统一的货物。国家七部委《评标委员会和评标方法暂行规定》第三十条规定，“经评审的最低投标价法一般适用于具有通用技术、性能标准或者招标人对其技术、性能没有特殊要求的招标项目。”按照财政部《政府采购招标投标管理暂行办法》第六条的规定，“此种办法一般适用于标的物技术含量不高且与其他物品关联度不强的招标。”

（1）优点

最主要的优点就是容易理解，操作简单，目标明确，尤其是招标人对货物价格的控制，能较好地规避招标过程中的人为暗箱操作和主观因素对中标结果的影响。

（2）缺点

我国目前对最低评标价法的评标标准难以掌握，何为合理最低价，如何判定投标报价的合理与否，使得其适用范围太窄，而且过低的价格使中标供应商很难在质量、交货时机和售后服务整体水平表现其特有的优势。另外，采取这一评标方式，招标文件中对货物的技术参数与相关要求必须非常具体明确，否则非常容易导致合同实施过程中的纠纷，而且容易以较低价选中绩效能力低的供应商，最终导致货物的质量水平不高，且售后服务不尽如人意的结果。

（3）使用中应注意的问题

利用最低评标价法作为评标的主要标准并不意味着提供最低价格的供应商就是中标单位。在市场经济条件下，同一型号的货物，在不同的使用条件下，不同的生产时期，不同的经营管理方法，会形成不同的所有权成本，所以同一型号的货物由不同的供应商参加报价，其最低报价不同也是理所当然的，只要其最低报价是根据自己企业的实际测算的成本加企业最低利润的收入而形成的报价，则其最低报价就是合理报价。因此，评标专家在评审投标人成本报价时应转变最低报价就是最优的评审理念，提高评审水平，评审时应充分考虑以下因素：

①企业性质及管理模式的不同对货物的所有权成本构成了一定的影响

在这里我们应该考虑货物所有权总成本的构成，即采购成本、运营成本、预防性维护成本、修理成本、处置成本 、企业资金成本、保险（保护货物免遭丢失或损坏）及防止公司产品被使用而引起的诉讼和索赔等其他成本、其他的一些考虑因素。

②不同供应商的报价可能导致不同的成本水平，还要考虑时间成本的重要性

由于货币的时间价值（支付利息的基础），这种时间效果选择很重要，考虑产品整个寿命周期成本的同时获得一些机会成本。

③企业绩效能力对供应商成本的影响

考察企业绩效能力的两个关键因素就是企业的实际能力和积极性。简单地说就是考虑企业能否满足常规需求的能力、保证质量、客户服务满意度、供应能力、供应商创新

能力、对合同条款的服从情况等。

评标专家组在评审过程中综合这些因素后，根据不同供应商分别确定不同的成本价，再与各自投标报价进行比较，低于自己成本价的不予考虑，在剩余所有的有效标中选择最低价作为中标人，只有这样做才是真正的公平竞争，这也是货物招标的本意。

3）性价比法

性价比法是指按照要求对投标文件进行评审后，计算出每个有效投标人除价格因素以外的其他各项评分因素（包括技术、财务状况、信誉、业绩、服务、对招标文件的响应程度等）的汇总得分，并除以该投标人的投标报价，以商数（评标总得分）最高的投标人为中标候选供应商或者中标供应商的评标方法。

评标总得分$=B/N$

B 为投标人的综合得分，N 为投标人的投标报价。

$B=F_1\times A_1+F_2\times A_2+\cdots+F_n\times A_n$

$F_1,F_2,\cdots,F_n$ 分别为除价格因素以外的其他各项评分因素的汇总得分；$A_1,A_2,\cdots,A_n$ 分别为除价格因素以外的其他各项因素所占的权重（$A_1+A_2+\cdots+A_n=1$）。

性价比法适用于对标的性能要求较高的，或是对标的价格很难确定的项目。

（1）优点

性价比法和综合评分法考虑的主要因素都是价格、技术、财务状况、信誉、业绩、服务和对招标文件的响应程度。但是性价比法追求性能和价格的最佳结合点。性价比法是将价格作为分母与其他各项因素得分总和相除，即各投标人评标得分与自己投标报价成反比例关系，综合评分法是将价格作为权值因素之一。

（2）缺点

性价比法和综合评分法类似，无法对人为主观因素方面进行控制，而且计算比较复杂。

（3）性价比法使用中应当注意的问题

①按性价比评标应采用技术标书、商务标书的相关资料与投标报价表相分离

由于投标报价表直接与中标结果相联系，技术标书、商务标书的相关资料应该与投标报价表分离，这样能够避免评标委员会在评标中容易受价格因素的影响，真正把技术性能、售后服务、实力企业等综合情况评审出来，从而体现评审过程的公平、公正性。

②正确考虑性能与价格两个变量之间的关系

在性价比法中报价作为分母，其本身就是一个变量，技术性能档次高的产品价格也高，技术性能低档的价格也低。而作为分子的综合得分也是趋于0～100的一个变量，二者之间的不确定性使评委很难把性价比最好的供应商挑选出来。评标专家应该合理利用VA/AE关系来确定两个变量之间的关系，通过寻求价值增值的结构性使评标达到以最低的产品成本获得最佳使用功能的产品的目的。

本项目所有货物招标均采用综合评分法进行评标。

6.3 案例一：南京南站屋顶光伏并网工程设备采购项目

6.3.1 项目概述

南京南站屋顶总面积约 10 万 m^2，项目建成后的装机容量约为 10.67 MW，项目建设投资约为 2.767 亿元（不包括建设期利息、南京南站设计变更费用和因设计变更而增加的与相同发电量的火电厂相比，每年节省标煤约 2 636.2 t，每年减轻工程成本），总投资约为 3.06 亿元，项目运营期 25 年。减少排放温室效应性气体二氧化碳 9 226 t，此外还可节约用水，减少相应的废水和温排水等对水环境的污染。

该工程是目前国内最大规模的单体太阳能一体化建筑，建成后成为南京市环保节能的新标杆，具有重要的示范意义。南京南站屋顶光伏项目利用南京南站站房两侧的无站台柱雨棚屋顶安装光伏发电设备，创造了几个业界第一：单体装机容量最大（至少 10.67 MWP）；电池转换效率最高（18.50%）；设计及施工难度最大。建筑中轴线南偏东 28.4°，由此导致东西两侧雨棚屋顶可发电区域不对称，但为了保证建筑物的整体效果需要做成对称的；4 m 高的主桁架和 2 m 高的次桁架纵横交错将无站台柱雨棚屋顶分割为 182 个凹陷的小屋面，凹陷的小屋面内的阴影变化复杂。

本项目光伏系统由光伏组件、支架系统、方阵防雷直流汇流箱、逆变器（含配电保护系统）、直流配电柜、交流配电柜和系统的通信监控装置组成。并网发电系统通过光伏数组将接收来的太阳辐射能量经过高频直流转换后变成高压直流电，经过逆变器逆变后向电网输出与电网电压同频、同相的正弦交流电流。

光伏工程是一个复杂的，技术含量很高的技术项目。任何一项光伏工程的方案，都具有科研的性质，既要量身定做，又必须应对变化。所以，光伏工程不像其他成熟的电气工程那样规范，也不存在一个成熟的有竞争性的光伏工程市场。随着节能事业越来越被重视，光伏工程需求日益增多，参加光伏工程的竞标者，大部分是一些随市场应运而生的太阳能公司，这些公司有的是采购太阳能电池组件和逆变器集成公司；有的是单一生产电池或逆变器的厂家；还有很多的是生产或经营太阳能热水器的公司；而招标者也少有专业人士。招标者和竞标者都对光伏工程技术缺乏基本了解。

6.3.2 光伏采购招标与工程施工招标的差异

光伏的设备采购和工程的施工都是通过招标的方式来确定设备的供货商、施工的承包商，但是这两种招标在招标的内容、评标的标准、招标人的期望重点、投标人的素质和参与招投标的意识等许多方面存在着不少的差异，见表 6.2。

表 6.2　光伏采购招标与工程施工招标的差异

序号	差异点	光伏采购招标	工程施工招标
1	招标的标的物不同	已经稳定生产的、成熟定型的产品	按照招标特定条件的一次性成品

续表 6.2

序号	差异点	光伏采购招标	工程施工招标
2	招标人对招标结果期望的重点不同	产品的性能、使用寿命及发电效率是首要的，在此基础上再考虑投标报价的因素	只要能完成工程建设的目标，应力求投资花费尽可能少，工期尽可能短
3	评分标准中投标报价分值所占的比重不同	投标人的报价得分一般不超过总分的 60%	投标人的报价得分所占比重较大，一般在总分的 60%～80%，技术不复杂的施工项目报价得分往往是 100%
4	招标项目所要求的伴随服务不同	设备除按期运达指定地点外，中标人尚需进行设备的安装、调试及试运转期间的技术服务，对操作员的技术培训，质保期内及质保期后的售后服务	仅负责工程施工完工后缺陷责任期内的免费修复、保修期内的质量事故的维修服务
5	投标人的身份可以有差异	可以是设备的直接生产厂家	只能是施工的承包商
6	投标人投标报价的依据不同，合同结算价的计价方式不同	以招标文件要求的设备及设备数量、技术规格、质量标准、交货日期为准，进行投标报价。如果是固定总价合同，中标价就是最终的合同估算价	以招标文件提供的工程量清单为依据，投标人自行测算各子目单价，进行投标报价。工程决算则以投标子目单价乘以实际签认的工程量，最终确定竣工的工程量结算价。如果是固定单价合同，其结算价与投标报价一般不会相同
7	招标文件编制的规范性有差异	没有统一的"技术要求"做依托，招标文件编写的质量完全取决于招标人（招标代理）的水平和经验	有"标准文件"为依据，对招标文件的组成、通用合同条款、专用合同条款、投标文件格式、招标文件的用词用语等均有规范的文本做依托

6.3.3 招标过程

1）主要设备技术要求及设备清单

本手册中货物类项目招标文件的编写均参照江苏省交通厅《江苏省交通行业与产业项目国内招标文件范本·货物采购(2005 年版)》及《南京市交通项目货物采购招标文件项目通用本》完成。

(1) 有关设备生产及安装应遵循以下规范和标准

- DL/T 527—2002　静态继电保护装置逆变电源技术条件
- GB/T 13384—2008　机电产品包装通用技术条件
- GB/T 14537—1993　量度继电器和保护装置的冲击与碰撞试验

- ➢ GB 16836—2003 量度继电器和保护装置安全设计的一般要求
- ➢ DL/T 478—2010 继电保护和安全自动装置通用技术条件
- ➢ GB/T 191—2008 包装储运图示标志
- ➢ GB/T 19939—2005 光伏系统并网技术要求
- ➢ GB/T 20046—2006 光伏(PV)系统电网接口特性
- ➢ GB/Z 19964—2005 光伏发电站接入电力系统技术规定
- ➢ GB/T 2423.1—2008 电工电子产品环境试验 第 2 部分 试验方法 试验 A：低温
- ➢ GB/T 2423.2—2008 电工电子产品环境试验 第 2 部分 试验方法 试验 B：高温
- ➢ GB/T 2423.3—2008 电工电子产品环境试验 第 2 部分 试验方法 试验 Cad：设备用恒定湿热
- ➢ GB 4208—2008 外壳防护等级(IP 代码)
- ➢ GB 3859.2—1993 半导体变流器 应用导则
- ➢ GB/T 14549—1993 电能质量 公用电网谐波
- ➢ GB/T 15543—2008 电能质量 三相电压不平衡
- ➢ GB 50345—2012 屋面工程技术规范

(2) 光伏并网发电设备清单如表 6.3 所示。

表 6.3 光伏并网发电设备清单

序号	设备名称	设备数量	单价(元)	金额(元)	备注
1	光伏组件及其支架系统				
1)	光伏组件	6.98 MW			单晶硅组件
2)	支架系统	满足所有光伏组件安装要求			根据所报组件以及相应图纸,自行设计。单独报价
2	100 kW 逆变器	70 台			
3	光伏防雷型汇流箱				根据已有设备数量以及相应图纸,自行设计。单独报价,接线方式 6 进以上
4	逆变器监控系统和通信配套软件				
5	直流配电柜	70 台			单独报价
6	光照、风向风速仪、环境温度传感器及附件				
7	急用的备品备件				
8	安装、检修专用工具				

续表 6.3

序号	设备名称	设备数量	单价（元）	金额（元）	备注
9	数据采集器	20 套			逆变器室内
10	组件之间，组件至汇流箱，汇流箱至直流配电柜、直流配电柜与逆变器直流侧的连接电力电缆、电缆附件、二次电缆及桥架				单独报单位价格，最终根据实际使用量，多退少补
1）	光伏专用电缆 2×4	60 km			电池板之间、电池板至汇流箱用
2）	ZA-YJV22－1.0－2×95	30 km			汇流箱至直流配电柜用
3）	ZA-YJV22－1.0－2×70	3 km			直流配电柜至逆变器用
4）	KVVP22－1.0－4×0.5	3 km			二次电缆
5）	桥架 1－200×150	4.5 km			热镀锌钢材
6）	桥架 2－400×200	5 km			热镀锌钢材
11	安装调试费				
清单小计					
安全文明施工措施费（序号 1＋序号 2＋序号 3＋序号 5＋序号 11）×0.7％					
不可预见费（序号 11×10％）					
投标总价（清单小计＋安全文明施工措施费＋不可预见费）					

（3）光伏组件技术要求

①光伏组件需通过 TUV 和国内权威机构认证，并符合国家强制性标准要求。

②光伏组件正常条件下的使用寿命需不低于 25 年，在 10 年内输出功率不低于标准功率的 90％，在 20 年使用期限内输出功率不低于标准功率的 80％。

③同一批次光伏组件的电池片上表面应颜色均匀一致，无机械损伤，焊点无氧化斑。

④光伏组件的每片电池与互连条应排列整齐，组件的框架整洁无腐蚀斑点。

⑤光伏组件的封装层中没有气泡或脱层，气泡或脱层的几何尺寸和个数符合相应的产品详细规范规定。

⑥光伏组件在正常条件下绝缘电阻应不低于 200 MΩ。

⑦光伏组件受光面应有较好的自洁能力，表面抗腐蚀、抗磨损能力满足相应的国标要求。

⑧采用 EVA、玻璃等层压封装的光伏组件，EVA 的交联度大于 65％，EVA 与玻璃的剥离强度大于 30 N/cm^2。EVA 与光伏组件背板剥离强度大于 15 N/cm^2。

⑨光伏组件应在统一的地方应粘贴产品标签，标签上注明产品商标、规格、型号及产

品参数等，标签保证能够抵抗10年以上的自然环境的侵害而不脱落，标签上的字迹不能被轻易抹掉。

⑩光伏组件的产品包装应符合相应标准的要求，外包装坚固，内部对组件有牢靠的加固措施及防撞措施。全包装箱在箱面上标出中心位置，装卸方式、储运注意标识等内容。

光伏组件技术数据见表6.4。

表6.4 光伏组件技术数据表

序号	名称	要求值	投标方提供值	备注
1	峰值功率1(W)	200 W		
2	组件尺寸1(mm)	1 580 mm×808 mm×50 mm (长×宽×高)		
3	峰值功率2(W)	250 W		
4	组件尺寸2(mm)	1 640 mm×990 mm×50 mm (长×宽×高)		
5	全部组件	满足以上技术条款		
6	组件效率	不低于15%		

(4) 光伏组件支架技术要求

①结合图纸，充分考虑屋顶特点及荷载要求。

②易于快速安装。

③满足南京地区雪压、风压要求。

④满足光伏组件25年的使用寿命。

光伏组件支架技术数据见表6.5。

表6.5 光伏组件支架技术数据表

序号	名称	要求值	投标方提供值	备注
1	支架材质	铝合金		
2	支架数量	满足全部组件安装需要		
3	支架安装方式	—		根据建筑图纸， 投标人自行提供
4	全部支架	满足以上技术条款		

(5) 逆变器技术要求

逆变器需采用专用DSP芯片控制，主电路采用最先进的智能功率IGBT模块组装，并采用电流控制型PWM有源逆变技术。电源需克服晶闸管有源逆变的一切弊病，需可靠性高，保护功能全，且具有电网侧高功率因数正弦波电流、无谐波污染供电等特点。具体为：

①应数字化DSP控制；原装进口智能功率模块组装。

②MPPT控制，适时追踪光伏的最大输出功率。

③纯正弦波输出，能自动同步电网，电流谐波含量小，对电网无污染、无冲击。

④扰动检查技术，应实现反孤岛运行控制。

⑤控制部分需采用高速度的微处理器为核心的控制部件，具有输出过载，输出高、低电压保护动作快，抗干扰能力强，稳压精度高等特性。

⑥输出短路保护，应采用输出回路检测保护和模块饱和压降检测等双重保护，提高短路保护的可靠性。

⑦逆变器输出部分应装有射频滤波器，使逆变器所带的负载（电网）免受高频谐波的干扰。

⑧友好的人机接口界面，可以通过触摸式显示面板就能很清楚地了解系统的运行状态。比如：直流侧电压、电流、网侧电压、电流、频率等参数都能显示。

⑨有各种报警功能，比如有电网异常等报警，输出欠、过压报警等。

⑩具有直流输入手动分断开关，交流电网手动分断开关，开关机操作按钮等。

逆变器技术数据见表 6.6。

表 6.6 逆变器技术数据表

序号	名称	要求值	投标方提供值	备注
1	逆变电源容量	100 kW		
2	全部逆变器	满足以上技术条款		

（6）光伏防雷型汇流箱技术要求

投标方根据提供的光伏组件的数量以及汇流箱数量情况，提供汇流箱。

①防水、防灰、防锈、防晒，能够满足室外安装使用要求，防护等级 IP65 及以上，满足室外安装技术要求。

②能够接入 12 路太阳电池组串，即应有 12 对正、负极接线端子，每路电池串列的允许最大电流 10 A；能够接入 8 路太阳电池组串，即应有 8 对正、负极接线端子，每路电池串列的允许最大电流 10 A。

③汇流箱可接入最大太阳电池组串开路电压（最大直流电压）为 1 000 V 以上（含 1 000 V）。

④使用高压直流保险丝进行每路光伏组串的正负极保护，即 1 个 12 路输入的汇流箱带 24 只熔丝保护；1 个 8 路输入的汇流箱带 16 只熔丝保护。保险丝电流按 10 A 考虑，耐压要求达到直流 1 000 V 以上（含 1 000 V）。

⑤使用光伏专用高压防雷器，正极对地、负极对地、正负极之间都应防雷，额定电流 ≥15 kA，最大电流≥40 kA，保护电平 2.65 kV 以内，响应时间 25 ns 以内。

⑥使用能够承受直流 1 000 V 的直流断路器（汇流箱输出电流按照项目中标的组件参数设计确定）。

⑦直流输出母线的正极对地、负极对地、正负极之间配有光伏专用防雷器，防雷器选用国外知名品牌。

⑧直流输出母线端配有可分断的直流断路器，断路器选用知名品牌。

⑨汇流箱具有对各组串电池板进行电流检测和告警功能，提供 RS485 通信接口，与监控装置通信，进行电流监测和故障告警功能。

光伏防雷型汇流箱技术数据见表 6.7。

表 6.7 光伏防雷型汇流箱技术数据表

序号	名称	要求值	投标方提供值	备注
1	汇流箱内端子	魏德米勒或菲尼克斯端子		
2	全部汇流箱	满足以上技术条款		

(7) 直流配电柜技术要求

①每台 100 kW 逆变器匹配 1 台直流配电柜,每套直流配电柜应根据汇流箱台数及容量匹配相应直流输入接口(每路输入电流参数按组件招标后的参数设计确定)。

②柜内应设有断路器及操作开关(每路直流输入侧应配有可分断的直流断路器),以便于维护人员运行操作及检查。

③直流母线输出侧应配置光伏专用防雷器,具备雷击防护告警功能,标称放电电流大于 40 kA · V,防浪涌能力。

④直流母线输出侧配置 1 000 V 直流电压显示表,电流互感器以及电流表。

⑤室内放置的箱体防护等级不低于 IP54。

⑥直流柜柜体应采用 RITTAL 镀锌钢材制作而成,结构应密封、防尘、防潮,柜架和外壳应有足够的强度和刚度,应能承受所安装元件及短路时所产生的动、热稳定,同时不因运输等情况而影响设备的性能,还应便于运行维护。柜体为国外知名品牌。

(8) 逆变器监控系统、通讯配套软件及数据采集器技术要求

①实时数据显示与处理

采用召唤应答式规约,在线实现数据实时显示。对于实时数据处理后,可以参照对比专家系统意见,提供最佳电源使用优化方案。

对于系统电量、事故记录等非实时数据,根据电源系统采集周期,做定时采集、打包。在系统相应采集周期设定时间段内进行处理并备份。

拥有功能强大的类地理信息管理系统设计,能多站同时监控的主界面,能单站观测。数据处理全面,深刻,显示方式多样化。

②事故追忆

有离线事故和在线事故。能为不能长时间开启电脑的客户提供更多便利。

具备详细的事故记录(精确到秒,以时间段显示,同时记录系统所有运行参数备查)多种查询方式(按站点,按时间,按日期及其组合方式)。

能生成和打印报表,可以进行数据软件备份和数据硬件备份。

③十分强大的告警功能

具备报警参数设定,告警参数显示与保持;提供声音(内容可以自行选择,满足个性需求,同时提供 PC 机内部蜂鸣器报警,为用户节约电能)、光、短信、邮件、电话等报警方式。

④安全模式

对用户:提供权限管理、密码登录、无误操作设计,免费在线升级电源知识数据库,新电源用户学习影像资料。

对电源设备:能实时控制,参数全面具体(并网告警提供多种告警设计),有防误操作

处理功能。

⑤附加功能，人性化设计

应有人性化界面设计，数据显示需多样化，窗口排列设置应方便，避免重复运行的设计，有多种时间日期显示。

⑥不断创新，力求完美(无线监控介绍——可选项)

设备只需插入一张SIM卡，就可通过GSM网络以短消息或数据的形式完成远程的数据传输和收发，远程终端可以是PC机，移动手机或其他移动设备。

能适合于需频繁传输小流量数据和不宜铺设线路的应用场合，系统能够支持多站控制。

2）人员培训及售后服务

(1）人员培训

承包方免费负责对发包方运行和检修人员的培训工作，保证发包方掌握设备性能和特点，使发包方人员达到能独立进行管理、运营、故障处理、日常测试维护等工作，满足安全运行、设备检修的要求；在安装调试过程中，免费为发包方人员进行现场培训。

培训内容应包括：所提供设备的性能、技术原理和操作使用方法、维护管理的技术，实际操作练习，培训内容和时间应与工程进度相一致。

培训人数、时间等事宜在谈判时再由双方商定，承包方先报出人·天单价。

培训计划和内容列出如表6.8所示(培训的时间、人数、地点由投标人填写，招标人确认)：

表6.8　培训计划和内容

序号	培训内容	计划人天数	培训教师构成		地点	备注
			职称	人数		
1						
2						
3						

承包方为发包方培训人员提供设备、场地、资料等培训条件，并提供食宿和交通方便。

(2）售后服务要求

在设备使用过程中，如设备发生故障，供方在接到通知后，2 h内快速派出技术人员赶到现场解决问题，保证夜间维修完毕，不影响第二天发电。

供方保证保修期内不收任何费用，保修期后10年内只收硬件成本费。

6.3.4　合同应注意的条款

1）付款方式

第一次：合同生效后7日内支付合同总价的20%(中标人同时按同比例支付预付款保函)。

第二次：按工期节点支付设备款，设备全部到货后7日内支付至合同总价的50%。

第三次：设备安装调试结束，验收合格并通过有关部门检验发证，与招标人办好所有合同要求的货物及资料移交手续之后7天内支付至合同总价的80%。

第四次：审计结束后7日内，支付至审定价格的95%。

第五次：质保期(2年)满后，若无遗留问题，10天内无息支付余下的5%质保金。

2) 履行期限、地点和方式

工期：中标人接到中标通知书后所有设备于合同约定日期前供货完毕。合同约定建设周期前必须完成全部并网验收。

交付地点：某工地。

交付方式及费用：承包人送货到合同指定交付地点，运杂费由卖方承担。

3) 承包人违约

不履行合同，双倍返还发包人给付的预付款，并解除合同；若发包人还有其他损失，应当赔偿损失。

迟延履行，每迟延一天，按每天固定金额向发包人偿付违约金，最高不超过10%合同总价。

履行义务不符合合同的约定，发包人扣减其合同尾款。

由于承包人原因造成发包人商业损害，承担赔偿损失的责任。

6.3.5 开评标情况

本次招标共有六家单位提交投标书，资格审查情况为：F有限公司未提供证书、合同原件；B有限公司无施工资质；A有限公司提供了两份不一致的营业执照原件，其中一份营业执照注册资金是2 000万，另一份注册资金是5 000万元，经评标委员会一致认定，以上三家投标人资格审查不通过。

评标结果：通过综合评定，D有限公司为第一名，C有限公司为第二名，E有限公司为第三名。经评委认真综合评标，推荐D有限公司为第一中标候选人。

6.3.6 总结与建议

1) 光伏采购招标中经常出现的问题

(1) 招标文件对资质条件和工程项目的表述

在编制铁路南京南站屋顶光伏示范应用工程招标文件时，首先，资质条件的设定不能有偏向性，尽管国内的光伏企业较多，但各企业的注册资金、以往承接的类似项目业绩规模、企业的供货能力、安装能力等都各不相同，资质条件的设置要能吸引更多的潜在投标人参与该项目的投标。

其次，工程项目的表述不能含糊不清，招标的项目具体包括哪些内容、哪些设备、哪些材料以及对该项目的二次深化设计要求等内容要一一描述清楚和细致，特别是对于将来并网发电的要求必须明确，如描述不清楚则会造成招标不成功、流标，或者会造成中标人中标后对合同范围理解有争议，从而增加工程投资。因此，不充分设置资质条件或表述目的，将不能选择到合适供应商，也就失去了公开招标的意义。

(2) 招标文件编制的专业性要求

光伏应用技术是一项专门学科，编写招标文件时，免不了要运用该学科通用的专业名词和专业术语，遵从该专业的科学规律。例如，该招标文件中所述及的峰瓦(WP)单位，是光伏技术中最基本的一个概念，是指光电池在特定的光照条件下(每平方米

1 000 W太阳辐照强度)，在确定的温度(25 ℃)时，发电能力为1W的单元。由于这是光电池在一般情况下最高的发电能力，所以称之为峰(值)瓦，而平时的日照强度是远达不到这个标定值的。加上电池板的偏析，早晚、阴雨、空气透光度低及灰尘、阴影遮挡，甚至有自身的衰退和老化等因素，都会导致发电能力的大幅度降低，在应用中取值很低。因此，光伏应用是一项学科跨度大的科学技术，工程不仅包含电池组件，还包含电工、建筑、对光伏照明工程还有照明配件等知识。

在编写该项目招标文件时，招标文件编制者首先应了解光伏发电并网技术的原理及主要光伏组件的结构，其中光伏发电是根据光生伏特效应原理，利用太阳能电池将太阳光能直接转化为电能。不论是独立使用还是并网发电，光伏发电系统主要由太阳能电池板(组件)、控制器和逆变器三大部分组成，它们主要由电子元器件构成，不涉及机械部件，该系统是把太阳能转化为电能，直接通过并网逆变器，把电能送上电网。光伏组件是由太阳能电池片组合在一起构成，太阳能电池片可分为多晶硅太阳电池和单晶硅太阳电池。目前使用在该项目中的是单晶硅太阳电池，国际上通常将晶硅分为A类(最好)、B类(一般)和C类(较差)三类，往往三者之间的原料价格也相差较大，这在编制招标文件技术要求时应予以充分的考虑。

2) 对光伏采购招标工作的几点建议

针对上述光伏采购招标的特点和招标中经常出现的一些问题，提出如下的几点建议，供今后在设备采购招标工作中参考。

(1) 招标人(招标代理)应做好招标设备的前期调研工作

这里所说的调研重点是了解要招标设备的技术性能，国内外水平的现状，生产厂家有哪些，它们的产品目前能达到的稳定水平如何，再结合建设项目对该设备的实际需求，切实地编写出一份既能满足招标人对所招设备性能的要求，又在客观上生产厂家能够达到的技术条款。

(2) 招标文件技术条款的专家预审

招标人在定稿招标文件前，最好针对其中的技术条款邀请对口专业的专家做一次预审，按照专家提出的审阅意见，对技术条款做修改后，再发布。对于其中带“★”的一票否决的关键性条款，其技术指标要求更是要谨慎。

(3) 招标文件评标办法中废标条款的设置

设备采购招标的首要目的是优选性能好、价格合理且相对较低的产品中标，而不应一味地追求投标人的投标文件在形式上的完美和规范。因而，有些属于形式评审的诸如“签字与盖章”“授权书需不需要公证”“投标有效期”……之类的条款，建议从废标条款中删去，不必照搬施工招标文件评标办法中的相应条款，追求形式上的完美。因为，对这些条款，即使在投标文件中出现缺陷，也不会对投标产品的性能、投标报价或交货期产生影响；同时也不会导致对其他投标人的投标造成损害，从而涉及招标的公平、公正问题。应该说对这些非实质性的条款可以不考虑，至少不能作为废标条款。

(4) 应召开设备采购招标的标前会(预备会)

召开标前会(预备会)的目的是向设备采购招标的投标人讲清楚招标文件中所做的各项硬性规定和关键技术条款、关键商务条款，向他们宣传贯彻招投标工作中的惯常做法，贯彻诚实信用的招投标基本原则。通过召开标前会(预备会)达到使投标人了解政策、了解相关规定、吃透招标文件中的要求，力图尽可能地减少他们在编写投标文件或投标时出现不符合招标文件要求的“低级错误”，减少投标时的废标，增加投标的竞争性，达到设备采购招标的最终目的。

(5) 在招标文件中增添对投标人代表要求的条款

为有利于评标工作的顺利进行，招标人可在招标文件投标人须知中明确提出参加投标和准备接受询标的投标人代表中必须要有懂得所投设备性能的技术人员，确保评委会在评标时询标工作的开展。

(6) 在招标文件要求投标人填报的商务条款、技术条款偏离表一栏里，要对这两表的填报方式做出明确规定

在设备采购的招标文件中一般都会要求投标人在投标文件中填报商务条款、技术条款偏离表。很多投标人经常用“完全符合招标文件要求”一句话就算应答了，或者只填报有偏离的条目，其余条款就算符合招标文件要求了。这些都导致评委无法了解投标产品的具体性能，难以对各投标人的不同产品进行比较，给评审造成一定的困难。

因此，招标人可在此栏目的表格备注中或在投标人须知中列一条款，明确规定：偏离表必须对应于招标文件中的要求逐条做出应答，不允许按照招标文件条款原封不动地完全翻录过来作为应答；对有指标数值的条款，必须列出投标产品实际达到的数值，不能笼统地把招标文件要求中的“＞”“＜”翻录过来；对带“★”的关键条款，应答的数值或内容必须要附足够的技术支持材料(检测报告、产品样本……)做证明。不符合上述要求的投标文件，评标委员会可认定其为不响应或实质上的不响应而判定为废标。

(7) 注意在设备主件采购的同时应同步采购近两年内所用的备品备件

任何设备、组件在后续的使用中不可避免地会有零部件的磨损或损坏，有些零部件是有一定的生命周期的，这些都是设备使用中客观存在的规律。因而必须重视对设备使用中的维护和保养工作，以提高设备的整体使用寿命。据此，我们在设备采购招标时，除主件外，必须同时采购一定数量的备品备件，通常至少要采购近两年内的备品备件。这和工程施工招标是不一样的。

(8) 投标人售后服务承诺的重要性

任何设备、组件在后续的使用过程中不可避免地会有零部件的磨损或损坏，特别是政府重点项目，对社会影响较大。此时，在招标过程中招标人就要考虑到此类事情发生时要有一个及时有效的处理方式，在招标文件中提出相对适合该项目的售后要求，这时投标人投标文件中的售后服务承诺内容将作为评委有效的评审依据。

因此，市场经济环境下竞争日趋激烈，售后服务作为投标单位占有市场的一部分已越来越受到各投标单位的关注和重视，这同时也是争夺市场的重要手段。良好的售后服务是客户满意度和忠诚度的主要手段，是树立企业口碑和传播企业形象的重要途径。

6.4 案例二：铁路南京南站南北广场(北广场)电梯项目

6.4.1 项目概述

本项目位于南京南站北广场。总建筑面积 40 658 m^2，其中地上建筑面积 143 m^2，地

下建筑面积 40 515 m^2，地下一层为商业及停车，地上为集散广场。地下室埋深为 9 m。本次招标设备为观光客梯 4 台；室外自动扶梯 10 台。招标内容：电梯设备采购、安装、调试及通过验收。

6.4.2 设备清单及技术要求

1）设备需求清单

自动扶梯需求清单见表 6.9。

表 6.9 自动扶梯需求清单

序号	品目号	规格					单位	数量	备注
		提升高度(m)	梯级宽度(mm)	倾斜角度(°)	速度(m/s)	载客量(人/时)	台		
1	FT-2-01～04	7 094	1 620	30	0.5		台	4	所有扶梯均位于室外、半室外，均有防水要求。重型
2	FT-2-05～06	6 774	1 620	30	0.5		台	2	所有扶梯均位于室外、半室外，均有防水要求。重型
3	FT-2-07～10	6 854	1 600	30	0.5		台	4	所有扶梯均位于室外、半室外，均有防水要求。重型

注：1. 招标人应将规格、速度、配置、倾斜角度、梯级宽度、提升高度、技术性能、装饰要求等相同的列为一个品目号，否则应单列品目号；2. 有特殊要求的应在此表备注栏中详细说明；3. 表格不够可复制。

垂直电梯类需求清单见表 6.10。

表 6.10 垂直电梯需求清单

序号	品目号	规格					单位	数量	备注
		层	站	速度(m/s)	载重(kg)	提升高度(m)			
1	CL-2-01～CL-2-04	2	B1,1	1	1 000	6.854	台	4	井道尺寸(W×D,mm)：2 400×2 300；基坑深度(mm)：1 500；顶层高度(mm)：4 800；装修标准：豪华；其他：无机房电梯，无障碍电梯

注：1. 招标人应将规格、速度、配置、层站、载重量、技术性能、装饰要求等相同的电梯列为一个品目号，否则应单列品目号；2. 有特殊要求的应在此表备注栏中详细说明；3. 表格不够可复制。

2）主要设备技术要求

自动扶梯技术参数及要求见表6.11。

表6.11 自动扶梯技术参数及要求

技术参数及要求 \ 品目号			FT-2-01～04
配置要求	拖动方式		链条传动
	控制系统		微机控制
	电动机		3相6极异步电机
	传动方式		链条传动
	梯级结构		整体压铸铝
	电源适应		380 V±7%
	梯级水平移动距离(mm/梯级数)		1 200 mm/3个水平梯级
	梯级上方运行噪声		≤65 dB(A)
	梯级与扶手带同步误差		0～+2%
	制动器供电系统		有电打开
装饰要求	扶壁板(扶手)	高度	1 000 mm
		材质	不锈钢材质(304#)
		厚度	1.5 mm
	扶手带	型式	C型扶手带
		色彩	黑色
		结构	C型
		灯	无
	围裙板	厚度	2 mm
		内外盖板	无
		照明	无
	梳齿板材质		铝合金
	桁架	型材	角钢或矩形钢管
		厚度	满足设计要求
		外装潢	304#发纹不锈钢(1 mm)
	前沿盖板	材质	铝合金
		厚度	35 mm

续表 6.11

技术参数及要求 \ 品目号		FT-2-01～04
安全装置要求	相序保护	有
	电动机短路及过载保护	有
	PTC 热电阻保护	有
	超速保护	有
	电器防反转装置	有
	电路接地故障保护	有
	扶手带入口保护	有
	扶手带断带保护	有
	梯级链监控装置	有
	梯级链断链或过分松弛保护	有
	梯级与围裙板异物夹住保护	有
	梯级塌陷保护	有
	梯级速度监控	有
	梯级运行监控	有
	梳器部位异物夹装置	有
	软停车功能	有
	紧急停车按钮	有
	控制柜内故障显示	有
功能要求		自动润滑 故障自我诊断数字显示 变频 围裙保护 扶手带速度监控 扶梯运行方向显示 梳齿保护装置 检修装置和维修安全开关 永磁制动装置 紧急停止按钮、操作开关及启动开关 室外扶梯专用配置 马达 IP55 防护等级 防水材质滚轮

续表 6.11

品目号 技术参数及要求	FT-2-01～04
功能要求	不锈钢扶手支架 安全装置： 梳齿板安全触点 围裙板保护触点 梯级滚轮安全装置 驱动链断链保护 制动器检查触点 电机过载安全保护装置 导轨弯曲部安全保护 非操作逆转保护 阶梯下部的照明 欠速保护装置 防静电装置 相位保护装置 上、下地板安全装置 配置要求： 提升高度(m)　7.094 梯级净度(mm)　1 620 倾斜角度(°)　30 速度（m/s）　0.5
其他要求	控制系统：钥匙开关启动，主板控制。 驱动系统：采用蜗轮蜗杆减速箱传动。 节能：全变频节能运行。 驱动链保护装置：双链驱动、安全系数大于等于 5，室外梯链条配有防护罩。 主驱动轴和梯级链张紧装置：主驱动轴应有足够的强度和刚度，其轴承应采用国际知名品牌；梯级链条张紧装置禁止采用拉伸弹簧形式。 扶手带驱动装置：扶手带驱动链安全系数大于 5。 桁架：不超过 1/1000 挠度；上下导轨转弯半径要求：上段不小于 2 000 mm，下段不小于 1 500 mm；所有桁架整体热镀锌。 梯级及梯级轮：喷涂铝梯级，并有明显的三侧黄色警告分界线，梯级轮直径不小于 75 mm。 扶手带：高强度橡胶扶手带、内衬金属抗拉材料，破断力不小于 25 kN。 扶壁板：发纹不锈钢金属护栏，发纹方向与梯级运动方向一致，扶壁板厚度不小于 1.5 mm，围裙板厚度不小于 2 mm。 维修控制盒：每台扶梯配一个维修控制盒且所有设备均能通用。 加热装置：控制柜加热，桁架加热装置。

续表 6.11

品目号 技术参数及要求	FT-2-01～04
其他要求	安全装置:扶手带断带监控,意外逆转保护,梳齿板安全开关,裙板安全开关,单层裙板刷,接地故障保护,梯级间隙照明,梯级缺失报警装置,防梯级上冲安全装置,制动器安全装置(制动器松闸监测及闸瓦厚度监测)水位开关。 裙板:发纹不锈钢钢板。 运行方式:上下可逆转。 外装饰板:发纹不锈钢钢板。 梯级:整体梯级,踏板表面有防滑条纹并有明显的三侧黄色警告分界线。 梯级导向:工作区段滚轮全程导向,不接受梯级滑块导向。 地台板:上下地台板采用不锈钢或铝合金材质,并有防滑条纹。 超速及电机过热时自动停机装置。 相位防逆转保护装置。 所有发纹不锈钢板厚度 $\delta \geq 1.5$ mm,不锈钢板材质牌号:优于等于 304#。复合钢板各类指标不得低于前者。 自动扶梯必须采用室外公共交通型扶梯,应充分考虑南京地区气候条件。 以下提到的"正常维保"均是以卖方前两年正常免费维保程序为基础的。 自动扶梯各主要部件的选型应满足重载荷、公共交通型扶梯的运量及长期运行要求。 自动扶梯可接受设备监控系统(BAS)的监控,并提供开放的标准通信接口。 自动扶梯应具备紧急疏散的能力。 自动扶梯出入口盖板均采用具有防滑凸纹的不锈钢或铝合金板并牢固附以耐腐蚀金属承重层,具有足够的刚度、强度和耐腐蚀能力,能够承受高峰期乘客载荷。

垂直电梯技术参数及要求见表 6.12。

表 6.12 垂直电梯技术参数及要求

(技术参数及要求)分类 \ 品目号				CL-2-01～CL-2-04
建筑尺寸	井道尺寸(宽 mm×深 mm)			2 400×2 300
	厅门尺寸(高 mm×宽 mm)			2 100×900
	顶层高度(mm)			4 800
	机房	位置		无机房
		尺寸(长 mm×宽 mm×高 mm)		
	底坑深度(mm)			1 500
配置要求	拖动方式			曳引式
	传动方式			永磁无齿轮
	控制方式			VVVF
	门机系统			VVVF
	开门方式			中分门
	门保护装置			光幕
	电源适应			交流三相 380 V±10%,50 Hz;交流单相 220 V±10%,50 Hz
性能要求	额定速度允许误差			按国家标准
	乘客电梯轿厢运行时垂直方向和水平方向的振动加速度			按国家标准
	平层准确度			±5 mm
	噪声			按国家标准
内外装饰要求	轿厢	轿和顶		豪华天花板吊顶,配有足够亮度的照明(具体方案由买方与中标人签订合同时商定,报价含在投标总价中),配轴流吹风机。轿厢灯及风机具有自动节能功能。要求投标人在投标文件中除提供厢顶方案的文字说明外,还应提供彩色效果图
		轿厢壁		夹胶玻璃
		轿厢门		夹胶玻璃
		脚踏板		
		轿厢地面		下凹 20 mm 花岗岩
		操作盘	面板材质	操作面板为发纹不锈钢
			显示器显示内容	液晶显示器,可以显示电梯的位置、运行方向等相关信息
			操作功能	轿厢内设有隐藏式对讲机,具有与机房、监控中心、底坑、轿顶五方通话功能
			标示要求	方向指示、超载
			按钮要求	盲文按钮

续表 6.12

<table>
<tr><td colspan="4">品目号
(技术参数及要求)分类</td><td>CL-2-01～CL-2-04</td></tr>
<tr><td rowspan="10">内外装饰要求</td><td rowspan="10">厅门及门套</td><td rowspan="3">厅门</td><td>材质</td><td>夹胶玻璃</td></tr>
<tr><td>厚度</td><td>1.2 mm</td></tr>
<tr><td>颜色</td><td>无色</td></tr>
<tr><td rowspan="3">门套</td><td>材质</td><td>发纹不锈钢</td></tr>
<tr><td>厚度</td><td>1.2 mm</td></tr>
<tr><td>颜色</td><td>本色</td></tr>
<tr><td rowspan="3">楼层召唤</td><td>显示内容</td><td>轿厢位置</td></tr>
<tr><td>面板材质</td><td>发纹不锈钢</td></tr>
<tr><td>安装位置</td><td>厅门右侧或左侧</td></tr>
<tr><td colspan="2">地坎</td><td>硬质铝合金</td></tr>
<tr><td colspan="4">功能要求</td><td>消防员服务
司机操作
紧急呼叫
应急照明
无障碍功能
自动返基站
中文语音报站
停电自动救援
超载保护</td></tr>
<tr><td colspan="4">其他要求</td><td>客梯载重量均为 1 000 kg。
运行速度:1.0 m/s。
电梯类型:无机房三面观光电梯。
模块化控制系统,要求操作、运行、驱动、门等各层子系统,相互联系。
人流高峰特殊服务功能。
故障自诊断显示功能。
电梯基站位置可调,基站均位于地上 1 层,具有基站返回功能(可设定返回层)。
操作箱配备黄色紧急呼叫按钮。
轿厢内加配残疾人召唤面板。
配光幕门保护装置。
检修操作:轿顶设“检修”运行开关。
开门机:要求调速平滑,运行可靠。
具有重复关门功能。
电梯配备轿厢内到站钟。称重装置:电子称重装置,控制柜中可随时显示荷载重量。
主要层站开门时间可调,并具有延长开门时间按钮。</td></tr>
</table>

续表 6.12

品目号 (技术参数及要求)分类	CL-2-01～CL-2-04
其他要求	监控线:每部梯随行电缆中应配一根屏蔽监控软线缆,便于今后在轿厢中安装监控探头;同时投标人须在轿厢内预留监控探头的接口。 检修操作:检修开关投入时,轿厢以低速点动运行。 门套:直型门套。均为小门套,配机械开门锁。 泊梯开关:地面1层配置。 其他装置 轿厢导轨全部采用实心钢制T型轨。导靴:滑动式。 安全停靠:出现故障,电梯可低速就近平层,开门放人。 满载直驶:电梯满载,自动停止响应厅外召唤。 超载报警:轿厢超载后,自动声光报警。 轿厢反向指令消除功能。 泊梯功能:接通位于电梯1层的开关,电梯自动关门、停止运行。 设限速保护装置。 双电源切换装置。 轿厢应急照明:供电中断,应急灯立即点亮,向轿厢提供照明。 电源缺相、短路保护装置。 具备火灾运行管理功能:发生火灾时,电梯立即返回基站。 防冲顶功能。 防坠落装置。 轿厢照明及通风自动关闭功能。 检验操作:轿顶均设"检修"运行联。 具备防电磁干扰的功能。 控制柜预留可与楼宇自控系统兼容(BA)的监控接口。 修正运行功能:电梯电源中断恢复后,电梯驶向基站,重新定位,恢复正常运行。 故障自诊断。 运行计数器。

6.4.3 售后服务要求

(1) 明确售后服务的优惠条件及保修的相应时间。

(2) 整套设备要求提供免费维修24个月并提供免费备件的清单,免费维保期内如发生非人为原因引起的损坏,卖方应及时免费更换或修理。

(3) 设备要求实行终身保修,免费维保期后买方如委托卖方进行维护保养,请报5年不变维保价(包括每年维修保养的人工费、配件费、年检费,大、中、小修的人工费、配件费等所有费用),并详细列出维保内容。维保期满后,维保价以物价系数(双方协商)确定。

(4) 卖方应提供设备的最低使用年限,在此期间内,不应发生非人为操作原因的重大故障,否则,买方有权追溯卖方的责任。

(5) 当设备停止生产的情况下，卖方应事先将停止生产的计划通知买方，使买方有足够的时间采购所需的备件；在停止生产后，如买方要求，卖方应免费向买方提供备件的蓝图、图纸和规格。

(6) 卖方应提供维保措施和计划(资质维修站地点、技术功能比例结构、收费标准等)，作为评标条件之一。

(7) 应提供的伴随服务：安装调试中负责进行电气及机械设备维修、操作及对操作、维护人员的培训，免费提供上述服务，并在投标报价中说明；要求提供的备件，保证货物正常运行的标准配置的附件及专用工具的报价均应包括在货物的投标报价中，并应将数量和单价并列，供评标时使用。

6.4.4 合同应注意的条款

1) 合同范围

本项目招标为“交钥匙工程”，若无招标人提出的变更，中标价则为合同结算价。主要包括南京南站北广场电梯采购及服务的设备制造、采购、供货、运输、卸货、安装、调试、检测、维保、质量保证、售后及相关服务，包含本项目工程全过程服务、售后服务以及技术文件和图纸的提交。卖方按交钥匙模式要求对货物采购实施总承包。

2) 端口系统界面问题

合同条款中约定好投标人应提供的相应技术服务，投标人应对电梯设备进行调试直至验收合格，质量保障期内发生的费用包含在投标总价中。所有设备可接受监控系统的监控，并提供免费开放的标准通信接口。

3) 付款方式

分次付款，详见表 6.13。

表 6.13 付款方式详表

设备款	第 1 次付款，合同签订生效后 10 天内付合同设备款的 20%
	第 2 次付款，交货前 7 日内付至合同设备款的 50%
	第 3 次付款，电梯安装、调试、经买方、政府有权部门依法验收合格后付至合同设备款的 95%
安装款	第 1 次付款，安装、调试、经买方、政府有权部门依法验收合格后付至安装款的 95%
	第 2 次付款，无
尾款	合同总价的 5%作为质保金，买方、政府有权部门依法验收合格满两年后一周内付清余额(扣除所有应扣款项)

4) 交货条件及时限

设备交货期为建设方通知后 50 日历天内，安装调试检验、保证通过买方及有权管理部门的验收在设备到货后 20 日历天内完成。

交付方式及费用：卖方送货到合同交付安装地点、安装及调试完成并依法通过验收、交付买方前，运杂费、装卸费、各类保险费、检测费、保管费等由卖方承担。

5）逾期交货的违约赔付

不履行合同，买方有权解除合同；若买方还有其他损失，应当赔偿损失。

迟延履行，每迟延 1 天，按合同总价的千分之五向买方偿付违约金，延迟 30 天买方可解除合同，合同解除后，卖方仍应支付延迟期间的违约金。违约金不足以赔偿买方损失的，卖方还应另行赔偿。

履行义务不符合合同其他条款的约定，买方可以扣减并要求卖方承担违约责任，不足以赔偿买方损失的卖方应另行赔偿，并承担违约责任，卖方赔偿买方相应损失。

由于卖方原因造成买方商业损害，则应承担赔偿损失的责任。

6）货物监制

卖方按上述质量要求、技术标准提供的设备、材料等全部货物及其安装、调试应当不存在危及人身、财产安全的危险，并具备合同约定的使用性能，符合招标文件、技术协议以及合同约定的质量标准。

包装要求：全部货物的外包装必须采用防漏、防潮、防震、防锈、防盗和考虑可能会发生的野蛮装卸等长途内陆运输及多次装卸之需要。

7）货物验收

第 1 次验收：设备运抵买方现场之日，买、卖双方及买方工程监理共同派员验收，如发生数量短少、外观缺损，由卖方负责免费补齐、调换。卖方同时提供出厂前的检测报告和产品合格证书；卖方所提供的设备和部件如是国外制造的，除提供上述资料外还应提供原产地证书、报关资料及检验检疫证明。

第 2 次验收：设备安装、调试结束，联动试车 72 h，达到验收标准，买、卖双方及买方工程监理共同验收合格。若买方在安装或调试时对设备有异议，则应在设备安装或调试完毕之日起 15 日内以书面形式向卖方提出；卖方应在买方提出书面异议通知的 10 天内书面答复，否则，则视为同意并且认可买方提出的异议和处理意见，如买方提出异议及问题，在异议及问题未能得到妥善解决期间，买方有权拒付任何货款，直至相关问题处理完毕，有关货物全部风险、保管及其他费用以及给买方造成的损失均应由卖方承担。

第 3 次验收：由卖方负责向南京市质量技术监督部门送交有关验收资料，经南京市质量技术监督部门验收合格。

第 4 次验收：质保期满，系统所有设备、材料及安装无质量问题，买、卖双方和南京市质量技术监督部门共同验收合格为最终验收合格。

8）如果安装和/或试运行和/或性能考核因卖方原因发生迟延的索赔

卖方逾期交货（包括整修、返工、补交或由需方提出更改、卖方承诺，但卖方应在承诺的期限内完成并依法通过验收、交付合格工程）买方应书面通知给一个合理的期限，如卖方仍不能履行，按卖方不履行合同处理，卖方承担相应违约的责任：应向买方偿付违约金，每逾期一天，按合同价格的万分之五偿付违约金。如卖方逾期交货超过 5 天，买方有权解除本合同并同时立即要求卖方退还已支付的货款，卖方还应承担上述违约责任；此时，如货物已在途中或到达交货地点，除非买方明确表示接收相应货物，买方有权拒收货物，卖方仍应承担上述违约责任。

6.4.5 总结与建议

在电梯招标前应确定主要技术参数及主要性能指标，电梯种类、额定起重量、额定速度、驱动方式、控制方式，电梯的整体技术性能，电梯功能以及订货、生产、运输、包装、安装、检测、验收、维保、供货周期要求，并在招标文件中详细列出。同时应努力将电梯做成标准化设备，避免非标准设备的产生，定制的设备将大大增加设备费用。

电梯招标的时机最好在施工图设计之前，经过招标确定中标电梯制造厂家之后，用其提供的井道图、机房布置图进行施工图设计。如在前期发现建筑结构初步设计有问题，还有时间进行更改，避免井道尺寸与电梯尺寸不吻合，无法安装。另外电梯都是按工程的实际需要订货生产的，有一定的生产周期，先行招标可以保证中标人按期完成供货要求。

在电梯的使用过程中，如出现故障，需在短期内进行检查和维修，因此评标时一定要考虑投标人本地是否有良好的售后服务机构及人员，是否能够及时派出技术人员进行售后服务。

6.5 案例三：南京南站南北广场（北广场）空调采购项目

6.5.1 项目概述

本次采购设备用于南京南站北广场，总建筑面积 39 241 m^2，地下一层为商业及停车场。地下室埋深为 7 m。空调冷源为螺杆式冷水机组，空调热源原则上利用市政蒸汽热网热换。招标内容：北广场空调设备采购。

供货期：最终供货安装时间由建设方根据现场进度情况提前一个月向供货商提出，供货商不得因供货时间的提前或滞后而增加任何费用。

本项目共设 1 个标段，标段号为 NZ-CG1103。

6.5.2 设备清单及技术要求

空调设备清单及技术要求见表 6.14。

表 6.14 空调设备清单及技术要求

序号	设备名称及编号	规格型号等特殊要求	单位	数量
1	2 匹分体式空调柜机	制冷工质：R22，制冷量：5.6 kW，制热量：6.7 kW，功率：1.9 kW，性能系数(COP)：≥3.0，噪声：45 dB(A)，内置减震装置	台	1.0
2	3 匹分体式空调柜机	制冷工质：R22，制冷量：8.4 kW，制热量：10 kW，功率：2.8 kW，性能系数(COP)：≥3.0，噪声：45 dB(A)，内置减震装置	台	3.0
3	5 匹分体式空调柜机	制冷工质：R22，制冷量：14 kW，制热量：14 kW，功率：4.7 kW，性能系数(COP)：≥3.0，噪声：45 dB(A)，内置减震装置	台	1.0

续表 6.14

序号	设备名称及编号	规格型号等特殊要求	单位	数量
4	板式换热器 WHE—01	水—水板式，换热量：385 kW；初级（进/出水温：9 ℃/11 ℃，水量 166 m^3/h，最大水压降 60 kPa，工作压力：0.7 MPa，污垢系数：0.044 m^2·K/kW）；次级（进/出水温：12.8/10 ℃，水量：119 m^3/h，最大水压降 60 kPa，污垢系数：0.018 m^2·K/kW）	台	1.0
5	变频螺杆式冷水机组 CH—1～3	制冷工质：R134a，制冷量：1 229 kW，冷量可调范围为 15%～100%，变频压缩机（输入功率 228 kW，性能系数 W/W≥5.1）	台	3.0
6	定压补水真空脱气机组	YH－HP－S6－3－30，配套控制柜	台	1.0
7	定压补水真空脱气机组	YH－HP－S6－2－30，配套控制柜	台	2.0
8	高效智能汽—水湍流换热机组 SHE—01	汽—水湍流壳管式，换热量：1 369 kW，蒸汽侧（压力/流量：0.5 MPa/2 075 kg/h）；热水侧（进/出水温：40 ℃/50 ℃，流量：118 m^3/h，最大水阻：40 kPa，工作压力：0.7 MPa，污垢系数：0.086 m^2·K/kW）；壳体材质：不锈钢，换热管：铜管；配换热器 2 台，每台换热量等于总换热量的 70%，凝结水出水温度≤70 ℃；循环水泵 2 用一备	台	1.0
9	高效智能汽—水湍流换热机组 SHE—02	汽—水湍流壳管式，换热量：904 kW，蒸汽侧（压力/流量：0.5 MPa/1 375 kg/h）；热水侧（进/出水温：40 ℃/50 ℃，流量：78 m^3/h，最大水阻：40 kPa，工作压力：0.7 MPa，污垢系数：0.086 m^2·K/kW）；壳体材质：不锈钢，换热管：铜管；配换热器 2 台，每台换热量等于总换热量的 70%，凝结水出水温度≤70 ℃；循环水泵 2 用一备	台	1.0
10	加药装置	ECH—B—604（二泵二桶）N=0.5 kW(220V)	台	3.0
11	冷冻水一次循环水泵 CP1—1～4	最高介质温度 35 ℃，Q=194 m^3/h，H=14.5 m，泵体工作压力：0.6 MPa，R=1 450 rpm，N=15 kW；配减震台座，参考品牌：上海环尔静、上海环环、鼎力	台	4.0
12	西区冷冻水二次循环水泵 CP2—1～3	最高介质温度 35 ℃，Q=176 m^3/h，H=20 m，泵体工作压力：0.6 MPa，R=1 450 rpm，N=18.5 kW；配减震台座，参考品牌：上海环尔静、上海环环、鼎力	台	3.0
13	东区冷冻水二次循环水泵 CP2—4～6	最高介质温度 35 ℃，Q=115 m^3/h，H=25 m，泵体工作压力：0.6 MPa，R=1 450 rpm，N=15 kW；配减震台座，参考品牌：上海环尔静、上海环环、鼎力	台	3.0

续表 6.14

序号	设备名称及编号	规格型号等特殊要求	单位	数量
14	西区空调热水循环水泵 HP—1～3	最高介质温度 65 ℃,Q=65 m^3/h,H=18.7 m,泵体工作压力:0.5 MPa,R=2 910 rpm,N=7.5 kW;配减震台座,参考品牌:上海环尔静、上海环环、鼎力	台	3.0
15	东区空调热水循环水泵 HP—4～6	最高介质温度 65 ℃,Q=43 m^3/h,H=24.4 m,泵体工作压力:0.5 MPa,R=2 910 rpm,N=5 kW;配减震台座,参考品牌:上海环尔静、上海环环、鼎力	台	3.0
16	卧式暗装风机盘管	E600(ECR600)二管制,中档风量:870 m^3/h,机外静压:30 Pa,功率:112 W,噪声:47 dB(A);回风口设置光氢离子空气净化装置 PHT FAC—5(设计风量:900～1 500 m^3/h,电压:220 V,功率:<5 W,长 mm×宽 mm×高 mm:96×100×170)	台	20.0
17	卧式暗装风机盘管	E800(ECR800)二管制,中档风量:1 000 m^3/h,机外静压:30 Pa,功率:154 W,噪声:47 dB(A);回风口设置光氢离子空气净化装置 PHT FAC—5(设计风量:900～1 500 m^3/h,电压:220 V,功率:<5 W,长 mm×宽 mm×高 mm:96×100×170)	台	285.0
18	新风空调箱 AHU—BD—B1—1	总风量:25 600 m^3/h,新风量:4 433 m^3/h,机外静压:450 Pa,功率:18.5 kW;表冷量 125.9 kW,热水加热量:74.3 kW;加湿器 19.95 kg/h;过滤器:粗效 G7,中效袋式 F7;内置减震装置,变频,卧式,自带控制柜	台	1.0
19	新风空调箱 AHU—BD—B1—2	总风量:24 255 m^3/h,新风量:4 200 m^3/h,机外静压:450 Pa,功率:18.5 kW;表冷量 119.6 kW,热水加热量:71 kW;加湿器 18.9 kg/h;过滤器:粗效 G7,中效袋式 F7;内置减震装置,变频,卧式,自带控制柜	台	1.0
20	新风空调箱 AHU—BD—B1—3	总风量:17 650 m^3/h,新风量:3 054 m^3/h,机外静压:450 Pa,功率:15 kW;表冷量 86.3 kW,热水加热量:50.1 kW;加湿器 13.74 kg/h;过滤器:粗效 G7,中效袋式 F7;内置减震装置,变频,卧式,自带控制柜	台	1.0
21	新风空调箱 AHU—BD—B1—4	总风量:13 360 m^3/h,新风量:2 313 m^3/h,机外静压:450 Pa,功率:11 kW;表冷量 68.4 kW,热水加热量:41.4 kW;加湿器 10.41 kg/h;过滤器:粗效 G7,中效袋式 F7;内置减震装置,变频,卧式,自带控制柜	台	1.0
22	新风空调箱 AHU—BD—B1—5	总风量:5 815 m^3/h,新风量:290 m^3/h,机外静压:450 Pa,功率:5.5 kW;表冷量 25.7 kW;过滤器:粗效 G4;内置减震装置,卧式,自带控制柜	台	1.0
23	新风空调箱 AHU—BD—B1—6	总风量:28 413 m^3/h,新风量:4 920 m^3/h,机外静压:450 Pa,功率:18.5 kW;表冷量 144.5 kW,热水加热量:67.4 kW;加湿器 25.09 kg/h;过滤器:粗效 G7,中效袋式 F7;内置减震装置,卧式,自带控制柜	台	1.0

续表 6.14

序号	设备名称及编号	规格型号等特殊要求	单位	数量
24	新风空调箱 PAU—BD—B1—1	总风量:7 775 m^3/h,新风量:7 775 m^3/h,机外静压:350 Pa,功率:5.5 kW;表冷量 92.1 kW,热水加热量:87.9 kW;加湿器 34.99 kg/h;过滤器:粗效 G7,中效袋式 F7;内置减震装置,卧式,自带控制柜	台	1.0
25	新风空调箱 PAU—BD—B1—2	总风量:7 510 m^3/h,新风量:7 510 m^3/h,机外静压:350 Pa,功率:5.5 kW;表冷量 88.9 kW,热水加热量:84.9 kW;加湿器 33.8 kg/h;过滤器:粗效 G7,中效袋式 F7;内置减震装置,卧式,自带控制柜	台	1.0
26	新风空调箱 PAU—BD—B1—3	总风量:5 200 m^3/h,新风量:5 200 m^3/h,机外静压:350 Pa,功率:5.5 kW;表冷量 61.6 kW,热水加热量:58.8 kW;加湿器 23.4 kg/h;过滤器:粗效 G7,中效袋式 F7;内置减震装置,卧式,自带控制柜	台	1.0
27	新风空调箱 PAU—BD—B1—4	总风量:9 700 m^3/h,新风量:9 700 m^3/h,机外静压:350 Pa,功率:7.5 kW;表冷量 114.8 kW,热水加热量:109.6 kW;加湿器 43.65 kg/h;过滤器:粗效 G7,中效袋式 F7;内置减震装置,卧式,自带控制柜	台	1.0
28	新风空调箱 PAU—BD—B1—5	总风量:4 800 m^3/h,新风量:4 800 m^3/h,机外静压:350 Pa,功率:5.5 kW;表冷量 56.8 kW,热水加热量:54.2 kW;加湿器 21.6 kg/h;过滤器:粗效 G7,中效袋式 F7;内置减震装置,卧式,自带控制柜	台	1.0
29	新风空调箱 PAU—BD—B1—6	总风量:1 056 m^3/h,新风量:1 056 m^3/h,机外静压:350 Pa,功率:1.5 kW;表冷量 12.5 kW,热水加热量:11.9 kW;加湿器 4.752 kg/h;过滤器:粗效 G7,中效袋式 F7;内置减震装置,卧式,自带控制柜	台	1.0
30	新风空调箱 PAU—BD—B1—7	总风量:6 314 m^3/h,新风量:6 314 m^3/h,机外静压:400 Pa,功率:5.5 kW;表冷量 74.7 kW,热水加热量:71.3 kW;加湿器 25.26 kg/h;过滤器:粗效 G7,中效袋式 F7;内置减震装置,卧式,自带控制柜	台	1.0
31	新风空调箱 AHU—BX—B1—1	总风量:15 428 m^3/h,新风量:772 m^3/h,机外静压:450 Pa,功率:15 kW;表冷量 51.4 kW;过滤器:粗效 G4;内置减震装置,卧式,自带控制柜	台	1.0
32	新风空调箱 AHU—BX—B1—2	总风量:11 630 m^3/h,新风量:582 m^3/h,机外静压:550 Pa,功率:11 kW;表冷量 35.2 kW;过滤器:粗效 G4;内置减震装置,卧式,自带控制柜	台	1.0
33	新风空调箱 AHU—BX—B1—3	总风量:7 515 m^3/h,新风量:376 m^3/h,机外静压:550 Pa,功率:5.5 kW;表冷量 3.2 kW;过滤器:粗效 G4;内置减震装置,卧式,自带控制柜	台	1.0

续表 6.14

序号	设备名称及编号	规格型号等特殊要求	单位	数量
34	新风空调箱 AHU—BX—B1—4	总风量:17 650 m^3/h,新风量:3 054 m^3/h,机外静压:450 Pa,功率:15 kW;表冷量 86.3 kW,热水加热量:50.1 kW;加湿器 13.74 kg/h;过滤器:粗效 G7,中效袋式 F7;内置减震装置,变频,卧式,自带控制柜	台	1.0
35	新风空调箱 AHU—BX—B1—5	总风量:24 255 m^3/h,新风量:4 200 m^3/h,机外静压:450 Pa,功率:18.5 kW;表冷量 119.6 kW,热水加热量:71 kW;加湿器 18.9 kg/h;过滤器:粗效 G7,中效袋式 F7;内置减震装置,变频,卧式,自带控制柜	台	1.0
36	新风空调箱 AHU—BX—B1—6	总风量:25 600 m^3/h,新风量:4 433 m^3/h,机外静压:450 Pa,功率:18.5 kW;表冷量 125.9 kW,热水加热量:74.3 kW;加湿器 19.95 kg/h;过滤器:粗效 G7,中效袋式 F7;内置减震装置,变频,卧式,自带控制柜	台	1.0
37	新风空调箱 AHU—BX—B1—7	总风量:26 800 m^3/h,新风量:4 640 m^3/h,机外静压:450 Pa,功率:18.5 kW;表冷量 131.8 kW,热水加热量:77.8 kW;加湿器 20.88 kg/h;过滤器:粗效 G7,中效袋式 F7;内置减震装置,变频,卧式,自带控制柜	台	1.0
38	新风空调箱 AHU—BX—B1—8	总风量:17 710 m^3/h,新风量:5 867 m^3/h,机外静压:450 Pa,功率:15 kW;表冷量 147.8 kW,热水加热量:110.2 kW;加湿器 26.4 kg/h;过滤器:粗效 G7,中效袋式 F7;内置减震装置,变频,卧式,自带控制柜	台	1.0
39	新风空调箱 AHU—BX—B1—9	总风量:13 360 m^3/h,新风量:2 313 m^3/h,机外静压:450 Pa,功率:11 kW;表冷量 68.7 kW,热水加热量:41.4 kW;加湿器 10.41 kg/h;过滤器:粗效 G7,中效袋式 F7;内置减震装置,变频,卧式,自带控制柜	台	1.0
40	新风空调箱 PAU—BX—B1—1	总风量:5 200 m^3/h,新风量:5 200 m^3/h,机外静压:350 Pa,功率:5.5 kW;表冷量 61.6 kW,热水加热量:58.8 kW;加湿器 23.4 kg/h;过滤器:粗效 G7,中效袋式 F7;内置减震装置,卧式,自带控制柜	台	1.0
41	新风空调箱 PAU—BX—B1—2	总风量:7 510 m^3/h,新风量:7 510 m^3/h,机外静压:350 Pa,功率:5.5 kW;表冷量 88.9 kW,热水加热量:84.9 kW;加湿器 23.4 kg/h;过滤器:粗效 G7,中效袋式 F7;内置减震装置,卧式,自带控制柜	台	1.0
42	新风空调箱 PAU—BX—B1—3	总风量:7 775 m^3/h,新风量:7 775 m^3/h,机外静压:350 Pa,功率:5.5 kW;表冷量 92.1 kW,热水加热量:87.9 kW;加湿器 34.99 kg/h;过滤器:粗效 G7,中效袋式 F7;内置减震装置,卧式,自带控制柜	台	1.0
43	新风空调箱 PAU—BX—B1—4	总风量:5 045 m^3/h,新风量:5 045 m^3/h,机外静压:350 Pa,功率:5.5 kW;表冷量 59.7 kW,热水加热量:57 kW;加湿器 22.7 kg/h;过滤器:粗效 G7,中效袋式 F7;内置减震装置,卧式,自带控制柜	台	1.0

续表 6.14

序号	设备名称及编号	规格型号等特殊要求	单位	数量
44	新风空调箱 PAU—BX—B1—5	总风量:19 433/8 470/7 854 m^3/h(空调季补风/过渡季补风/事故通风),新风量:19 433/8 470/7 854 m^3/h(空调季补风/过渡季补风/事故通风),机外静压:350 Pa,功率:18.5 kW;表冷量:230.1 kW,热水加热量:219.6 kW;加湿器 87.45 kg/h;过滤器:粗效 G7,中效袋式 F7;内置减震装置,变频、卧式,自带控制柜	台	1.0
45	新风空调箱 PAU—BX—B1—6	总风量:12 640 m^3/h,新风量:12 640 m^3/h,机外静压:350 Pa,功率:11 kW;表冷量:149.7 kW,热水加热量:142.8 kW;加湿器 56.88 kg/h;过滤器:粗效 G7,中效袋式 F7;内置减震装置,卧式,自带控制柜	台	1.0
46	新风空调箱 PAU—BX—B1—7	总风量:31 973/31 973/12 197 m^3/h(空调季补风/过渡季补风/事故通风),新风量:31 973/31 973/12 197 m^3/h(空调季补风/过渡季补风/事故通风),机外静压:350 Pa,功率:22 kW;表冷量 378.6 kW,热水加热量:361.3 kW;加湿器 143.88 kg/h;过滤器:粗效 G7,中效袋式 F7;内置减震装置,变频、卧式,自带控制柜	台	1.0
47	新风空调箱 PAU—BX—B1—8	总风量:7 451/7 451/3 142 m^3/h(空调季补风/过渡季补风/事故通风),新风量:7 451/7 451/3 142 m^3/h(空调季补风/过渡季补风/事故通风),机外静压:350 Pa,功率:5.5 kW;表冷量 88.2 kW,热水加热量:84.2 kW;加湿器 33.53 kg/h;过滤器:粗效 G7,中效袋式 F7;内置减震装置,变频、卧式,自带控制柜	台	1.0
48	新风空调箱 PAU—BX—B1—9	总风量:2 055 m^3/h,新风量:2 055 m^3/h,机外静压:300 Pa,功率:1.5 kW;表冷量 24.3 kW,热水加热量:23.2 kW;加湿器 9.25 kg/h;过滤器:粗效 G7,中效袋式 F7;内置减震装置,卧式,自带控制柜	台	1.0

6.5.3 合同应注意的条款

(1) 供货期

××年×月×日至××年×月×日,最终供货安装时间由建设方根据现场进度情况提前一个月向供货商提出,供货商不得因供货时间的提前或滞后而增加任何费用。达不到供货期要求,每顺延一天,按迟交货物全额的 1% 支付买方赔偿金,最多扣至合同价的 10%。

(2) 合同价格

合同价格应按中标人的投标价格(综合单价)执行;本次采购合同采用固定单价合同。综合单价应是完成生产供货、运输(含装卸、保险)、调试、工具、备品备件、资料、培训指导、保修期服务、利润、保险、税金以及招标文件规定的所有一切责任、义务和可能风险的全部费用。设备若为国外产品,综合单价还应包含 CIF 价(成本加保险加运费,即到岸价）、进口海关所有环节税和国内运杂费等费用。

（3）货款支付

预付款：10%中标价。

到货支付：设备到达施工现场，建设方验收合格后10天内，买方支付至合同总价的70%（含预付款）；安装调试完毕后付至设备款的95%；保修期（两个供暖周期）满后一次性无息付清余款。

未付款利息：不考虑。

6.5.4 总结与建议

招标前应了解空调设备的类型和特点。空调的种类比较多，各有特性，每个工程又有不同的条件和特点。要选择合适的空调必须综合比较几大因素，包括建筑类别和功能、建筑物所在地的水源、电源条件、热源及环境条件、建设单位资金及管理水平等。

招标前应了解空调市场的品牌和质量。目前，空调设备产品质量参差不齐，有进口品牌、合资品牌和国产品牌。但就普通制冷机的产品质量，国内的一些品牌与国际知名品牌的差距已经不大。由于空调设备的性能指标往往很难在安装后进行现场测定，如制冷机的制冷系数等主要设备指标都不能进行现场精确测定。故在进行设备评标时，一定要严格审查投标产品的权威机构检测报告，确保产品性能参数的真实性。

做好招标文件的编制。招标前应有完整的设计；对空调设备的技术性能指标要有明确的要求；增加售后服务的内容；要有合理的评分标准。

6.6 案例四：南京南站地区泵站及调蓄水池设备采购及安装项目

6.6.1 项目概述

南京南站地区农花河河道工程建设2座雨水泵站，分别为宏运大道泵站和南京南站北侧区域泵站及调蓄池。采购内容为泵房设备采购、现场安装及调试。

总计划供货安装期：最终供货安装时间由建设方根据现场进度情况提前一个月向供货商提出，供货商不得因供货时间的提前或滞后而增加任何费用。

本项目共设1个标段，标段号为NZ-CG1105。

6.6.2 设备清单及技术要求

宏运大道雨水泵站机械设备清单及技术要求见表6.15。

表 6.15　宏运大道雨水泵站机械设备一览表(功率仅供参考)

泵站名称	设备编号	名称	规格	单位	数量	备注
宏运大道雨水泵站	5—1M	潜水轴流泵	Q=2.67 m^3/s,H=5.0 m(最低3.0 m,最高7.0 m),P=250 kW	台	4	3用1备,按4常用配电; 附钢井筒、三通、井筒盖、透气阀、提升链、水下电缆及电缆固定装置、水泵控制器(室外安装,防护等级 IP65)、安装钢结构件、固定件、防旋流设施等(钢井筒、三通壁厚 14 mm) 配双法兰传力伸缩接头 DN1 400/ L1=370/ PN1.0 MPa,所有连接件的连接螺栓 双法渐扩管:规格 DN1 200 * DN1 400;型号 L=1 050;公称压力 PN1.0 MPa
	5—2M	回转式机械格栅	B=2 500 mm,栅条间距 50 mm,P=3 kW	台	2	栅后下降式; 附就地控制箱、用电电缆、基础螺栓等; 机架、延伸挡板及格栅本体、牵引链、清污耙及紧固件等材质均为不锈钢 304; 格栅位于室外,电动机防护等级 IP65,F级绝缘,B级温升
	5—3M	无轴螺旋输送机	DN350,L=7.5 m,P=2.2 kW,进料口高 1 000 mm	套	1	叶片直径不小于 350 mm,厚度不小于 20 mm,螺旋片片高不小于 80 mm; 与格栅全封闭连接; 配备支架、盖板、冲洗管接口、基础螺栓等; 电气控制柜(箱)户外支架安装,防护等级 IP65,由配套控制箱(柜)至其所控设备之间的动力以及控制线缆配套供应
	5—4M	电动铸铁闸门	$B \times H$=2 000(mm)×2 000(mm),P=3.0 kW	套	2	双向受压,安装于进水闸门井内; 成套装置,并需配置启闭机座、护罩、机电一体化电动执行机构(IP65)、螺杆、轴导支承、基础螺栓等有效和安全运行所必需的附件

续表 6.15

泵站名称	设备编号	名称	规格	单位	数量	备注
	5—5M	电动铸铁闸门	$B \times H$=3 000(mm)×2 000(mm), P=3.0 kW	套	1	双向受压,安装于进水闸门井内; 成套装置,并需配置启闭机座、护罩、机电一体化电动执行机构(IP65)、螺杆、轴导支承、基础螺栓等有效和安全运行所必需的附件
	5—6M	电动铸铁闸门	$B \times H$=3 000(mm)×2 000(mm), P=3.0 kW	套	1	双向受压,雨水出水闸门; 成套装置,并需配置启闭机座、护罩、机电一体化电动执行机构(IP65)、螺杆、轴导支承、基础螺栓等有效和安全运行所必需的附件
	5—7M	电动铸铁闸门	DN1 500,P=3.0 kW	套	1	打回笼水; 成套装置,并需配置启闭机座、护罩、机电一体化电动执行机构(IP65)、螺杆、轴导支承、基础螺栓等有效和安全运行所必需的附件
	5—8M	浮箱拍门	DN1 400,PN1.0 MPa	只	4	a. 拍门门体应由球墨铸铁制成,门板应由不锈钢 304 制造,拍门门体的设计至少应考虑有 5 mm 厚的腐蚀余量,并能经受现场预料的冲击负载 b. 门页的铰轴和螺栓等应采用不锈钢 316 c. 门体密封座和门板密封座采用铜合金制造。金属座应能更换。另外,也可将有弹性二级座作为铜合金座的附加座 d. 门体和门板应具有吊环和吊耳

南京南站北侧区域雨水泵站机械设备清单及技术要求见表 6.16。

表 6.16 南京南站北侧区域雨水泵站机械设备一览表（功率仅供参考）

泵站名称	设备编号	名称	规格	单位	数量	备注
1[#]格栅闸门井	6—1—1M	回转式机械格栅	渠宽 3 000 mm，b=50 mm，P=4.4 kW	台	2	栅后下降式； 附就地控制箱、用电电缆、基础螺栓等； 机架、延伸挡板及格栅本体、牵引链、清污耙及紧固件等材质均为不锈钢 304； 格栅位于室外，电动机防护等级 IP65，F 级绝缘，B 级温升
	6—1—2M	无轴螺旋输送机	DN350，L=9 m，P=4 kW，进料口高 1 000 mm	套	1	叶片直径不小于 350 mm，厚度不小于 20 mm，螺旋片片高不小于 80 mm； 与格栅全封闭连接； 配备支架、盖板、冲洗管接口、基础螺栓等； 电气控制柜(箱)户外支架安装，防护等级 IP65，由配套控制箱(柜)至其所控设备之间的动力以及控制线缆配套供应
	6—1—3M	电动铸铁闸门	$B\times H$=2 500(mm)×2 000(mm)，P=4.0 kW	套	2	进水； 成套装置，并需配置启闭机座、护罩、机电一体化电动执行机构(IP65)、螺杆、轴导支承、基础螺栓等有效和安全运行所必需的附件
	6—1—4M	电动铸铁闸门	$B\times H$=2 500(mm)×2 000(mm)，P=4.0 kW	套	2	双向受压，直接排放； 成套装置，并需配置启闭机座、护罩、机电一体化电动执行机构(IP65)、螺杆、轴导支承、基础螺栓等有效和安全运行所必需的附件
	6—1—5M	电动铸铁闸门	$B\times H$=2 350(mm)×2 000(mm)，P=4.0 kW	套	2	双向受压，至调蓄池； 成套装置，并需配置启闭机座、护罩、机电一体化电动执行机构(IP65)、螺杆、轴导支承、基础螺栓等有效和安全运行所必需的附件

续表 6.16

泵站名称	设备编号	名称	规格	单位	数量	备注
2# 格栅闸门井	6—2—1M	回转式机械格栅	渠宽 3 000 mm，b=50 mm，P=4.4 kW	台	2	栅后下降式； 附就地控制箱、用电电缆、基础螺栓等； 机架、延伸挡板及格栅本体、牵引链、清污耙及紧固件等材质均为不锈钢 304； 格栅位于室外，电动机防护等级 IP65，F 级绝缘，B 级温升
	6—2—2M	无轴螺旋输送机	DN350，L=9 m，P=4 kW，进料口高 1 000 mm	套	1	叶片直径不小于 350 mm，厚度不小于 20 mm，螺旋片片高不小于 80 mm； 与格栅全封闭连接； 配备支架、盖板、冲洗管接口、基础螺栓等； 电气控制柜(箱)户外支架安装，防护等级 IP65，由配套控制箱(柜)至其所控设备之间的动力以及控制线缆配套供应
	6—2—3M	电动铸铁闸门	$B\times H$=2 500(mm)×2 000(mm)，P=4.0 kW	套	2	进水； 成套装置，并需配置启闭机座、护罩、机电一体化电动执行机构(IP65)、螺杆、轴导支承、基础螺栓等有效和安全运行所必需的附件
	6—2—4M	电动铸铁闸门	$B\times H$=2 500(mm)×2 000(mm)，P=4.0 kW	套	2	双向受压，直接排放； 成套装置，并需配置启闭机座、护罩、机电一体化电动执行机构(IP65)、螺杆、轴导支承、基础螺栓等有效和安全运行所必需的附件
	6—2—5M	电动铸铁闸门	$B\times H$=2 350(mm)×2 000(mm)，P=4.0 kW	套	4	双向受压，至调蓄池及泵房； 成套装置，并需配置启闭机座、护罩、机电一体化电动执行机构(IP65)、螺杆、轴导支承、基础螺栓等有效和安全运行所必需的附件

续表 6.16

泵站名称	设备编号	名称	规格	单位	数量	备注
南京南站北侧区域雨水泵房	6—5—1M	潜水轴流泵	Q=2.4 m^3/s，H=6.0 m(最低3.0 m，最高8.0 m)，P=250 kW	台	6	5用1备，按6常用配电； 附钢井筒、三通、井筒盖、透气阀、提升链、水下电缆及电缆固定装置、水泵控制器(室外安装，防护等级IP65)、安装钢结构件、固定件、防旋流设施等(钢井筒、三通壁厚14 mm)配双法兰传力伸缩接头DN1 400/L1=370/PN1.0 MPa，所有连接件的连接螺栓双法渐扩管：规格DN1 200×DN1 400；型号L=1 050；公称压力PN1.0 MPa
	6—5—2M	浮箱拍门	DN1 400，PN1.0 MPa	只	6	a. 拍门门体应由球墨铸铁制成，门板应由不锈钢304制造，拍门门体的设计至少应考虑有5 mm厚的腐蚀余量，并能经受现场预料的冲击负载 b. 门页的铰轴和螺栓等应采用不锈钢316 c. 门体密封座和门板密封座采用铜合金制造。金属座应能更换。另外，也可将有弹性二级座作为铜合金座的附加座 d. 门体和门板应具有吊环和吊耳
	6—5—3M	电动铸铁闸门	B×H=2 500(mm)×2 000(mm)，P=4.0 kW	套	2	双向受压，出水箱涵闸门； 成套装置，并需配置启闭机座、护罩、机电一体化电动执行机构(IP65)、螺杆、轴导支承、基础螺栓等有效和安全运行所必需的附件
	6—5—4M	电动铸铁闸门	DN1 500，P=2.2 kW	套	1	打回笼水； 成套装置，并需配置启闭机座、护罩、机电一体化电动执行机构(IP65)、螺杆、轴导支承、基础螺栓等有效和安全运行所必需的附件

说明：

1. 范围

本技术规范适用于南京南站地区泵站及调蓄水池设备采购及安装项目的供货及保修期服务。

2. 标准与规范

(1) 根据施工图设计的要求，本次采购项目的质量标准应符合现行中华人民共和国以及项目所在地省、市或行业的工程建设规范、标准的要求。

(2) 在采购货物过程中，与本项目有关的标准或规范如果有局部修订或新颁，在报买方和监理工程师批准后，卖方应执行新的标准和规范。

6.6.3 合同应注意的条款

1）合同价格

合同价格应按中标人的投标价格（综合单价）执行；本次采购合同采用固定单价合同。综合单价应是完成生产供货、运输（含装卸、保险、二次搬运）、预埋件、现场安装调试、开通、试运行、工具、备品备件、资料、培训指导、保修期服务、利润、保险、税金以及招标文件规定的所有一切责任、义务和可能风险的全部费用。设备若为国外产品，综合单价还应包含 CIF 价、进口海关所有环节税和国内运杂费等费用。

2）总计划供货安装期

最终供货安装时间由建设方根据现场进度情况提前一个月向供货商提出，供货商不得因供货时间的提前或滞后而增加任何费用。

3）货款支付

预付款：20%合同价。

到货支付：设备到达施工现场，建设方验收合格后 10 天内，买方支付至合同总价的 60%（含预付款）；竣工验收并经决算审计后付至经审计设备款的 90%；保修期满后一次性无息付清余款。

未付款利息：不考虑。

4）保修期

全部设备安装调试完毕后 2 年。

6.6.4 总结与建议

泵站设备招标属于设备招标中较为简单的招标项目，招标中应注意的主要问题与电梯等货物招标类似。招标人首先应确定设备的技术参数，对设备的价格定位等。其次应注意招标的时机，泵站中的一些设备需要进行前期的土建设计及施工，应提前确定好设备的具体尺寸，避免出现底座尺寸不符、重新设计或施工等问题。

6.7 案例五：南京南站配电房设备采购、安装及调试项目

6.7.1 项目概述

本项目为南京南站屋顶光伏并网项目配电房内设备采购、安装、调试及验收，主要包括 1 000 kV·A 分裂绕组升压变压器 7 台，500 kV·A 双绕组升压变压器 1 台，24 kV 进线柜 7 台，24 kV 出线柜 1 台，24 kV 母线设备柜 1 台，以及配电房内电气、线路、暖通系统的施工。

电力系统情况：

①系统标称电压：20 kV

②系统最高电压：24 kV

③系统额定频率：50 Hz

6.7.2 招标设备清单及技术要求

配电房设备采购内容较多，以下列出主要设备的需求清单及技术参数供参考。

24 kV 干式升压变压器需求表见表 6.17。

表 6.17 24 kV 干式升压变压器需求表

序号	项目单位要求			
	变压器型式	主要参数	单位	数量
1	1 000 kV·A 分裂绕组升压变压器	24 kV，1 000 kV·A，21±2×2.5%/0.27—0.27 kV，Ud=8%，Dy11y11，IP2X 外壳	台	7
2	500 kV·A 双绕组升压变压器	24 kV，500 kV·A，21±2×2.5%/0.38 kV，Ud=4%，Dyn11，IP2X 外壳	台	1
3	电力电缆	ZA—YJV—0.6/1 kV—3×95	m	820
4	电力电缆	YJV—18/30 kV—3×95	m	250

24 kV 真空开关高压开关柜需求表见表 6.18。

表 6.18 真空开关高压开关柜需求表

序号	项目单位要求			
	开关柜型式	主要参数	单位	数量
1	进线柜	24 kV，1 250 A，25 kA/4s；真空断路器，24 kV，630 A，25 kA，1 台；电流互感器，100/5 A，5P20/0.5，2 只；无间隙氧化锌避雷器 YH5WZ—34/85，3 只，附计数器，3 只；带电显示器，1 组；综合状态指示仪；零序电流互感器 100/1 A，1 只；电缆下进线；柜体尺寸：(宽×深)1 000×1 800	台	7
2	出线柜	24 kV，1 250 A，25 kA/4 s；真空断路器，24 kV，630 A，25 kA，1 台；电流互感器，500/5 A，5P20/0.5/0.2 S，3 只；接地刀，1 组；无间隙氧化锌避雷器 YH5WZ—34/85，3 只，附计数器，3 只；带电显示器，1 组；综合状态指示仪；电缆下出线；柜体尺寸：(宽×深)1 000×1 800	台	1
3	母线设备柜	24 kV，1 250 A，25 kA/4 s；配熔断器，0.5 A，3 只；电压互感器 $(20/\sqrt{3})/(0.1/\sqrt{3})/(0.1/\sqrt{3})/(0.1/\sqrt{3})/(0.1/3)$kV 全绝缘，3 只；消谐器，1 只；带电显示器，1 组；综合状态指示仪；柜体尺寸：(宽×深)1 000×1 800	台	1
4	基础槽钢	逆变器、变压器、高压柜等基础槽钢	m	见图纸

续表 6.18

<table>
<tr><td rowspan="2">序号</td><td colspan="4">项目单位要求</td></tr>
<tr><td>开关柜型式</td><td>主要参数</td><td>单位</td><td>数量</td></tr>
<tr><td>注：</td><td colspan="4">真空断路器品牌：ABB、伊顿（EATON）、西门子；
综合状态指示仪：杭州锐志、杭州超耐德、瑞成电气；
接地刀：上海宝临超亚、天水长城、仪征电器、西安西高；
电流（压）互感器：北方互感器、大连一互、大连二互、沈阳特种互感；
其他相关元器件优先使用中国名牌、国家免检或进口品牌。</td></tr>
</table>

24 kV 干式升压变压器技术参数见表 6.19。

表 6.19 24 kV 干式升压变压器技术参数表

序号	名称	单位	技术要求值
一	1 000 kV·A 分裂绕组非晶合金干式升压变压器参数		
1	型号		
2	额定频率	Hz	50
3	额定电压		
	高压侧	kV	21
	低压侧	kV	0.27—0.27
4	调压方式		无励磁调压
5	分接范围		±2×2.5%
6	联结组别		Dy11y11
7	冷却方式		AF/AN
8	额定容量		
	自冷	kV·A	1 000/500—500
	风冷	kV·A	1 500/750—750
9	相数		3
10	绝缘水平		
	雷电冲击耐压	kV	125
	1 min 工频耐压		
	高压侧	kV	65
	低压侧	kV	3
11	阻抗电压%及偏差（以高压绕组容量为基准的半穿越阻抗）		8%±10%
12	分裂系数		投标人提供

续表 6.19

序号	名称	单位	技术要求值
13	损耗		
	空载损耗	kW	≤1.88
	负载损耗(120 ℃)	kW	≤10.35
	绕组电阻	ζ/相	投标人提供
14	空载电流百分比		≤1%
15	绝缘等级和温升极限		F级绝缘,B级温升
16	过载能力(1 h/2 h)		投标人提供
17	绕组/铁芯材料		铜箔/非晶合金
18	噪音水平	dB(A)	≤50
19	局部放电量	pC	≤5
20	可承受2s短路能力	kA	25
21	高压绝缘子爬电距离	mm	≥240
22	外壳防护等级		IP2X
23	外壳材质		不锈钢
24	变压器柜重量	kg	投标人提供
25	变压器柜安装尺寸(宽×深×高)	mm	2 500×1 500×2 200
26	辅助设备电源需求		投标人提供
二	500 kV·A双绕组非晶合金干式升压变压器参数		
1	型号		
2	额定频率	Hz	50
3	额定电压		
	高压侧	kV	21
	低压侧	kV	0.38
4	调压方式		无励磁调压
5	分接范围		±2×2.5%
6	联结组别		Dy11
7	冷却方式		AF/AN
8	额定容量		
	自冷	kV·A	500
	风冷	kV·A	750
9	相数		3
10	绝缘水平		

续表 6.19

序号	名称	单位	技术要求值
	雷电冲击耐压	kV	125
	1 min 工频耐压		
	高压侧	kV	65
	低压侧	kV	3
11	阻抗电压%及偏差(以高压绕组容量为基准的半穿越阻抗)		4%±10%
12	分裂系数		投标人提供
13	损耗		
	空载损耗	kW	≤1.5
	负载损耗(120 ℃)	kW	≤6
	绕组电阻	ζ/相	投标人提供
14	空载电流百分比		≤1.2%
15	绝缘等级和温升极限		F级绝缘,B级温升
16	过载能力(1 h/2 h)		投标人提供
17	绕组/铁芯材料		铜箔/非晶合金
18	噪音水平	dB(A)	≤50
19	局部放电量	pC	≤5
20	可承受 2s 短路能力	kA	25
21	高压绝缘子爬电距离	mm	≥240
22	外壳防护等级		IP2X
23	外壳材质		不锈钢
24	变压器柜重量	kg	投标人提供
25	变压器柜安装尺寸(宽×深×高)	mm	1 600×1 200×2 200
26	辅助设备电源需求		投标人提供

24 kV 真空开关高压开关柜技术参数见表 6.20。

表 6.20　24 kV 真空开关高压开关柜技术参数表

序号	名称		单位	招标人要求值
一	开关柜共用参数			
1	结构型式			手车式
2	额定电压		kV	24
3	额定电流		A	1 250
4	温升电流		A	1.1 I_r
5	额定工频 1 min 耐受电压(相对地)		kV	65
6	额定雷电冲击耐受电压峰值(1.2/50 s)(相对地)		kV	125
7	额定短路开断电流		kA	25
8	额定短路关合电流		kA	63
9	额定短时耐受电流及持续时间		kA/s	25/4
10	额定峰值耐受电流		kA	63
11	辅助和控制回路短时工频耐受电压		kV	2
12	局部放电	试验电压	kV	$1.1\times24/\sqrt{3}$
		单个绝缘件	pC	≤3
		电压互感器、电流互感器		≤10
13	供电电源	控制回路	V	DC 110
		辅助回路	V	AC 220
14	使用寿命		年	≥30
15	设备尺寸	单台开关柜整体尺寸(宽×深×高)	mm	1 000×1 800×2 400
		设备的最大运输尺寸(长×宽×高)		投标人提供
16	防护等级	柜体外壳		IP4X
		隔室间		IP2X
17	爬电距离	瓷质材料(对地)	mm	≥432
		有机材料(对地)		≥480
18	相间及相对地净距(裸导体)		mm	≥180
19	丧失运行连续性类别			LSC2
20	内部故障电弧允许持续时间		s	0.3
二	断路器参数			
1	型号			投标人提供
2	额定电流		A	630
3	主回路电阻		μΩ	投标人提供

续表 6.20

序号	名称		单位	招标人要求值
4	温升试验电流		A	1.1 I_r
5	额定工频 1 min 耐受电压	断口	kV	79
		对地		65
	额定雷电冲击耐受电压峰值(1.2/50 s)	断口	kV	145
		对地		125
6	额定短路开断电流	交流分量有效值	kA	25
		时间常数	ms	45
		开断次数	次	≥30
		首相开断系数		1.5
7	额定短路关合电流		kA	63
8	额定短时耐受电流及持续时间		kA/s	25/4
9	额定峰值耐受电流		kA	63
10	开断时间		ms	投标人提供
11	分闸时间		ms	投标人提供
12	合闸时间		ms	投标人提供
13	重合闸无电流间隙时间		ms	300
14	分、合闸平均速度	分闸速度	m/s	投标人提供
		合闸速度		投标人提供
15	分闸不同期性		ms	2
16	合闸不同期性		ms	2
17	机械稳定性		次	10 000
18	额定操作顺序			O—0.3 s—CO—180 s—CO
19	异相接地故障开断试验	试验电流	kA	21.7
		试验电压	kV	24
		操作顺序		O—0.3 s—CO—180 s—CO
20	容性电流开合试验(试验室)	试验电流	A	电容器组:≥400
		试验电压	kV	$1.4\times24/\sqrt{3}$
		C1 级: CC1:24×O, CC2:24×CO;BC1:24×O, BC2:24×CO		C1 级/C2 级
		C2 级: CC1:48×O,CC2:24×O 和 24×CO; BC1:24×O,BC2:80×CO		

续表 6. 20

<table>
<tr><th>序号</th><th colspan="2">名称</th><th>单位</th><th>招标人要求值</th></tr>
<tr><td rowspan="19">21</td><td colspan="2">操动机构型式或型号</td><td></td><td>弹簧</td></tr>
<tr><td colspan="2">操作方式</td><td></td><td>三相机械联动</td></tr>
<tr><td colspan="2">电动机电压</td><td>V</td><td>AC 220</td></tr>
<tr><td rowspan="5">合闸操作电源</td><td>额定操作电压</td><td>V</td><td>DC110</td></tr>
<tr><td>操作电压允许范围</td><td></td><td>85%～110%,30%不得动作</td></tr>
<tr><td>每相线圈数量</td><td>只</td><td>1</td></tr>
<tr><td>每只线圈涌流</td><td>A</td><td>投标人提供</td></tr>
<tr><td>每只线圈稳态电流</td><td>A</td><td>DC110 V、5A</td></tr>
<tr><td rowspan="5">分闸操作电源</td><td>额定操作电压</td><td>V</td><td>DC110</td></tr>
<tr><td>操作电压允许范围</td><td></td><td>65%～110%,30%不得动作</td></tr>
<tr><td>每相线圈数量</td><td>只</td><td>1</td></tr>
<tr><td>每只线圈涌电流</td><td>A</td><td>投标人提供</td></tr>
<tr><td>每只线圈稳态电流</td><td>A</td><td>DC110V、5A</td></tr>
<tr><td colspan="2">保护类线圈数量</td><td>只</td><td>1</td></tr>
<tr><td rowspan="2">备用辅助触点</td><td>数量</td><td>对</td><td>10 常开,10 常闭</td></tr>
<tr><td>开断能力</td><td></td><td>DC110 V、5A</td></tr>
<tr><td colspan="2">使用寿命</td><td>年</td><td>≥20</td></tr>
<tr><td colspan="2">弹簧机构储能时间</td><td>s</td><td>≤20</td></tr>
<tr><td>三</td><td colspan="4">隔离开关(若有)</td></tr>
<tr><td>1</td><td colspan="2">型式/型号</td><td></td><td>投标人提供</td></tr>
<tr><td>2</td><td colspan="2">额定电流</td><td>A</td><td>1 250</td></tr>
<tr><td>3</td><td colspan="2">主回路电阻</td><td>μΩ</td><td>投标人提供</td></tr>
<tr><td>4</td><td colspan="2">温升试验电流</td><td>A</td><td>1. 1 I_r</td></tr>
<tr><td rowspan="4">5</td><td rowspan="2">额定工频 1 min 耐受电压</td><td>断口</td><td rowspan="2">kV</td><td>79</td></tr>
<tr><td>对地</td><td>65</td></tr>
<tr><td rowspan="2">额定雷电冲击耐受电压峰值(1. 2/50 s)</td><td>断口</td><td rowspan="2">kV</td><td>145</td></tr>
<tr><td>对地</td><td>125</td></tr>
<tr><td>6</td><td colspan="2">额定短时耐受电流及持续时间</td><td>kA/s</td><td>25/4</td></tr>
<tr><td>7</td><td colspan="2">额定峰值耐受电流</td><td>kA</td><td>63</td></tr>
<tr><td rowspan="2">8</td><td rowspan="2">分、合闸时间</td><td>分闸时间</td><td rowspan="2">m/s</td><td>投标人提供</td></tr>
<tr><td>合闸时间</td><td>投标人提供</td></tr>
</table>

续表 6.20

序号	名称		单位	招标人要求值
9	分、合闸平均速度	分闸时间	m/s	投标人提供
		合闸时间		投标人提供
10	机械稳定性		次	≥3 000
11	开断电容电流		A	0.5
12	开断电感电流		A	0.5
13	操动机构	型式或型号		电动并可手动
		电动机电压	V	AC220
		控制电压	V	AC220
		允许电压变化范围		85%～110%
		操作方式		三相机械联动
	备用辅助触点	数量	对	10 常开，10 常闭
		开断能力		DC110 V、5A
四	接地开关参数			
1	额定短时耐受电流及持续时间		kA/s	25/4
2	额定峰值耐受电流		kA	63
3	额定短路关合电流		kA	63
4	额定短路电流关合次数		次	2
5	机械稳定性		次	≥3 000
6	操动机构	型式或型号		手动
		电动机电压	V	AC220
		控制电压	V	AC220
		允许电压变化范围		85%～110%
	备用辅助触点	数量	对	8 常开，8 常闭
		开断能力		DC110 V、5A
五	电流互感器参数			
1	型式或型号			电磁式

续表 6.20

序号	名称		单位	招标人要求值
2	绕组 1	额定电流比		100/5～500/5
		额定负荷		30
		准确级		5P20
	绕组 2	额定电流比		100/5～500/5
		额定负荷		30
		准确级		0.5
	绕组 3	额定电流比		100/5～500/5
		额定负荷		30
		准确级		0.2S
	绕组 4			
六	零序电流互感器			
1	型式			电磁式
2	额定电流比			100/1A
3	额定负荷		V·A	5
七	电压互感器参数			
1	型式或型号			电磁式
2	额定电压比			$20/\sqrt{3}:0.1/\sqrt{3}:0.1/\sqrt{3}:0.1/3$
3	准确级			0.2/0.5/3P
4	接线级别			Y_n/ Y_n/ Y_n/△
5	额定容量		V·A	50
6	三相不平衡度		V	1
7	低压绕组 1 min 工频耐压		kV	2
8	额定电压因数			1.2 倍连续，1.9 倍 8 h
八	熔断器参数			
1	熔断器型式			限流式
2	熔断器的额定电流		A	1
3	熔断器的额定短路开断电流		kA	25
九	避雷器参数			
1	型式			复合绝缘金属氧化物避雷器
2	额定电压		kV	34

续表 6.20

序号	名称		单位	招标人要求值
3	最大持续运行电压		kV	27.2
4	标称放电电流		kA	5(峰值)
5	陡波冲击电流下残压峰值(5 kA,1/3 μs)		kV	投标人提供
6	雷电冲击电流下残压峰值(5 kA,8/20 μs)		kV	≤85
7	操作冲击电流下残压峰值(250 A,30/60 μs)		kV	投标人提供
8	直流 1 mA 参考电压		kV	≥24
9	75%直流 1 mA 参考电压下的泄漏电流		μA	投标人提供
10	工频参考电压(有效值)		kV	投标人提供
11	工频参考电流(峰值)		mA	投标人提供
12	持续电流	全电流	mA	投标人提供
		阻性电流	μA	投标人提供
13	长持续时间冲击耐受电流		A	400(峰值)
14	4/10 μs 大冲击耐受电流		kA	65(峰值)
15	动作负载			投标人提供
16	工频电压耐受时间特性			投标人提供
17	千伏额定电压吸收能力		kJ/kV	投标人提供
18	压力释放能力		kA/s	25/0.2
十	母线参数			
1	材质			铜
2	额定电流		A	1 250
3	额定短时耐受电流及持续时间		kA/s	25/4
4	额定峰值耐受电流		kA	63
5	导体截面		mm^2	与开关柜型式试验报告中产品的导体截面、材质一致

6.7.3 合同应注意的条款

1) 对项目经理的要求

本项目招标内容包括对配电房内电气、线路系统的施工,因此合同中应写明对项目经理及项目经理团队的具体工作要求,包括考核和惩罚制度。

2) 发包人、承包人的工作

合同中应写明发包人应做的工作,承包人应做的工作,以及双方约定承包人应做的工作。承包人的工作中应特别注意承包人应在施工前应将相关电力施工设计方案报电力主管部门审批,在得到电力主管部门批准后方可实施,工程完工后确保通过电力主管部门验收并通电。

3) 合同价款与支付

本合同价款采用固定单价合同方式确定，工程量按实结算。

合同中注明合同价款中的风险范围，合同价款调整的原因及方法。工程预付款及工程进度款的支付比例以及支付时限、支付原则等均应在合同中写明。

6.7.4 总结与建议

在编制招标文件时招标人不能指定品牌，但可提供三种品牌参考，要求投标人的设备处于同等水平；在投标时应要求投标人在投标文件中详细说明品牌情况，因为同等报价下会产生较大品牌差异。招标文件中还应明确对售后服务的范围要求，期限要求等。

招标前招标人应明确所要招标的变压器及开关柜的型式，变压器的额定频率、额定电压、高低压侧、调压方式、接线方式、分接范围、额定容量、相数等主要技术指标和开关柜的结构型式、柜体尺寸、额定电流、额定电压等主要技术指标以及所需设备数量。

6.8 案例六：南京交通主枢纽南站综合管理与信息服务系统工程建设

6.8.1 项目概述

汽车南站主站区建筑面积 30 500 m^2，其中站房 18 352 m^2，到发场 12 148 m^2。站务用房主体三层，包括地上两层，地下负一层（局部夹层）组成，主要用于售票处、候车厅、行包房、检票口、综合服务处、广播室、小件寄存处、调度室、消防控制室、机房、监控中心、变配电室、厕所和盥洗室及相关站务办公用房等。

本系统建设内容包括 9 项内容，具体如下：

(1) 信息资源规划和数据库建设；

(2) 应用系统建设（含智能站务管理信息系统、枢纽日常监测与联动支持系统、信息诱导显示与枢纽综合信息服务系统、安全疏散诱导与应急管理系统、枢纽综合运行分析系统，共五大系统开发及其第三方测试）；

(3) 应用支撑软件建设；

(4) 主机及存储系统建设；

(5) 基础网络平台建设；

(6) 通讯系统建设；

(7) 安全系统建设；

(8) 终端系统建设（含售检票终端、信息采集终端和信息发布终端）；

(9) 配套工程建设（含日常运营与指挥调度中心和机房土建装修和机电工程及综合布线工程）。

通过本次工程的建设，强化各种运输方式的衔接，推动多种运输方式的有机衔接和协同运转，增强紧急情况下应急联动能力，提高汽车客运站运营调度效率，为公众出行提供高效、安全、便捷的服务，并探索和积累综合南京交通主枢纽南站信息系统建设经验，全面监测、实时掌握运行管理相关信息，为今后相关枢纽信息服务系统建设提供示范。

6.8.2 技术要求

信息系统建设中的软、硬件技术更新速度快，技术要求繁杂，项目之间差异大，本案例中介绍南京南站汽车站信息系统建设的一般情况，仅供参考。

以下着重介绍南站汽车站信息系统建设中每个子系统建设的主要内容、主要功能要求、主要设备技术要求、设备选型要求等。这些内容均应在招标文件的技术要求中详细列出。

1）信息资源规划和数据库建设

确定数据库的类型及每个数据库的功能要求，本工程需建设四个数据库：基础数据库、业务数据库、主题数据库、交换数据库。

2）应用系统建设

（1）应用系统功能性要求

①智能站务管理信息系统的技术要求应注意系统对基础数据管理、票证管理、票价管理、车辆管理智能卡、调度管理、问询处、检票管理、行包管理、财务结算、综合查询、统计分析、系统管理、办公自动化、LED/LCD信息发布、公共广播、旅客自助查询等的功能要求。

②枢纽日常监测与联动支持系统的技术要求应注意系统对安全环境监测、设备设施运行状态监测、视频监测、客流监测、综合统计、预警、联动支持等的功能要求。

③信息诱导显示与枢纽综合信息服务系统应注意发布方式的要求。

④安全疏散诱导与应急管理系统应注意系统对安全疏散集中控制功能、日常值守、快速报送、应急处置决策、后期处置管理、查询统计分析、预案管理、培训管理、演习管理、应急资源管理、干预管理等的功能要求。

⑤枢纽综合运行分析系统的技术要求应注意系统对运输企业综合查询、运输企业综合分析、日常特征出行分析、“十一”“春运”节假日出行特征分析、多种运输方式关联分析等的功能要求。

（2）应用系统非功能性要求

技术文件中应注意应用系统技术架构对应用系统架构及车辆调度管理等的技术要求；系统性能对窗口售票系统业务受理能力、自动售票机业务受理能力、业务查询能力、平均无故障工作时间、平均故障修复时间MTTR等的技术要求；系统扩展性要求；系统存储要求；质量特性要求。

3）应用支撑软件建设

技术文件中应注意以下几点：

（1）应用中间件软件所能支持的构架、应用程序、操作系统、数据库系统，安全性，可扩展性等技术性能要求。

（2）数据交换软件对语言要求、所支持的数据库与操作系统、数据管理、数据交换、数据传输、账号权限等技术性能要求。

（3）数据同步中间件软件对数据捕捉、可靠性、灵活性、数据同步、数据移动、拓扑结构、数据选择等技术性能要求。

(4) 备份软件对体系架构、网络支持、备份对象、备份与恢复模式、备份介质等技术性能要求。

4) 主机及存储系统建设及基础网络平台建设

技术文件中应注意以下几点:

(1) 招标文件中应对交换机的类型、端口类型与数量、接口类型与数量、用户接口模块与数量、背板带宽、包转发率、冗余要求等技术性能要求。

(2) 服务器:招标文件中应对服务器的类型、主频、内存、缓存、扩充能力、系统带宽、硬盘容量等技术性能要求。

(3) 磁盘阵列:招标文件中应对磁盘阵列的处理器、缓存、磁盘接口、RAID 级别、网络接口、电源、操作系统、协议支持、磁盘容量、系统支持、保修服务等技术性能要求。

(4) 接入路由器:招标文件中应对接入路由器的模块化类别、接口、包转发率、内存、要求支持的各项协议、保修服务等技术性能要求。

5) 通信系统建设

技术文件中应注意以下几点:

(1) 对讲中继的通信频道数量、频率范围、功率、免持功能、电力供应等技术性能要求。

(2) 无线对讲手台:招标文件中应对无线对讲手台的频率范围、存储信道数量、电源、电池类型等技术性能要求。

6) 安全系统建设

技术文件中应注意以下几点:

(1) 防火墙的品牌、网络接口、工作模式、接入方式、认证方式、流量统计、日志分析功能、管理权限、服务器负载均衡、端口同步、网络诊断、维护服务等技术性能要求。

(2) 应用安全网关的产品资质、系统架构、接口、反病毒、异常检测、应用控制、带宽管理、网络特性、管理与升级、日志与报表、品牌要求、维护服务等技术性能要求。

(3) 网络防病毒系统的系统、防火墙、安装方式、语言等技术性能要求。

7) 终端系统建设

技术文件中应注意以下几点:

(1) 售检票终端的售票工作站、自动售票终端、移动售票终端、检票工作站、自动检票终端、移动检票终端的技术性能要求。

(2) 信息采集终端的摄像机、网络视频解码器、客服端管理主机、视频管理平台软件的技术性能要求。

(3) 客流检测终端的客流检测设备、后台客流分析主机、客流分析软件的技术要求。

(4) 安检防疫系统终端的 X 射线安检仪、计算机红外测温仪、手持红外体温仪的技术要求。

(5) 车辆管理智能卡终端的 IC 卡读写设备、IC 卡、IC 卡打印机的技术要求。

(6) 信息发布终端 LED 显示屏的产品直径、点中心距、像素密度、视角、可视距离、亮度、传输方式、刷新频率、传输距离、MTBF、使用寿命;LCD 显示屏的分辨率、物理对比度、屏幕亮度、反应时间、输入端子、信号;多媒体信息发布终端的 CPU、板载显卡、板载内存、操作系统的技术要求。

(7) 广播系统的多通道数字语音处理系统、数字音频矩阵系统、环境噪声处理器、功率放大器、扬声器的技术要求。

8) 配套工程建设

(1) 日常运营与指挥调度中心

注意大屏幕显示系统的图像拼接控制器、显示屏的技术要求。

注意数字会议系统的中央控制器、投影仪、投影幕、摄像机、录像机的技术要求。

注意扩音系统的数字媒体矩阵、扬声器、功率放大器的技术要求。

注意信号处理系统的矩阵及矩阵切换器的技术要求。

注意集中控制系统的控制主机、控制集成点、强电控制器、调光模块的技术要求。

(2) 机房

注意机房装饰系统的防静电地板、机房吊顶、机房墙柱面、玻璃隔断的材料要求。

注意电气系统的照明灯具、UPS不间断电源的技术要求。

注意机房专用精密空调的能效比、噪音、涡旋压缩机、额定输入功率、风机数量、风量、输入功率、PTC再加热器功率、加湿器类型、额定输入功率、空气过滤网、冷凝配置的技术要求。

注意门禁系统中指纹门禁控制器的指纹模板容量、记录容量、密码输入等技术要求。

注意机房消防系统的工作压力、灭火剂喷射持续时间、环境温度要求、最大充装率、启动方式等技术要求。

注意防雷器的接口/保护脚、额定电压、最大持续运行电压、放电电流、响应时间、传输速率等技术要求。

注意环境监测系统的电量检测仪、温湿度传感器、动力环境监控主机、摄像机等设备的技术要求。

注意机柜与KVM系统控制器的型号及技术要求。

(3) 综合布线

编制技术文件前应首先确定系统的设置要求，注意布线类型的选择。

①系统设置要求

确定系统采用的组网模式和技术，系统拓扑结构和内、外网组网方式，如星型、环型等；混合与独立，设置数量等。

确定系统设置级别(例如六类、超五类等)。

确定水平布线采用的线缆类别与线对数(例如UTP、FTP、N芯室内光纤等)。

确定主干数据、语音采用的线缆类别与线对数(例如X对大对数UTP、FTP铜缆、N芯光缆等)。

确定各类信息点的设置数量、设置位置和设置要求。比如：信息点设置是否与家具装潢统一考虑等。

确定先进合理的系统网络结构和系统布局，系统设置应有一定的前瞻性。

②主要设备技术要求

五类、超五类布线产品应满足“建筑与建筑群综合布线系统工程施工及验收规范GB/T 50312－2000”相关要求，六类布线产品应满足“国际商用建筑布线标准ANSI EIA/TIA 568B－2001”相关要求。

9）视频监控系统联网

技术文件中应注意以下几点：

(1) 监控设备中摄像头的档次要求，确定摄像头的类型及数量。

(2) 视频监控系统联网的网络条件、监控中心联网方式、网络传输带宽，接入设备、编码设备、设备接口，IP 地址分配等技术性能要求。

6.8.3 评标办法

本项目评标方法采用综合评估法。商务及技术文件评分如表 6.21。

表 6.21 商务及技术文件评分表

序号	评比内容	所占分值
(1)	财务状况	10 分
(2)	技术能力	15 分
①	项目经理和技术负责人	8 分
②	主要技术人员的配备及业绩	7 分
(3)	业绩信誉	15 分
①	企业已完类似工程数量	10 分
②	履约及信誉	5 分
(4)	对本项目的理解和合理化建议	5 分
(5)	优化设计方案及施工组织	10 分
(6)	售后服务承诺	5 分
(7)	系统开发投标报价	10 分
(8)	系统采购安装报价	30 分
合计	(1)+(2)+(3)+(4)+(5)+(6)+(7)+(8)=	100 分

商务及技术文件评分细则如下：

1）财务状况(10 分)

根据《江苏交通项目投标企业财务能力评价指标(试行)》进行评分。

2）技术能力(15 分)

(1) 拟投入项目经理和技术负责人(8 分)：根据投标人拟投入项目经理和技术负责人的素质及工程施工项目管理工作经历、履约表现等进行评定。

(2) 拟投入主要技术人员(7 分)：根据参与主要人员的专业、资历、配置和业绩可否满足本工程施工的需要进行评定。

3）业绩信誉(15 分)

(1) 企业已完类似工程数量(10 分)

根据申请人 5 年内较好地完成过的与本项目同等规模及以上的类似工程施工项目个数及规模进行评定。

(2) 履约及信誉(5 分)

由评标委员会根据《江苏省交通行业与产业项目招标投标信用档案管理办法》和根据申请人近 2 年在江苏省交通系统的履约状况和奖惩情况等进行评定。

4) 对本项目的理解和合理化建议(5 分)

投标人对本项目设计基础资料掌握情况、对本工程项目理解准确程度、总体建设思路、工程造价初步测算合理性、关键性技术问题的对策进行评定。

5) 优化设计方案及施工组织(10 分)

对投标人提出的工作大纲内容、组织机构及人员安排、进度及质量控制进行评定。

6) 售后服务承诺(5 分)

根据投标人承诺的售后服务进行评定。

7) 系统开发投标报价(10 分)

招标人设有最高限价,最高限价为在开标前 3 天公布,投标人的投标价不得高于此限价,如果投标人的报价高于此限价,则投标文件作废标处理。招标人根据项目情况对投标人的评标价制定具体评分规定及计算公式。

8) 系统采购安装报价(30 分)

招标人设有最高限价,最高限价为在开标前 3 天公布,投标人的投标价不得高于此限价,如果投标人的报价高于此限价,则投标文件作废标处理。招标人根据项目情况对投标人的评标价制定具体评分规定及计算公式。

6.8.4 总结与建议

建筑智能化工程需要注意以下几个问题:

1) 招标文件的编制

建筑智能化工程招标的目的是找到一个最合适的承包商,并获得一个较有市场价格优势的报价。作为招标工作的第一环,招标文件要明确约定承、发包双方的权利义务和工程合同细则。

(1) 明确各项技术标准和规范

招标文件编制和相关评审方法要符合智能建筑的功能需求和相关技术发展趋势。文件制定者要熟悉各类设计规范和国家标准。

(2) 明确智能化系统功能需求

在采购智能化设备时,除了数量、型号、规格与图纸和设备清单必须一致外,还要标明各项技术要求、参数、接口条件。这样才能确保系统在硬件设备上的完整性、兼容性,并满足接口界面、联动、信息通信接口的技术要求,若需要承包商进一步细化设计时,在招标文件中要明确提出施工单位在图纸和施工过程中需完成的具体内容、深度和范围。

(3) 确定工作界面

工作界面的确定是智能化系统工程招标的重中之重,通常包括:确定系统技术界面、确定设备材料供应界面、确定设计界面和施工界面等。例如,若要求投标单位提供系统运行及安装所需设备、配件和工具。这就包括:电缆、跳线、配线架、固定支撑座、工装以及各种接地保护组件。在招标文件中要清晰地划分工作界面的各个组成部分,协调好与装饰、安装、土建等其他施工人员的配合和衔接条件。

(4) 提高评标精度和效率

在建筑智能化系统中，由于方案的先进性差别、所购产品品牌差异、档次优劣所造成的成本差距是很显著的。编制招标文件时，要根据实际情况，合理规划各项参数和要求。否则，承包商可能暗箱操作，故意选择某些性能、价格不透明的产品，实现自身利益最大化。

建议在招标文件中明确提出一些性价比较高的品牌作为参考，特殊情况下，还可对报价部分作出特别规定。比如，除了投标人要提供产品的品号、规格、型号、数量、单价外，还要求投标人标明生产厂家的公开报价和折扣。

智能化系统供应商多是一些大型知名企业，它们对于所有的部件和零配件均会有详细的公开报价。对于这类设备，通过配置就能判断是否满足工程设计需要和性能指标，而折扣又可以反应报价的竞争力，从而有效提高评价准确度和效率。在招标文件里要求投标方出示原厂家的项目授权书，也是一个重要细节，这可以有效防止假冒伪劣产品在工程中滥竽充数。

2) 对于承包商的检查要点

在项目进度不受影响的基础上，应该对参加竞标的承包商做一个有针对性的考察。这主要包括：类似招标系统的工程规模和工程内容的合同文件；已完工工程的验收文件；类似系统工程，并经该工程设计单位盖章确认的施工图纸；投标商与合作商的专业水准；已完成的类似招标系统工程的可供考察的工程实例；主要原生产厂家的授权等级证书等。

通常情况下，主承包商需要对各子系统进行总体协调、管理和控制。不少工程还直接需要承包商负责深入设计，给出工程图。某种意义上讲，智能化系统集成商，需要同时具有技术能力、工程管理能力、组织能力。如何选择一个称职的主承包商是建筑智能化工程的首要问题。优秀的承包商不仅要有相应的工程经验、完善的管理制度、可靠的采购渠道，同时还必须具备一定的工程设计能力和良好资质。

3) 充分利用系统性分析减少设计修改

在未进行工程招标确定产品、设备之前，设计单位不可能绘制出详细的施工图纸。目前，智能化技术日新月异，在施工过程中，常常出现由于应用技术和产品的更新，而不得不对设计进行修改。如：采用不同设备厂商的工作系统，会使得设备及信息点位不对称；进度慢的工程精装修会对原有建筑布局施加影响，而导致工程总量的调整；不同品牌的智能化产品，其安装、接线、电源供应等具体工艺都不一样。这使得智能化系统实际工作量与招标时的清单工作量相比增多不少。

施工时，承包商为了提高自身收益，会以各种理由设法采用与招标选定的设备厂商或品牌不同的产品，造成不同程度的工程变更。如：若把监控系统中的普通摄像头改为远红外线摄像机，不在投标报价范围内，这就很难确定价格。这些临时变更会导致工程投资计划失控，给整个项目的进展带来不利因素。通过系统分析，能有效减少一些不必要的工程变更，在招标文件里对其加以明确诠释，能够避免不必要的麻烦。

7 项目招标的成本控制

7.1 招标阶段成本控制的重要性

近年来，随着我国投资体制的改革和建设市场的逐步规范，项目建设各方对决策、设计以及施工阶段成本控制的重要性有了比较充分的认识，但由于认识上的偏差，建设方、投标单位对于工程施工招投标阶段的成本控制工作的重视还不够，而实际上，施工招投标阶段的成本控制对整个项目全过程的成本控制影响却是举足轻重、不容忽视的。项目不同阶段对成本的影响程度呈现图 7－1 所示的趋势。

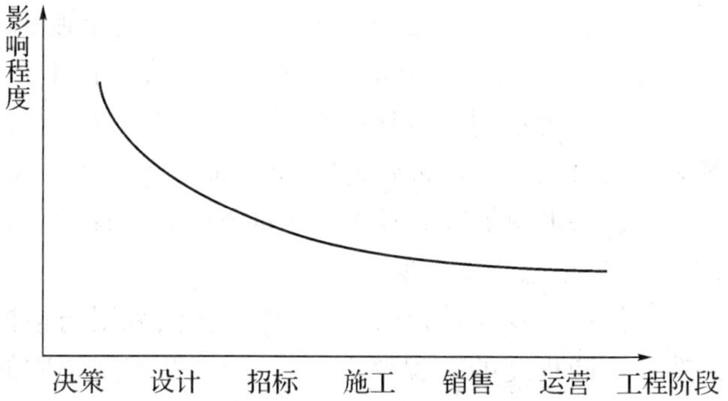

图 7－1　各阶段对成本影响趋势图

招标阶段的成本控制对于南京南站交通枢纽工程这样的复杂集输运系统工程效果更显著，影响更重大，在招标策划过程中，不同承包方式的选择、标段的不同划分方式、标底编制的是否合理以及采取什么样的评标方式等都会对整个项目的成本产生很重大的影响，而这种大型复杂的项目的任何一个标段都在几百万以上甚至几千万，往往在招标阶段如果控制得当，节约的成本比例往往是非常可观的。

施工招投标阶段也是签订建设工程合同的阶段。建设工程合同包括工程范围和内容、工期、物资供应、付款和结算方式、工程质量标准和验收、安全生产、工程保修、奖罚条款、双方的责任等重要内容，是项目法人单位与建筑企业进行工程承发包的主要经济法律文书，是双方实施施工、监理和验收，享有权利和承揽义务的主要法律依据，直接关系到建设单位和建筑企业的根本利益。招标过程中如何合理地设置这些内容的条件以及标准对于成本的影响都非常大。

招标、投标、定标实际是承发包双方合同的签订过程。建设方发出的招标文件是要约邀请，投标人提交投标文件是要约，经过评标、定标是一个承诺的过程，最后签订施工合同，成为以该工程质量、工期、价格为主要内容的法律文件。因此在这个过程中的一项小小的变动可能比其他时候采取的其他的成本控制的措施效果会好很多而且结果很显著。

招标文件是由招标单位或受其委托的招投标代理机构编制，并向投标单位提供的为进行招标工作所必需的重要文件，它的基本内容包括投标须知、合同条件、合同协议条款、合同格式、技术、投标书及投标书附录、工程量清单与报价表、辅助资料表、资格审查表、施工图纸等。从中我们可以看出，施工招投标文件中的主要条款，例如材料供应的方式、计价依据、付款方式等都是成本控制的直接影响因素。招标文件规定的合同条件和协议条款是投标单位中标后与发包人签订合同的依据，签订的合同内容与招标文件实质性内容不得相违背。合同中的定价，就是该工程的承发包价格，一旦甲乙双方在工程造价上出现争议，合同条款就是索赔的依据，所以招标文件的编制直接影响最终的工程成本。

7.2 招标阶段影响成本控制的因素

招投标阶段的成本控制应做到在满足工程质量和工期要求条件下，降低工程成本，提高投资效益。南京南站综合交通枢纽项目所涉及的专业较多，在招标过程中需要考虑不同专业本身的特点。因此，在招标过程中掌握并控制不同专业不同标段的不同特点对工程成本的影响因素是十分必要的。主要有以下几个方面。

7.2.1 市场供需状况

建筑市场的供需状况是影响工程建设成本的一个重要因素，当国有资产投资增长，建筑市场的需求增加，承包商在成本中加上较大幅度的利润后，仍然有把握中标，当国有资产投资下降，建筑市场萎缩时，由于竞争加剧，此时承包商为了中标，利润幅度较低甚至为零。

国内目前缺乏成熟的市场行为，有时为了争抢工程而无视市场风险，视招标投标为博彩，以拿标为目的，恶意降价，中标价格甚至连买材料都不够，中了标以后，不是亏损，就是采用一些非正常的手段追加费用。有的承包商追加不到费用时，以停工要挟，有的承包商偷工减料，更有的承包商以更低价的手段分包转包，致使工程质量受到严重的影响，留下了极大的隐患。返工重建的费用远远突破了成本，导致成本失去控制。

建筑市场的供需状况对工程成本的影响程度取决于市场竞争的激烈程度。当建筑市场处于完全竞争时，其对工程成本的影响非常敏感，建筑市场任何微小的变化都会反映在工程成本的改变上，当建筑市场处于不完全竞争时，其影响程度相对减小。

所以，在铁路枢纽工程的招标过程中，招标人应注意标段划分的合理性，标段划分不宜太大，否则会导致有资格参与投标的潜在承包商数量过少而出现竞争性不足；也不能划分得过细，否则会导致交易成本的增加以及管理难度和管理费用的上升。

7.2.2 招标人的期望

任何工程项目，招标人的主观期望对整个工程的成本影响是非常大而且是隐形的。质量好、进度快、造价低、功能全是每个招标人所期望的，但这并不是理性的，也是不符合客观实际的。招标人的期望对项目成本产生的影响主要体现在以下几方面：

(1) 功能质量的要求。任何商品的生产都有其质量标准，建筑产品当然也不例外，如技术规范和质量验收标准。在选定质量标准时，一方面要符合国家强制性标准，另一方面，对是否还应进一步提高质量标准进行分析，应加强价值工程分析，避免盲目提高质量标准，增大工程成本。

(2) 工期要求。在某些情况下，招标人可能以缩短建设工期为目标，达到减少建设期贷款利息，提前发生投资效益的目的，或者是献礼工程，例如南京南站项目必须在 2011 年 6 月 30 号通车，向“七一”献礼。但由于承包商施工资源配置不合理，导致生产效率低下，成本大幅度增加，为保证适当的利润水平提高投标报价，并且由于抢工期，容易出现质量事故，如北京西客站“豆腐渣”工程，其教训极其深刻。

(3) 品牌要求。招标人对一些设备的要求，比如设备的品牌与档次等，不同品牌的同一设备在成本上可能会存在天壤之别，包括设备是否要求进口以及设备是否包括安装等后续服务，招标人在招标阶段就应该考虑清楚并提出明确要求。

因此，铁路枢纽工程综合交通枢纽工程作为公共设施，主要为国有资产投资，招标人在招标阶段要充分考虑项目建成后的功能要求和质量要求，在编制招标文件的时候应尽量避免因招标人的主观要求而使项目的总成本大大增加。

7.2.3 建设工程的特点

工程项目建设成本的高低与工程项目的特点有密切关系，具有不同特点的项目在项目建设过程中的成本会有质的差别，主要表现在以下几点：

(1) 建设规模的大小。建设规模大，施工阶段各项费用的摊销成本就会减少。许多费用并不与工程量呈线性变化。投标人会根据建设规模大小调整一些工程费用标准，实行不同的报价策略。即建设规模大，适当报低价；反之，则会报高价。体现了薄利多销的市场原则。

(2) 建设项目的技术要求。如项目建设要求采用新结构、新工艺、新施工方法等的时候，工程成本可能会提高。一方面，新结构、新工艺、新施工方法对于招标人来说还不能准确掌握市场的价格信息，容易形成垄断价格；另一方面，新技术、新施工方法的运用存在一定的风险，需要付出一定的代价，故承包商在报价时会考虑风险因素。

(3) 建设环境。是指项目建设资金到位情况、建设地点、当地气候条件等影响施工成本的外部因素，如工程款不能及时支付，工地干扰大，当地气候条件恶劣等因素会增加承包商施工难度，影响工期，对工程成本则有一定的影响。

南京南站交通枢纽工程投资规模大、建设工期紧、质量要求高、项目涉及范围非常广泛，包含了铁路站房、市政道路、景观绿化、建筑工程、桩基工程、水利工程、机电工程、装饰装修及货物采购等各个类型。

7.2.4 投标人的报价决策

投标人对建筑产品的定价与投标决策有密切关系。投标人通常根据建筑市场竞争激烈程度，竞争对手实力状况，结合本单位施工能力和技术水平，作出最后的报价金额。大致包括以下几种方法：(1) 以获得最大利润为目标；(2) 以保本或微利为策略；(3) 以最大限度低报价为策略；(4) 采用超常规报价方法。

就单个投标人来看，无论他采取以上报价策略中的哪种，都是受其他投标人的报价策略影响的，而这种投标人报价之间的相互影响最终将影响到项目的最终合同价，从而影响整个项目的建设成本。

7.3 招标过程中成本控制的措施

招投标阶段是工程成本的控制重点之一，属于一种事前主动控制的方法，通过上文叙述的影响招标阶段成本控制的几种因素，结合南京南站项目的招标，在实际的项目招标过程中应从招标图纸、现场勘察、招标文件及合同条款的编制、工程量清单及清单计价说明编制等方面进行控制。

7.3.1 结合现场勘察充分掌握招标图纸

招标图纸是编制招标文件的主要依据之一，在招投标阶段，仔细阅读招标图纸主要有两个作用：一是能够对招标工程形成一种基本的、直观的印象和了解；二是能够寻找并发现招标工程中的重点和难点部分。这样在招标文件的编制中就能做到统筹兼顾、重点突出、有的放矢，避免机械地套用招标文件的范本格式，读图主要把握以下内容：

(1) 了解招标图纸的范围、主要工程内容。应从专业的角度严格界定招标范围。招标范围的划分不科学，很有可能造成工程的重复计价，部分设备重复订货的现象，从而造成工程成本的无形增加，并且会发生工程质量责任互相扯皮的现象，导致施工单位互相索赔。例如，预埋管线由土建单位实施还是机电施工单位实施、粗装修与精装修界面的划分、室内一些墙壁开关机设备什么工种负责安装、总包与专业分包的协调等。

(2) 归纳总结工程的重点、难点部分。工程项目中涉及不可预见地质状况的地基处理与基础工程、重大钢结构工程、新技术、新工艺、新材料的应用等都是重点、难点部分。

(3) 重点审查招标图纸中做法不明确的内容。一旦发现存在不明确的内容，应及时与设计单位沟通；图纸中不明确的工程做法应在开标前加以明确，避免施工中产生不必要的造价变更或者争议。

(4) 对于图纸中所选用的材料或者设备，应附有技术参数的文本。即“材料文本”或者“用户需求书”。例如一些高档的装饰材料或者卫生间洁具，因其材料品牌、品质等级、产品系列的不同，价格差异很大，招标图纸中若没有明确用户的需求（产品的基本技术参数），很容易造成投标报价的不合理差异。

（5）审查招标图纸中施工现场勘察的情况。包括地质勘察报告是否完整、地下管线、障碍物的调查，特别对于涉及水下施工的项目，水下障碍物应尽可能调查清楚。

（6）应避免招标图纸中出现前后矛盾的情况。

（7）应注意项目招标不同标段之间的界面，避免出现疏漏或重复。

7.3.2 招标文件的编制

招标文件是工程招投标阶段的核心内容，一般招标文件由投标须知、协议书、合同通用条款、专用条款等内容构成。铁路枢纽工程复杂，标段及专业很多，在编制招标文件的过程中不能一味地套用相关专业的招标格式文件，要结合实际标的的特点编写设置符合该标的的条款，例如南京南站的屋顶光伏并网示范工程、站房南北落客平台、南广场大体积基坑开挖工程等都有其他项目不具有的特点，在招标文件的条款设置中应该体现出来。具体来说在招标文件的编制过程中应该从以下几方面来体现控制成本的思想：

（1）合同条款中对土方约定的体现。土方工程中大开挖土方和基坑、基槽土方的计量规则不一样，大开挖土方的清单工程量和计价工程量一致，不存在量差；但承台、基础梁的清单工程量和计价工程量是不一样的，清单工程量为垫层直上直下尺寸的工程量，计价量要考虑放坡和工作面，施工方有可能会提出此部分清单不准，而在施工过程中要求签证。因此在招标条款中就应该明确规定这类问题的计价标准及处理方式。

（2）大型基坑施工。这类问题在施工中容易出现实际做法与设计方案不一致，例如降水井的类型、边坡支护材料、桩的充盈系数等，虽然很多材料能暂时保证降水及其他效果与设计一致，但是从长远来看是存在隐患的，而施工方可以从中节约很可观的费用。针对这类问题，在招标文件的合同条款中应该明确详细规定所用的材料等的约定及处罚措施。

（3）变更后的废料处理问题。一般的招标文件很少针对此类问题做详细的规定，往往是设计变更发生后，承包方重新要求招标人提供材料或者费用，而变更之前的废料就默默地被吸收掉。综合南京南站项目的相关变更资料的收集及数据跟踪，我们发现，变更废料是一块很大的费用组成部分，如果能有效回收并利用这些材料，能节省很大一笔投资。

（4）对于措施费的规定。根据以往的经验，措施费是很难控制的一块，往往也是承包人容易利用的借口，例如，有时候会办理垃圾处理的签证单。根据南京南站资料的收集以及我们后期的跟踪发现，措施费占到了整个项目投资的2%～5%左右，这是很惊人的数字，因此，在编制招标文件的过程中，针对不同类型的工程要充分预见相关的措施费的种类，在合同条款中明确约定。

（5）对于能源的供应。有些时候，施工现场会出现无法提供网电施工，采用自发电施工，然后根据实际使用的发电机情况签证，这样做可能会存在资源浪费的问题，使投资增加。对于像南京南站这样的大型工程，持续时间长，规模很大，这类费用看起来很小，实际上日积月累下来也是一笔很客观的费用。

因此，针对这类问题，应该在合同条款中实行规定采用不签证，根据定额网电收取一定的管理费和利润；或者在合同中约定承包人根据调差公式(7－1)计算费用，可以很有效地控制投资。

$$Y_n=\frac{Y}{W(1-c)}+S+f_t \tag{7-1}$$

其中：Y_n 为自发电电价(元/度)

Y 为发电机的台班费(元)

W 为发电机台班产量(度)

c 为自发电的线路和变配电设备的损耗率 7%

S 为发电机的冷却水费 0.02 元/度

f_t 为变配电设备的修理、安装、拆除、设备和线路的运行维修的摊销费。

(6) 杜绝与合同价重复的签证。在施工中，往往会遇到很多签证其实是与合同价重复计算的，在招标文件的相关条款中应该明确杜绝这类情况的发生，例如临时停水停电的签证，签证的前提必须是停水停电超过了 4 h，以及该类项目施工是否受停水停水的实际影响。

7.3.3 推行工程量清单及计价说明编制

招标工程量清单编制是招标文件的重要组成部分，是合同成本控制的核心文件。实行工程量清单招标，避免了工程招标中的弄虚作假、暗箱操作等违规行为，有利于廉政建设和净化建筑市场环境，规范招标行为，同时消除因工程量不统一而引起的在标价上的误差，可以从细节上衡量投标企业的报价水平及其合理性，有利于正确评标。工程量清单招标和评标实质上是市场确定价格的过程，通过淡化标底的作用，使标底不再成为中标的直接因素，并取消标底审核这一环节，将标底定为控制价，在招标时公开。

控制价的作用只作为投标单位编制投标报价时参考的上限标准，只要投标价高于控制价就不能成为中标单位，这样就消除了编制标底给招标活动带来的负面影响，彻底避免了标底的跑、漏、靠现象。工程量清单和控制价的公开，提高了招投标工作的透明度，为承包商竞争提供了一个共同的起点，使招投标过程真正做到了符合公开、公平、公正和诚实信用的原则。

(1) 招标清单计价原则的确定。工程量清单计价要以国家颁布的有关清单计价规范为基础，同时结合工程的实际情况制定，具备可操作性，便于控制造价，例如，在一个道路工程地基处理的搅拌桩工程，清单规范是按照设计图示尺寸计量，但设计招标图纸中往往并没有确定的搅拌桩长度。因此，在招标清单计价说明中明确规定“搅拌桩按照检验批内现场试桩长度计量，同一检验批的搅拌桩长度计量均按照试桩的平均长度计算”。开挖的钢板桩支护如采用单独计量的，定额是采用“吨”为计量单位，实际上采用了按照钢板桩以平方米为计量单位，钢板桩超出基坑顶部或者嵌入基坑底部的部分综合考虑在单价里面，仅计算钢板桩支护的净面积，这样就避免了钢板桩计量中复杂的厚度、结构形式的计算，也有利于钢板桩变更计价的确定。

(2) 清单内容应该充分结合前面所述的招标图纸，避免存在漏项情况。招标图纸中往往存在一些隐蔽性很强的工程费用，仔细阅读招标图纸的工作不能忽视。

(3) 合理控制清单开项的深度。过于细化的开项会增加计算量，不利于结算；过于综合地开项会导致报价的不准确及单价变更的复杂性。综合考虑，投标单位往往很难准确报价，一旦发生变更(例如开挖深度加大会导致支护难度增加)很难合理确定变更价款。采用的调整方式是，以一个合理开挖深度为分界，基坑超过该深度的，其土方开挖和支护工程分别单独计量，这样就合理控制了清单开项的深度。

(4) 充分考虑施工的实际情况。特别对于某些措施项目，不能笼统采用合价包干的方式。某些措施项目涉及工程量的变化，往往在发生重大设计变更后，会导致该措施费用大幅度增加或者大幅度减少，这样就产生了价格严重偏差。因此，与工程子项目密切相关的措施费用，应咨询工程管理人员的意见，合理预计施工的变化，以确定采用合价包干或者工程量清单计价的模式。

7.4 招标阶段成本控制的对象

很多建设管理者认为招标阶段只是为了确定施工单位，多为程序性工作，不存在成本控制的因素。而实际过程中招标阶段同样是投资控制的关键点。招投标活动是政府工程成本控制的重要手段，也是预防滋生腐败的必不可少的重要环节。招投标的实施，通过市场竞争，使基本建设投资得到了有效的控制。因招标过程中招标文件条款不严谨导致后期索赔额增加、清单编制有误导致不平衡报价、对材料设备品牌档次要求不合理等不当操作，同样会造成投资增加。因此在招标过程中应该可以通过以下几方面来达到控制成本的作用。

7.4.1 合理的标底

标底是建筑工程成本的表现形式之一，它是由招标单位自行编制或委托有编制标底资格和能力的中介代理机构编制，并按规定报经审定的招标工程的预期价格，是招标者对招标工程所需费用的自我测算和控制。

合理确定标底要注意以下三点：

首先要熟悉编制标底的原则，项目划分必须与招标文件相一致，应以现行标准、定额、费率为准，必须因时因地制宜，考虑特殊情况，必须控制在概算或批准投资限额之内，一个招标项目只编制一个标底。

其次要掌握标底的编制方法，主要采用以施工图预算、工程概算、扩大综合定额、平方米造价包干为基础等四种方法来编制。当然常用的是以施工图预算为基础的标底编制方法，利用这种方法编制招标工程标底，其特点是工程子项目划分符合实际情况，工料消耗定额比较详细准确，如无设计和价格上的变化，其造价是比较准确的。

最后要重视标底的审定。审查标底的目的是检查标底是否详尽、准确，如有漏洞，应予调整。

7.4.2 合理的编制招标文件

招标文件是合同的组成部分，内容应全面、科学且有针对性。

(1) 对招标文件要实行会审制。重点审查工程招标范围、计价方式、计价原则、结算办法、评分办法等,针对该工程的具体特点,对不适用的一些结算办法、评分办法作适当调整,使之更加科学、合理、公正。同时为避免串通投标,肆意抬高报价,可设定最高限价即招标控制价,招标控制价的编制可参考国家相关预算定额予以计价,以达到合理控制招投标价格的目的。

(2) 引入品牌竞争。品牌竞争让很多供应商都绷紧了神经,品牌竞争不仅是集团战略的要求,也符合市场经济基本规律,既有利于自由竞争,公平竞争,也更有利于招标人节约资金,质优价廉不再是可望而不可即的。在招标中材料设备定配置定质量定服务,真正引入品牌竞争,将沉重打击陪标串标行为,让招标人真正享用到招标带来的质优价廉的好东西。

(3) 对成本指标的控制。在招标过程中,招标控制价的编制也至关重要,招标控制价的合理性也影响着投标报价的高低。对于控制价的编制者,除了熟读图纸,认真执行相关的规范、定额、地方性信息价格,平时多了解市场行情,收集一些工程成本指标也很重要。在编制招标控制价时,通过与同时期同标准同行业的成本指标对比,合理编制招标控制价。根据后期对南京南站的招标跟踪,整理出部分已完工程的建设指标。交通枢纽广场地下空间成本控制指标如表 7.1 所示,南京南站汽车客运站及配套宾馆成本控制指标如表 7.2 所示,大型会议中心成本控制指标如表 7.3 所示,南京南站地区某甲级写字楼成本控制指标如表 7.4 所示,市政泵站成本控制指标如表 7.5 所示,站房屋顶太阳能光伏发电设备及系统二次接入成本控制指标如表 7.6 所示,市政道路建设成本控制指标如表 7.7 所示,市政桥梁成本控制指标如表 7.8 所示,南京南站综合管理与信息服务系统成本控制指标如表 7.9 所示。(表中数据因取整略有出入)

表 7.1　交通枢纽广场地下空间成本控制指标

序号	工程及费用名称	项目概况	建筑面积(m^2)	造价(元)	单位造价(元/m^2)
一	土建及装饰工程				8 860
1	桩基础	ϕ600/800 钻孔灌注桩,地铁区域 ϕ800 钻孔灌注桩	36 095	12 423 364	344
2	基坑围护	支护:旋挖桩、钻孔灌注桩,止水帷幕:深层搅拌桩	36 095	25 485 778	706
3	土方工程	三类黏土	36 095	26 981 515	748
4	地下室建筑结构	建筑面积 35 633 m^2,其中人防为 9 316 m^2,地下一层,地上局部 462 m^2,地上局部一层	36 095	254 921 866	7 063
二	机电安装工程				1 887
5	电气	低压控制电气、照明灯具、封闭式母线	36 095	10 386 394	288
6	弱电	综合布线、安防、有线电视、应急照明、背景音乐广播	36 095	21 319 489	591

续表 7.1

序号	工程及费用名称	项目概况	建筑面积(m^2)	造价(元)	单位造价(元/m^2)
7	漏电火灾报警	阻燃电源线、阻燃控制线	36 095	2 042 193	57
8	给排水	给水镀锌钢管	36 095	10 102 635	280
9	蒸汽动力管道	蒸汽分气缸、冷凝水回收	36 095	326 551	9
10	暖通	水冷空调系统、铝合金风口、复合玻纤板风管	36 095	17 702 992	490
11	屋面冲洗		36 095	980 000	27
12	电梯	4 部自动扶梯+2 部货梯	36 095	5 248 500	145
三	合计		36 095	387 921 277	10 747

表 7.2 汽车客运站及配套宾馆成本控制指标

序号	工程及费用名称	项目概况	建筑面积(m^2)	造价(元)	单位造价(元/m^2)
一	土建及装饰工程				6 799
1	桩基础	ϕ1 500/1 600/1 800 人工挖孔桩、ϕ1 000 旋挖桩、ϕ1 000 冲击桩	47 656	7 880 894	165
2	基坑围护	支护:ϕ1 000 人工挖孔桩+ϕ1 200 旋挖桩; 止水帷幕:F550 单重旋喷桩	47 656	41 703 962	875
3	土方工程	三类黏土	47 656	41 883 063	879
4	地下室建筑结构	地下室建筑面积 47 656 m^2,地下二层,钢筋混凝土框架结构	47 656	159 478 014	3 346
5	地上部分建筑结构	站房建筑面积 26 244 m^2,配套宾馆建筑面积 30 690 m^2,站房为框架结构,三层,建筑高度 18 m;配套宾馆为框剪结构,地上十六层,建筑高度 58 m	104 590	86 215 783	824
6	地上部分内装饰(车站)	负一层至三层、九层、十层车站站房及办公用房部分装修	26 000	42 790 000	1 646
7	地上部分内装饰(宾馆)		78 590	179 578 150	2 285
8	外幕墙	玻璃幕墙+石材幕墙+铝板幕墙	104 590	151 655 500	1 450

续表 7.2

序号	工程及费用名称	项目概况	建筑面积(m^2)	造价(元)	单位造价(元/m^2)
二	机电安装工程	宾馆部分仅做预埋	104 590		1 551
9	电气	动力照明配电、灯具、封闭式母线、应急照明、接地	104 590	25 731 873	246
10	弱电	综合布线、安全防范系统、一卡通系统、车辆管理系统、楼宇设备管理控制系统、智能照明系统、背景音乐系统、多媒体信息显示系统、会议室系统设备采购安装,配管配线、电缆安装	104 590	68 192 680	652
11	漏电及火灾自动报警	报警设备采购安装,调试,配管、配线及电缆安装	104 590	3 627 575	35
12	生活给排水	不锈钢给水管、PP-R 塑料热水管、UPVC 塑料排水管,卫生洁具采购安装	104 590	9 231 300	88
13	暖通	火灾补风风机、排烟通风两用双速风机 、轴流排烟风机、空调热泵机组、卧式暗装风机盘管、铝合金风口、机制玻镁复合板保温型风管	104 590	32 624 890	312
14	消防水	消火栓、喷淋,泵房水泵、稳压设备,镀锌焊接钢管	104 590	12 046 804	115
15	亮化	主站房室外亮化、广场照明亮化	104 590	5 113 484	49
16	电梯工程		104 590	5 600 000	54
三	合计		104 590	873 353 982	8 350

表 7.3 大型会议中心成本控制指标

序号	工程及费用名称	项目概况	建筑面积(m^2)	造价(元)	单位造价(元/m^2)
一	土建及装饰工程				14 984
1	桩基础	ϕ600/800/1 000 钻孔灌注桩	79 659	314 968 500	3 954
2	基坑围护	支护:ϕ1 000/1 200 钻孔灌注桩、旋挖桩; 止水帷幕:三轴深搅桩	79 659	47 178 800	592

续表 7.3

序号	工程及费用名称	项目概况	建筑面积(m^2)	造价(元)	单位造价(元/m^2)
3	土方工程	三类粉砂土	79 659	35 700 000	448
4	地下室建筑结构	地下二层，建筑面积 79 659 m^2，钢筋混凝土结构＋钢结构	79 659	279 414 700	3 508
5	地下室装饰		79 659	45 282 700	568
6	地上部分建筑结构	地上五层，地上建筑面积 114 434 m^2，建筑高度 27 m，钢结构	194 093	464 284 300	2 392
7	地上部分内装饰		194 093	402 065 800	2 072
8	外幕墙装饰	GRC 板材幕墙＋玻璃幕墙	194 093	281 420 000	1 450
二	机电安装工程		194 093		1 921
9	电气	高低压变配电、动力照明、应急照明、防雷、接地	194 093	129 220 000	666
10	弱电	综合布线、安全防范系统、一卡通系统、车辆管理系统、楼宇设备管理控制系统、智能照明系统、背景音乐系统、多媒体信息显示系统、会议室系统设备采购安装，配管配线、电缆安装	194 093	61 471 700	317
11	漏电及火灾自动报警	煤气报警、漏电报警、早期报警系统和监控中心设备采购安装，配管配线、电缆安装	194 093	22 557 800	116
12	生活给排水	钢塑复合给水管、PP-R 塑料冷热水管、UPVC 塑料排水管，卫生洁具采购安装	194 093	19 246 700	99
13	暖通	火灾补风风机、排烟通风两用双速风机 、轴流排烟风机、空调热泵机组、卧式暗装风机盘管、铝合金风口、复合板保温型风管	194 093	94 144 100	485
14	消防水	消火栓、喷淋，泵房水泵、稳压设备，镀锌焊接钢管	194 093	16 824 700	87
15	电梯工程		194 093	29 320 000	151
三	合计		194 093	2 243 099 800	11 557

表 7.4 南京南站地区某甲级写字楼成本控制指标

序号	工程及费用名称	项目概况	建筑面积(m^2)	造价(元)	单位造价(元/m^2)
一	土建及装饰工程				8 714
1	桩基础	ϕ600/800/1 000 钻孔灌注桩	55 600	22 240 000	400
2	基坑围护	支护:ϕ1 200 钻孔灌注桩、旋挖桩 止水帷幕:三轴深搅桩	55 600	15 750 000	283
3	土方工程	三类粉砂土	55 600	16 680 000	300
4	地下室建筑结构	地下三层局部夹层,地下室面积 55 773 m^2,钢筋混凝土结构+钢结构	55 600	117 336 102	2 110
5	地下室装饰		55 600	12 263 898	221
6	地上部分建筑结构	地上面积 121 721 m^2,由 1 座 42 层超高层,钢筋混凝土框架—筒体结构、1 座 16 层高层板式办公楼钢筋混凝土框架—剪力墙、1 座 5 层以精品商业为主的裙房,框架结构	114 434	217 230 000	1 898
7	地上部分内装饰	仅公共区域 22 300 m^2 装修	22 300	26 760 000	1 200
8	外幕墙装饰	玻璃幕墙	122 300	281 420 000	2 301
二	机电安装工程				2 095
9	电气	高低压变配电、动力照明、应急照明、防雷、接地	177 900	129 220 000	726
10	弱电	综合布线、安全防范系统、一卡通系统、车辆管理系统、楼宇设备管理控制系统、智能照明系统、背景音乐系统、多媒体信息显示系统、会议室系统设备采购安装,配管配线、电缆安装	177 900	61 471 700	346
11	漏电及火灾自动报警	煤气报警、漏电报警、早期报警系统和监控中心设备采购安装,配管配线、电缆安装	177 900	22 557 800	127
12	生活给排水	钢塑复合给水管、PP-R 塑料冷热水管、UPVC 塑料排水管,卫生洁具采购安装	177 900	19 246 700	108
13	暖通	火灾补风风机、排烟通风两用双速风机 、轴流排烟风机、空调热泵机组、卧式暗装风机盘管、铝合金风口、复合板保温型风管,局部多联机系统	177 900	94 144 100	529

续表 7.4

序号	工程及费用名称	项目概况	建筑面积(m^2)	造价(元)	单位造价(元/m^2)
14	消防水	消火栓、喷淋,泵房水泵、稳压设备,镀锌焊接钢管	177 900	16 824 700	95
15	电梯工程		177 900	29 320 000	165
三	合计		177 900	1 082 465 000	6 085

表 7.5　市政泵站成本控制指标

序号	工程及费用名称	项目概况	建筑面积(m^2)	造价(元)	单位造价(元/m^2)
一	土建及装饰工程		3 372.05	18 792 354.45	5 573
1	桩基础	泵站设计流量为 8 m^3/s,选用 900QZB—70 型潜水轴流泵 4 台套(单机设计流量 2.0 m^3/s),单机配用功率 185 kW。调蓄池、清污机桥、前池、站身、压力水箱、穿堤箱涵、出水涵洞闸门井、自流涵及自流涵闸门和堤防	3 185.93	5 998 480.97	1 883
2	土方工程		2 754.67	5 230 121.24	1 899
3	构筑物工程		2 754.67	6 089 840.94	2 211
4	配电管理房土建		431.26	926 868.95	2 149
5	泵房土建		186.12	547 042.35	2 939
二	机电安装工程		3 372.05	12 861 844.13	3 814
6	自动化控制		3 372.05	1 132 637.11	336
7	工艺设备安装		3 372.05	7 058 957.83	2 093
8	高低压变配电		3 372.05	4 574 752.4	1 357
9	电气照明(泵房)		3 372.05	47 868.09	14
10	配电管理房照明(泵房)		3 372.05	47 628.7	14
三	合计		3 372.05	31 654 198.58	9 387

备注:不包括室外工程(道路、绿化、市政管网等)

表 7.6　站房屋顶太阳能光伏发电设备及系统二次接入成本控制指标

序号	工程及费用名称	建筑规模(W)	造价(元)	单位造价(元/W)
1	太阳能光伏板	6.98 MW	151 680 000	21.73
2	配电房设备	6.98 MW	4 540 000	0.65
3	继电保护、安全自动装置、系统调度自动化二次接入	6.98 MW	1 598 727	0.23
4	合计	6.98 MW	157 818 727	22.61

表 7.7　市政道路建设成本控制指标

序号	基本概况	取价时间	每平方米造价（元/m²）	每千米造价（元/km）
1	设计车速:50 km/h,道路宽度:46 m,城市主干道路及雨污水管网	2012 年 11 月	1 310	60 256 944
2	设计车速:40 km/h,道路宽度:35 m,城市次干路及雨污水管网	2012 年 8 月	1 042	36 463 792
3	设计车速:30 km/h,道路宽度:20 m,城市支路及雨污水管网	2012 年 11 月	1 094	21 879 074
4	设计车速:30 km/h,道路宽度:20 m,城市支路及雨污水管网	2012 年 11 月	1 103	22 062 467

表 7.8　市政桥梁成本控制指标

序号	基本概况	取价时间	每平方米造价（元/m²）	单位跨度造价（元/m）
1	设计车速:50 km/h,桥梁宽度:23 m,桥梁跨度:57.84 m,城市次干道路配套桥梁	2012 年 11 月	5 832	134 153
2	设计车速:50 km/h,桥梁宽度:42 m,桥梁跨度:24 m,城市次干道路配套桥梁	2012 年 11 月	6 516	273 684
3	设计车速:50 km/h,桥梁宽度:28 m,桥梁跨度:24 m,城市次干道路配套桥梁	2012 年 11 月	11 852	332 325
4	设计车速:50 km/h,桥梁宽度:28 m,桥梁跨度:8 m,城市次干道路配套桥梁	2012 年 11 月	5 270	147 563
5	设计车速:30 km/h,桥梁宽度:24.25 m,桥梁跨度:25 m,城市次干道路配套桥梁	2011 年 11 月	8 750	212 194
6	设计车速:50 km/h,单跨,跨径 35 m,桥宽 57.35 m,城市主干路配套桥	2012 年 11 月	5 620	322 300
7	设计车速:50 km/h,单跨,跨径 30 m,桥宽 51.6 m,城市主干路配套桥	2012 年 11 月	5 734	295 887
9	设计车速:30 km/h,单跨,跨径 25 m,桥宽 22.6 m,城市支路配套桥	2012 年 11 月	6 416	174 004
10	设计车速:40 km/h,单跨,跨径 13 m,桥宽 32 m,城市次干路配套桥	2012 年 8 月	9 255	296 169

表 7.9　南京南站综合管理与信息服务系统成本控制指标

序号	工程及费用名称	项目概况	建筑规模(m^2)	造价(元)	单位造价(元/m^2)
1	系统开发、设计	主要包括:1. 应用系统(智能站务管理系统、枢纽日常监测与联动支持系统、站内诱导与枢纽综合信息服务系统、安全疏散诱导与应急管理系统、枢纽综合运行分析系统);2 信息资源规划和数据库建设;3. 基础网络平台;4. 通信系统;5. 主机及存储系统;6. 应用支撑软件;7. 终端系统;8. 配套工程;9. 安全系统;10. 运营保障体系	18 400	3 924 327	213.28
2	系统安装、设备调试、试运行		18 400	21 489 492	1 167.91
3	合计			25 413 819	1 381.19

(4) 主要设备的选用。国内能够制造,并能保证质量、数量和按期供货的设备,或者进口一些技术资料就能仿制的设备,就不必从国外进口;有时一个项目从国外引进设备时,为了考虑各供应厂家的设备特长和价格等问题,可能分别向几家制造厂购买,这时,就必须注意各厂所供设备之间技术、效率等方面的衔接配套问题;应尽量避免引进的设备所用主要原料需要进口。如果必须从国外引进时,应安排国内有关厂家尽快研制这种原料。在备品备件供应方面,随机引进的备品备件数量往往有限,有些备件在厂家输出技术或设备之后不久就被淘汰,因此,采用进口设备还必须同时组织国内研制所需备品备件问题,以保证设备长期发挥作用。另外,对于进口的设备,还必须懂得如何操作和维修,否则不能发挥设备的先进性。在外商派人调试安装时,可培训国内技术人员及时学会操作,必要时也可派人出国培训。

(5) 工程量清单编制。要求编制人员必须深入现场,熟读图纸,清单编制不得漏项、不得少算或多算,且对项目特征、工作内容应作详细描述,否则引起调价变化较大;编制人员应该熟悉不同的计价规范之间的差异和可能导致的后果,清单计价规范工程量与定额计价工程量计算规则的差异如表 7.10 所示(部分)。

表 7.10　清单计价规范工程量与定额计价工程量计算规则对照

计价规范			计价表		
项目编码	项目名称	计量单位	江苏 04 计价表	项目名称	计量单位
010101001	平整场地按设计图示尺寸以建筑物首层面积计算	m^2	1—98	平整场地按建筑物外墙外边线每边各加 2 m，以平方米计算	m^2
010101002	挖土方按设计图示尺寸以体积计算(注：为实体工程量，即以垫层宽度×挖土深度×长度计算)	m^3		土方体积，以挖凿前的天然密实体积(m^3)计算。 挖基础土方：按设计基础宽度、长度两边各加工作面的挖土底面积×挖土深度计算。需放坡时，应另加放坡工程量	m^3
010101003	挖基础土方按设计图示尺寸以基础垫层底面积×挖土深度计算	m^3	1—15～1—46	人工挖基槽(挖基坑)挖地槽、坑：按设计基础宽度、长度两边各加工作面的挖土底面积×挖土深度计算。需放坡时，应另加放坡工程量	m^3
010101006	管沟土方：按设计图示以管道中心线长度计算	m		以设计管沟宽度×管道垫层底面至室外地坪深度×图示中心线长度计算。沟底宽度设计有规定的，按设计规定，设计未规定的，按计价表规定计算	m^3
010402001	矩形柱按设计图示尺寸以体积计算。不扣除构件内钢筋、预埋铁件所占体积。 1. 有梁板的柱高，应自柱基上表面(或楼板上表面)至上一层楼板上表面之间的高度计算。 2. 无梁板的柱高，应自柱基上表面(或楼板上表面)至柱帽下表面之间的高度计算。 3. 框架柱的柱高，应自柱基上表面至柱顶高度计算。 4. 构造柱按全高计算，嵌接墙体部分并入柱身体积。 5. 依附柱上的牛腿和升板的柱帽，并入柱身体积计算。	m^3	5—13	现浇矩形柱按设计图示断面尺寸×柱高以立方米计算。柱高按下列规定确定： 1. 有梁板的柱高，自柱基上表面(或楼板上表面)至楼板下表面处。 2. 无梁板的柱高，自柱基上表面(或楼板上表面)至柱帽下表面的高度计算。 3. 有预制板的框架柱柱高，自柱基上表面至柱顶高度计算。 4. 构造柱按全高计算，应扣除与现浇板、梁相交部分的体积，与砖墙嵌接部分的混凝土体积并入柱身体积内计算。 5. 依附柱上的牛腿，并入柱身体积计算。	m^3

续表 7.10

计价规范			计价表		
项目编码	项目名称	计量单位	江苏04计价表	项目名称	计量单位
010405008	雨篷、阳台板按设计图示尺寸以墙外部分体积计算。包括伸出墙外的牛腿和雨篷反挑檐的体积	m^3		按伸出墙外的板底水平投影面积计算，伸出墙外的牛腿不另计算。水平、竖向悬挑板按立方米计算	m^3
010406001	直形楼梯按设计图示尺寸以水平投影面积计算。不扣除宽度小于 500 mm 的楼梯井，伸入墙内部分不计算	m^2	5—37	现浇整体楼梯直形整体楼梯包括休息平台、平台梁、斜梁及楼梯梁，按水平投影面积计算，不扣除宽度小于 200 mm 的楼梯井，伸入墙内部分不另增加，楼梯与楼板连接时，楼梯算至楼梯梁外侧面	10 m^2
010701001	瓦屋面按设计图示尺寸以斜面积计算，不扣除房上烟囱风帽底座、风道、小气窗、斜沟等所占面积，小气窗的出檐部分不增加面积	m^2		瓦屋面按图示尺寸的水平投影面积乘以屋面坡度延长系数以平方米计算（瓦出线已包括在内），不扣除房上烟囱、风帽底座、风道、屋面小气窗、斜沟等所占面积，屋面小气窗出檐部分也不增加	10 m^2
010701002	型材屋面同上	m^2		彩钢夹芯板、彩钢复合板屋面按实铺面积以平方米计算，支架、槽铝、角钢、角铝等均包括在定额内。彩钢板屋脊、天沟、泛水、包角、山头按设计长度以延长米计算，堵头已包含在定额内	10 m^2
010702001	屋面卷材防水按设计图示尺寸以面积计算： 1. 斜屋面(不包括平屋顶找坡)按斜面积计算，平屋顶按水平投影面积计算。 2. 不扣除房上烟囱、风帽底座、风道、屋面小气窗和斜沟所占面积。 3. 屋面的女儿墙、伸缩缝和天窗等处的弯起部分，并入屋面工程量内。	m^2	9—30	SBS 屋面卷材屋面按图示尺寸的水平投影面积乘以规定的坡度系数以平方米计算，但不扣除房上烟囱、风帽所占面积。女儿墙、伸缩缝、天窗等处弯起高度按图示尺寸计算并入屋面工程量内；如图纸无规定时，伸缩缝、女儿墙的弯起高度按 250 mm 计算，天窗弯起高度按 500 mm 计算并入屋面工程量内；檐沟、天沟按展开面积并入屋面工程量内。	10 m^2
010702002	屋面涂膜防水同上	m^2	9—80	同上	10 m^2
010702003	屋面刚性防水同上	m^2	9—69	同上	10 m^2

续表 7.10

计价规范			计价表		
项目编码	项目名称	计量单位	江苏 04 计价表	项目名称	计量单位
010702005	屋面天沟、沿沟按设计图示尺寸以面积计算。铁皮和卷材天沟按展开面积计算	m^2		同卷材屋面工程量计算规则	10 m^2
010703001	卷材防水按设计图示尺寸以面积计算。 1. 地面防水:按主墙间净面积计算,扣除突出地面的构筑物、设备基础等所占面积,不扣除间壁墙及单个 0.3 m^2 以内的柱、垛、烟囱和孔洞所占面积。 2. 墙基防水:外墙按中心线,内墙按净长乘以宽度计算。	m^2		平面:地面、地下室防水层按主墙间(承重墙)净面积以平方米计算,扣除突出地面的构筑物、柱、设备基础等所占面积,不扣除附墙垛、间壁墙、附墙。烟囱及 0.3 m^2 以内孔洞所占面积。与墙间连接处高度在 500 mm 以内者,按展开面积计算并入平面工程量内,超过 500 mm 时,按立面防水层计算。立面:墙身防水层按图示尺寸扣除立面孔洞所占面积(0.3 m^2 以内孔洞不扣)以平方米计算。构筑物防水层按实铺面积计算,不扣除 0.3 m^2 以内孔洞面积	10 m^2
010703002	涂膜防水同上	m^2		涂刷油类防水按设计涂刷面积计算	10 m^2
010703003	砂浆防水同上	m^2		防水砂浆防水按设计抹灰面积计算,扣除突出地面的构筑物、设备基础及室内铁道所占面积。不扣除附墙垛、柱、间壁墙、附墙烟囱及 0.3 m^2 以内孔洞所占面积	10 m^2
010803001	屋面保温隔热按设计图示尺寸以面积计算。不扣除柱、梁所占面积	m^2	9—216	保温隔热层按隔热材料净厚度(不包括胶结材料厚度)乘实铺面积按立方米计算	m^3
010803002	天棚保温隔热同上	m^2		按图示尺寸实铺面积计算	10 m^2
010803003	墙面保温隔热按设计图示尺寸以面积计算。扣除门窗洞口所占面积;门窗洞口侧壁需做保温时,并入保温墙体工程量内	m^2		外墙按隔热层中心线,内墙按隔热层净长度乘图示尺寸的高度(如图纸无注明高度时,则下部由地坪隔热层起算,带阁楼时算至阁楼板顶面止;无阁楼时则算至檐口)及厚度以立方米计算,应扣除冷藏门洞口和管道穿墙洞口所占面积。门口周围的隔热部分,按图示部位,分别套用墙体或地坪的相应定额以立方米计算	m^3

续表 7.10

计价规范			计价表		
项目编码	项目名称	计量单位	江苏04计价表	项目名称	计量单位
010803004	柱保温隔热按设计图示保温层中心线展开长度乘以保温层高度计算	m^2		按设计图示柱的隔热层中心线展开长度乘以图示高度及厚度以立方米计算	m^3
010803005	楼地面保温隔热按设计图示尺寸以面积计算，不扣除柱、垛所占面积	m^2		地面隔热层，按围护结构墙体内净面积计算，不扣除0.3 m^2以内孔洞所占面积	10 m^2
020101001	水泥砂浆楼地面按设计图示尺寸以面积计算，扣除突出地面的构筑物、设备基础、室内铁道、地沟等所占面积，不扣除间壁墙和0.3 m^2 以内的柱、垛、附墙烟囱及孔洞所占面积。门洞、空圈、暖气包槽、壁龛的开口部分不增加面积	m^2	12—11	混凝土垫层	m^3
			12—15	1∶2 水泥砂浆找平	10 m^2
			12—22	1∶2.5 水泥砂浆地面整体面层、找平层均按主墙间净空面积以平方米计算，应扣除突出地面建筑物、设备基础、地沟等所占面积，不扣除柱、垛、间壁墙、附墙烟囱及面积在0.3 m^2以内的孔洞所占面积，但门洞、空圈、暖气包槽、壁龛开口部分亦不增加。看台台阶、阶梯教室地面整体面层按展开后的净面积计算。整体面层楼地面项目中，不包括踢脚线工料	10 m^2
020102001	石材/块料楼地面按设计图示尺寸以面积计算，扣除突出地面的构筑物、设备基础、室内铁道、地沟等所占面积，不扣除间壁墙和 0.3 m^2 以内的柱、垛、附墙烟囱及孔洞所占面积。门洞、空圈、暖气包槽、壁龛的开口部分不增加面积	m^2	12—45	按图示尺寸实铺面积以平方米计算，应扣除突出地面的构筑物、设备基础、柱、间壁墙等不做面层的部分，0.3 m^2 以内孔洞面积不扣除。门洞、空圈、暖气包槽、壁龛开口部分的工程量并入相应的面层内计算	10 m^2

续表 7.10

计价规范			计价表		
项目编码	项目名称	计量单位	江苏 04 计价表	项目名称	计量单位
020105001	水泥砂浆踢脚线按设计图示尺寸以面积计算。门洞、空圈、暖气包槽、壁龛的开口部分并入相应的工程量内	m^2	12—27	水泥砂浆踢脚板按延长米计算。其洞口、门口长度不予扣除，但洞口、门口、垛、附墙烟囱等侧壁也不增加	10 m
020105002	石材踢脚线同上		12—51	按图示尺寸以实贴延长米计算。门洞扣除，侧壁另加	
020105003	块料踢脚线同上	m^2	12—102	块料面层踢脚板	m^2
			12—104	成品踢脚板同上	10 m^2
020105004	水磨石踢脚线同上	m^2	12—34	同水泥砂浆踢脚线	10 m
020105006	木质踢脚线同上	m^2	12—137	同块料面层踢脚线	10 m
020106003	水泥砂浆楼梯面同上	m^2	12—24	水泥砂浆楼梯同上	10 m
			12—117	防滑条	m
020106002	块料楼梯面层同上	m^2	12—15	1∶2 水泥砂浆找平	m^2
			12—58	楼梯整体面层按楼梯的水平投影面积以平方米计算，包括踏步、踢脚板、中间休息平台、踢脚线、梯板侧面及堵头。楼梯井宽在 200 mm 以内者不扣除，超过 200 mm 者，应扣除其面积，楼梯与走廊连接的，算至梯梁外侧	10 m^2
			12—117	防滑条	m
020501001	门油漆按设计图示数量计算	m^2	16—53	木门油漆单层木门：洞口面积乘系数 1.0；带上亮木门：洞口面积乘系数 0.96；双层一玻一纱木门：洞口面积乘系数 1.36；单层全玻门：洞口面积乘系数 0.83；单层半玻门：洞口面积乘系数 0.90；木百叶门：洞口面积乘系数 1.50；半木百叶门：洞口面积乘系数 1.25；厂库房木大门、钢木大门：洞口面积乘系数 1.30	10 m^2

续表 7.10

计价规范			计价表		
项目编码	项目名称	计量单位	江苏 04 计价表	项目名称	计量单位
020503001	木扶手油漆按设计图示长度计算	m	16—3	不带托板:按延长米乘系数 1.00; 带托板:按延长米乘系数 2.60	10 m
020507001	刷喷涂料 按设计图示尺寸以重量计算	m^2	16—308	1. 抹灰面的油漆、涂料、刷浆工程量=抹灰工程量 2. 有梁板底(含梁底、侧面):长×宽乘系数 1.30 3. 混凝土板式楼梯底(斜板):水平投影面积乘系数 1.8 4. 混凝土花格窗、栏杆:长×宽乘系数 2.00 5. 遮阳板、栏板:长×宽(高)乘系数 2.10	10 m^2

7.4.3 合理的评标方法

评标指标一般有:投标报价、施工组织设计或施工方案、工期、业绩、财务能力、资金等。合理的评标方法有综合评分法和合理低报价法。综合评分法是将评标指标进行量化打分,并将各个指标分别赋予不同的权重,不同的权重将会产生不同的中标单位。如当投标报价指标权重大时,招标人偏向低价中标,当施工组织设计或施工方案,业绩等指标权重大时,招标人偏向于实力雄厚,技术装备先进,施工经验丰富的承包商中标;合理低报价法,是在其他指标能够满足条件的情况下以最低的合理报价作为中标条件,采用这种方法,招标人的目的在于降低工程成本,在一些技术难度不大、质量要求不高的工程,常采用合理的低报价法。

7.4.4 完善的合同条款

合同条款中有关工程成本的内容包括:合同类型、工程款的支付方式。按计价方式不同,合同类型分为总价合同、单价合同和成本加酬金合同等形式。根据招标工程的具体情况确定合同类型,做好工程成本控制工作。工程款的支付方式包括:预付款的支付与扣回方式,进度款的支付,质保金的数量与支付方式等工程款的结算。工程款的支付不仅是对承包商完成建筑产品价值的补偿,同时也是对承包商进行管理和控制工程成本的手段。合同价的调整、工程变更是工程建筑中无法避免的,应本着合理定价和有效控制的原则来管理变更工程的成本管理。因此,在合同条款中,明确合同价调整的范围和方法是必要的。

附　录

附录 1:招标过程中的主要规范文件

➢《中华人民共和国招投标法》(中华人民共和国主席令第 21 号,1999 年 8 月 30 日第九届全国人大常委会第十一次会议通过并公布);

➢《中华人民共和国政府采购法》(全国人民代表大会常务委员会第二十八次会议通过);

➢《中华人民共和国招标投标法实施条例》(国务院令第 613 号);

➢《工程建设项目招标范围和规模标准规定》(原国家发展计划委员会令第 3 号,2000 年 5 月 1 日发布);

➢《工程建设项目货物招标投标办法》(2005 年原七部委第 27 号令);

➢《评标委员会和评标方法暂行规定》(原七部委 12 号令);

➢《机电产品国际招标投标实施办法》(2004 年商务部 13 号令);

➢《进一步规范机电产品国际招标投标活动有关规定》(商产发〔2007〕395 号,2007 年 10 月 10 日发布);

➢《机电产品国际招标综合评价法实施规范(试行)》(商产发〔2008〕311 号,2008 年 8 月 15 日发布);

➢《建筑工程设计招标投标管理办法》(中华人民共和国建设部 2000 年 10 月 8 日经第 31 次建设部常务会议通过);

➢《建设工程监理范围和规模标准规定》(中华人民共和国原建设部第 86 号令);

➢《房屋建筑和市政基础设施工程施工招标投标管理办法》(中华人民共和国原建设部第 89 号令);

➢《房屋建筑和市政基础设施工程施工分包管理办法》(中华人民共和国原建设部第 124 号令);

➢《评标专家和评标专家库管理暂行办法》(原国家计委 29 号令)；

➢《工程建设项目施工招标投标办法》(国家原七部委 30 号令)；

➢《国家重大建设项目招标投标监督暂行办法》(原国家计委 18 号令)；

➢《招标代理服务收费管理暂行办法》(计价格〔2002〕1980 号)；

➢《江苏省招标投标条例》2003 年 12 月 19 日江苏省第十届人民代表大会常务委员会第七次会议通过，自 2004 年 2 月 1 日施行。

附录 2:竞争性谈判文件范例

第一章　竞争性谈判邀请书

一、发包人:
二、竞争性谈判代理单位:
三、谈判内容:
四、发包方式:
五、谈判文件发放
　1. 时间:
　2. 地点:
　3. 资料费:
六、领取谈判文件需携带材料:企业资质证书、单位介绍信。
七、联系人及联系方式:
　1. 联系人:
　2. 联系电话:
　3. 地点:

第二章　谈判须知

(一) 工程概况及要求

1. 概况

2. 监测周期要求

计划工期:

(二) 谈判费用

申请人应承担编制谈判响应性文件与递交谈判响应性文件所涉及的一切费用。不管谈判结果如何,发包人及谈判代理单位对上述费用不负任何责任。

(三) 对申请人的资格要求

1. 具有房屋建筑工程施工总承包三级及以上施工资质或机电设备安装工程专业承包三级及以上施工资质,且具有省级及以上建设行政主管部门核发的《安全生产许可证》。

2. 企业具有已完类似项目的施工业绩。

3. 项目经理:房屋建筑工程或机电工程专业二级及以上注册建造师执业证书,具有省级及以上相关行政主管部门核发的《建筑施工企业项目负责人安全生产考核合格证书》。

4. 专职安全员:具有省级及以上相关行政主管部门核发的《建筑施工企业专职安全生产管理人员安全生产考核合格证书》。

（四）现场考察

本次工程不统一组织现场考察。

（五）谈判响应性文件递交截止时间

1. 谈判响应性文件递交开始时间：

谈判响应性文件递交截止时间：

2. 递交地点：

（六）谈判保证金

1. 金额：

2. 承包人必须选择下列任一种谈判担保形式：现金、银行本票或银行汇票。

（1）若采用银行本票或银行汇票，应确保上述款项能划拨到发包人指定的账号上，否则该申请人的谈判响应性文件按无效处理。

（2）收款单位：

收款单位账号：

收款单位开户行：

（3）银行本票或银行汇票的原件在递交谈判响应性文件时直接交于谈判代理单位，不再另行封装。非承包人的谈判担保在发包人与承包人签订合同协议书后至谈判代理单位退还。

承包人应向谈判代理单位支付竞争性谈判代理服务费壹万元整。此费用由谈判申请人综合考虑进谈判报价中，发包人不另行计量与支付。

（七）计划工期

（八）付款条件

1. 在签订合同书后，中标方将货物运至现场，经监理验收后，建设方支付合同额的60%。

2. 工程完工经建设方验收符合设计要求后付至合同额的90%。

3. 质保期满（1年）后，一次性无息付清经审计的工程余款。

（九）谈判有效期

（十）谈判活动监督单位

（十一）谈判文件的组成

1. 谈判文件包括本文件及所有发出的修改澄清通知。

2. 申请人应认真审阅谈判文件所有的内容，如果申请人的响应性文件不能完整、实质性地响应谈判文件要求，责任由申请人自负，其谈判有可能被拒绝。

（十二）谈判文件的澄清

1. 申请人在收到谈判文件后，若有疑问需要澄清，应在规定时间前以书面形式（包括书面文字、传真等）向谈判代理机构提出。

2. 对所有问题的解答，谈判代理机构将在规定时间前以书面形式提供给所有已领取谈判文件的申请人。申请人收到解答后，应立即以书面方式通知谈判代理机构，确认已收到解答。

（十三）谈判文件的修改

1. 在谈判响应性文件递交截止日期前，谈判代理机构都可能会以书面通知的方式修改谈判文件。修改通知作为谈判文件的组成部分，对参与竞争申请人起同等约束作用。申请人收到修改通知后，应立即以书面通知方式通知谈判代理机构，确认已收到修改通知。

2. 为使申请人在编制谈判响应性文件时能把修改通知内容考虑进去，谈判代理机构可以酌情延长递交谈判响应性文件的截止日期。具体时间将在修改通知中写明。

3. 当谈判文件、修改通知内容相互矛盾时，以最后发出的通知为准。

（十四）谈判响应性文件的组成

1. 竞争性谈判申请书；

2. 竞争性谈判申请书附录；

3. 授权书；

4. 拟投入本合同项目的主要人员汇总表；

5. 拟投入本合同项目的主要人员简历表；

6. 拟投入本合同项目的主要仪器设备表；

7. 企业代表项目表；

8. 企业正在实施项目表；

9. 施工组织设计；

10. 资质证书(复印件)；

11. 项目经理资格证书(复印件)；

12. 拟投入其他人员的资格证书(复印件)；

13. 谈判保证金(在递交谈判响应性文件时单独递交)。

（十五）谈判响应性文件的装订和密封

1. 谈判响应性文件正本一份，副本三份，正副本不同时，以正本为准。

2. 谈判响应性文件应密封递交，并在封面写明发包人名称、申请人单位名称并盖申请人单位公章。

3. 报价清单应加盖申请人单位公章并有本企业法定代表人或其授权代理人的签字。

（十六）谈判响应性文件递交的变更

1. 如需推迟谈判会议时间，谈判代理机构将以书面形式将顺延时间通知所有谈判文件收受人。

2. 谈判响应性文件递交截止时间后送达的谈判响应性文件，发包人将拒收。

（十七）谈判响应性文件的修改和撤销

谈判响应性文件递交后不得修改和撤销。

（十八）谈判响应性文件的无效

下列情况谈判响应性文件无效：

1. 谈判响应性文件逾期送达的；

2. 谈判响应性文件未密封的；

3. 申请人未递交谈判保证金或谈判保证金有瑕疵的；

4. 谈判响应性文件中未加盖申请人印章的，或者企业资质、人员资质不满足要求的；

5. 谈判响应性文件未按谈判文件规定编写的。

（十九）谈判会议

1. 谈判会议由谈判代理主持，邀请纪检机构监督；

2. 谈判会议开始时，由工作人员及发包人单位代表检查谈判响应性文件密封情况，申请人确认谈判响应性文件密封完好后，由工作人员宣读谈判响应性文件主要内容。

（二十）评审原则

施工组织设计合理可行，价格最优且合理。

（二十一）谈判响应性文件澄清

为了有助于谈判响应性文件的审查、评价和比较，谈判小组可以要求申请人对谈判响应性文件中含义不明确的内容以书面方式作出必要的澄清和说明。也可要求谈判申请人进行二次报价。

（二十二）谈判结果通知

发包人将在确定承包人后 7 日内，向承包人发出竞争性谈判结果通知书，签订合同。

（二十三）成果归属

所有的谈判成果均归发包人所有，谈判响应性文件不予退还；对此条件，申请人参与谈判即视为认可。

第三章　拟签订合同协议书

合　同　条　款

合同编号：

根据(招标代理机构)的招标书和该项目的中标通知书，________（以下简称发包人）与 ________（以下简称承包人）就此次中标的设备和有关问题，同意按下列条款规定执行。

（一）合同内容

1. 发包人委托承包人提供设备，并安装调试、验收合格。（详见附件一）

2. 承包人提供的设备性能和技术参数不得低于评标过程中承包人承诺的性能、设备原产地和技术参数。

3. 承包人应配合发包人并提供技术服务。

（二）价格与货款支付

1. 价格按此次中标价执行(含设备、运输、装卸、设计、安装、调试、检测验收等全部费用)。

2. 付款方式：

3. 在签订合同书后，中标方将货物运至现场，经监理验收后，建设方支付合同额的 60%。

4. 工程完工经建设方验收符合设计要求后付至合同额的 90%。

5. 质保期满(1 年)后，一次性无息付清经审计的工程余款。

（三）设备质量与检验

1. 承包人提供的设备应符合投标文件中规定的制造厂家生产的产品和规格型号，确保产品质量。

2. 产品的到货验收包括：数量、外观、质量、质量检验合格证及包装完整无破损。

3. 发包人根据情况，将请有关部门和专家，对承包人提供的设备进行检验，若质量低于招标、投标文件和承包人的承诺，承包人必须负责包退，并做出赔偿。

（四）交货条件

1. 交货日期：按照招标文件规定的日期交货。

2. 设备的进口、包装、运输应按国家规定执行，如因进口和运输过程中造成损坏、丢失和发生严重后果，应由承包人负责补缺及负担一切责任。

3. 运输及到货地点：由承包人负责办理运输，费用由承包人负责，直接送到南京南站。

4. 发包人使用该设备的任何一部分，当受第三方提出的侵犯其专利权、商标权或工业设计权的起诉时，一切后果由承包人负责。

（五）安装、调试及验收

1. 安装调试期：本工程在 2011 年 2 月 20 日完成。

2. 承包人应全程负责设备的运输、安装、调试、验收工作。

3. 设备在使用时如发现质量问题，承包人收到发包人的函、电后，应及时派人赴现场处理。

（六）违约责任

1. 如承包人延期安装，除不可抗力的因素外，承包人应向发包人按招标文件规定偿付延期违约金。但违约金总额不超过合同总额的 10%。

2. 发包人延期付款时(有正当拒付理由者除外)应向承包人按招标文件规定偿付延期付款违约金，但违约金总额不超过合同总价的 10%。

3. 其余违约责任按招标文件有关规定处理。

（七）合同生效及其他

1. 合同经甲、乙双方代表签字并加盖公章(或合同章)。

2. 合同在执行过程中出现的未尽事宜，双方在不违背本合同和招标文件的原则下，协商解决，协商结果以书面形式盖章记录在案，作为本合同的附件，与本合同具有同等效力。

3. 合同执行过程中出现的问题按照合同法等有关规定办理。合同在执行过程中，如有争议，由合同签约地有关仲裁部门裁决。

4. 如图纸变更，甲乙双方另行签订补充合约，材料单价不变。

（八）需要补充说明的事项

1. 本合同总价格：人民币________（￥________元）。根据工程实际工作量结算，如发生变动，甲乙双方另行签订补充协议。

2. 竣工日期：所有设备于 2011 年 2 月 20 日前安装完毕。

3. 售后及技术服务。

甲　　方：________	乙　　方：________
单位盖章：	单位盖章：
代表签字：	代表签字：

年　月　日

第四章　谈判响应性文件格式

1. 竞争性谈判申请书格式

致：(发包人全称)

1. 在研究了________项目的谈判文件(含补遗书第____号至第____号)和考察了工程现场后，我们愿意按人民币(大写)____(￥____元)的总价，遵照谈判文件的要求承担本合同项目。

2. 我单位委派的项目经理是____。

3. 在合同协议书正式签署生效之前，本谈判申请书连同你单位的中标通知书将构成我们双方之间共同遵守的文件，对双方具有约束力。

4. 我们理解，你单位不一定接受最低价的投标或你单位接到的其他任何谈判申请。同时也理解，你单位不负担我们的任何谈判费用。

5. 在递交谈判申请文件的同时，我们出具金额为人民币____万元的谈判担保。如果我们在本谈判申请文件有效期内撤回谈判申请文件；或拒绝接受按谈判须知规定的对谈判申请文件中细微偏差进行澄清与补正；或在接到中标通知书后的7天内未能或拒绝签订合同协议书；或未能提交履约担保，你单位有权没收谈判担保，另选中标单位。

申请人地址：____

邮 政 编 码：____

电　　　话：____

传　　　真：____

申　请　人：(全称)　　(公章)

法定代表人或其授权的代理人：____(签字)

日　　　期：____年____月____日

2. 竞争性谈判申请书附录

序号	事　项	数　据
1	谈判保证金金额	人民币____元整
2	履约担保金额	10%中标金额(含暂定金额)
3	开工预付款	无
4	材料、设备预付款	无
5	支付条件	按合同协议书的第(二)条约定
6	未付款额的利息	不考虑

法定代表人或其授权代理人签字：____

3. 授权书格式

授 权 书

致：(发包人全称)

本授权书宣告：（申请人全称）(职务)(姓名） 合法地代表我单位，授权（申请人或其下属单位全称） 的 （职务)(姓名） 为我单位代理人，该代理人有权在 （工程项目名称） 的竞争性谈判活动中，以我单位的名义签署竞争性谈判响应性文件、与 （发包人单位全称） 协商、签订合同协议书以及执行一切与此有关的事项。

申　　请　　人：（公章）

授　　权　　人：（签字）

被授权的代理人：（签字）

日　　　　　期：____年__月__日

4. 材料清单

工程项目	说明	单位	数量	备注
屋面雨水部分				
支架吊	组合型	t		
刷漆		m^2		
不锈钢管	DN50	m		
不锈钢管	DN100	m		
DN50 闸阀		个		
保温	闭孔橡胶材料，厚度 15 mm	m^3		
不锈钢存储箱	防止闸阀及水带盘	个		
DN50 直角弯头		个		
DN100 等径接头		个		
DN100×50 异径三通		个		
DN100 等径三通		个		
DN100 直角弯头		个		
ϕ50 外牙接头		个		
DN50 等径三通		个		
DN50 接头		个		

注：申请人根据发包人提供的材料清单，结合自身所报的施工方案，自行编制工程量报价清单，在合同实施过程中合同综合单价不予调整。

5. 拟投入本合同项目的主要人员汇总表

职务	姓名	学历	专业	项目经理证书号及级别	职称	施工经历年限	参加类似工程项目数
1. 项目经理							
2. 专职安全员							
……							
……							

续表

职务	姓名	学历	专业	项目经理证书号及级别	职称	施工经历年限	参加类似工程项目数

6. 拟投入本合同项目的主要人员简历表

姓名		年龄		专业	
职务		职称		拟在本合同段工程担任职务	
毕业学校	年　月毕业于　　　学校　　　系(科)				
经　　历					
____年____月至 ____年____月	参加过施工的 工程项目名称	担任何职	奖惩情况		

说明：每人一张，附证明材料的复印件。

7. 拟投入本合同项目设备表

序号	设备名称	规格型号产地	主要技术参数	单位	数量				目前性能状况	预计进场时间
					小计	其中				
						自有	新购	租赁		

8. 企业代表业绩表

项目或指标	单位	1	2	3
工程名称				
地点或位置				
建筑面积	m^2			
合同总价/合同结算价	万元			
开工日期/竣工日期	年、月			
合同工期/实际工期	月			

续表

项目或指标	单位	1	2	3
招标人/监理工程师				
奖惩情况				
备注				

注：1. 获奖情况应注明国家、部、省、市级奖励，并附奖励文件的复印件。

2. 所填业绩应与后附的业绩证明文件复印件一致，否则审查时不予以确认。

3. 表格不够时可以增加。

9. 企业在建项目表

项目或指标	单位	1	2	3
工程名称				
地点或位置				
建筑面积	m^2			
合同总价	万元			
开工日期	年、月			
合同工期	月			
招标人/监理工程师				
备注				

注：所填业绩应与后附的业绩证明文件复印件一致，否则审查时不予以确认。

10. 施工组织设计

11. 安全保证措施

谈判申请人根据对可能出现的安全问题以及实施时事前、事中、事后控制及处理措施，初步确定各施工部位工序的安全控制措施，并建立完整的安全保证体系等方面进行编制。

12. 附件清单

附件类型	具体名称	页码
申请人企业证书	企业营业执照	
	企业的资质证书	
	企业安全生产许可证	
人员证书	项目经理资格证书	
	其他人员资格证书	
	……	

第五章　图表

竞争性谈判评标用表格

1. 谈判响应性文件送达登记表

建设单位名称			接收文件地点		
谈判代理单位名称			接收截止时间		
项目名称					
序号	谈判单位全称	送达时间	经办人签名	联系电话	备注

经办人(签名):

2. 符合性检查表

项目名称:×××项目竞争性谈判

谈判申请人	密封情况	谈判担保提交情况	谈判文件签字盖章是否齐全	结论	签字确认
A公司					
B公司					
C公司					
D公司					
E公司					

招 标 人:

纪检监督:

日　　期:

3. 竞争性谈判首次报价情况汇总表

项目名称:×××项目竞争性谈判

谈判申请人	综合单价(元/m^3)	工期(日历天)	项目负责人	法定代表人或授权委托人签字确认
A公司				
B公司				
C公司				
D公司				
E公司				

招 标 人:

纪检监督:

谈判时间:

4. 招标代理项目实施各阶段招标办、招标人、评委、纪检、公证等单位意见反馈记录表

<table>
<tr><td>招标项目</td><td colspan="2"></td><td>项目编号</td><td></td></tr>
<tr><td>实施阶段</td><td colspan="4"></td></tr>
<tr><td>日期</td><td colspan="2"></td><td>地点</td><td></td></tr>
<tr><td rowspan="2">意见
记录</td><td>反馈单位(人)</td><td colspan="3">意见内容</td></tr>
<tr><td></td><td colspan="3">项目负责人：　　　　日期：</td></tr>
<tr><td>部门经
理意见</td><td colspan="4">部门经理：　　　　日期：</td></tr>
<tr><td>总师办
意见</td><td colspan="4">技术总监：　　　　日期：</td></tr>
<tr><td>总工程师</td><td colspan="4">日期：</td></tr>
<tr><td>总经理</td><td colspan="4">日期：</td></tr>
</table>

注：1. 本表由项目负责人在招标实施各阶段遇有意见反馈时进行记录，并及时逐级上报。
2. 本表逐级完成意见会签后，原件随项目资料归档，复印一份交总师办。

5. 竞争性谈判质询表

<table>
<tr><td>项目名称</td><td colspan="4"></td></tr>
<tr><td>招标人单位</td><td></td><td>谈判代理</td><td colspan="2"></td></tr>
<tr><td>谈判日期</td><td></td><td>谈判地点</td><td colspan="2"></td></tr>
<tr><td>质询对象(投标人)</td><td colspan="2"></td><td>质询表编号(对本投标人)</td><td></td></tr>
<tr><td colspan="5">质询内容
(包括要求投标人澄清或说明的问题以及需要补充的资料和证明材料等)
竞争性谈判小组：
签发时间：</td></tr>
<tr><td colspan="5">回复内容(包括所补充的证明材料目录)</td></tr>
<tr><td colspan="5">授权代表(签名)　　　　年　月　日　时　分</td></tr>
<tr><td colspan="5">竞争性谈判小组审核意见</td></tr>
<tr><td colspan="5">竞争性谈判小组成员(签名)：
纪检监督：　　　　年　月　日</td></tr>
</table>

6. 江苏省工程招标代理评价意见表

<table>
<tr><td>代理单位名称</td><td colspan="4"></td></tr>
<tr><td>建设单位名称</td><td colspan="4"></td></tr>
<tr><td>工程项目名称</td><td colspan="2"></td><td>工程项目规模</td><td></td></tr>
<tr><td>招标代理内容</td><td colspan="2"></td><td>中标金额
（万元）</td><td></td></tr>
<tr><td>建设单位联系人</td><td colspan="2"></td><td>联系电话</td><td></td></tr>
<tr><td>代理项目负责人</td><td colspan="2"></td><td>联系电话</td><td></td></tr>
<tr><td>代理合同起止时间</td><td colspan="2"></td><td>实际完成时间</td><td></td></tr>
<tr><td>支付代理费单位</td><td colspan="2">按合同规定收取</td><td>代理服务费(元)</td><td>按合同规定收取</td></tr>
<tr><td>代理事项</td><td>经办人</td><td>代理岗位
证书编号</td><td>建设单位
评价意见</td><td>招标办评价意见</td></tr>
<tr><td>拟订招标方案</td><td></td><td></td><td></td><td></td></tr>
<tr><td>审查潜在
投标人资格</td><td></td><td></td><td></td><td></td></tr>
<tr><td>编制谈判文件</td><td></td><td></td><td></td><td></td></tr>
<tr><td>组织现场
踏勘和答疑</td><td>—</td><td>—</td><td></td><td></td></tr>
<tr><td>组织谈判</td><td></td><td></td><td></td><td></td></tr>
<tr><td>草拟工程合同</td><td></td><td></td><td></td><td></td></tr>
<tr><td>与招标有关的
其他事项</td><td></td><td></td><td></td><td></td></tr>
<tr><td>招标代理
的综合评价</td><td colspan="2"></td><td></td><td></td></tr>
<tr><td>代理过程出现
问题的具体说明</td><td colspan="4"></td></tr>
<tr><td colspan="3">建设单位(盖章)　　　　年　　月　　日</td><td colspan="2">招标办(盖章)　　　　年　　月　　日</td></tr>
</table>

说明：1. 评价意见按优、良、中、差填写；2. 本表一式三份。

附录 3：工程类开评标用表

表 1　资格评审表

项目名称：							
审查内容 单位名称	省厅提出的主要信息（企业情况、人员情况、企业财务、业绩、信用等级等）能满足招标公告和招标文件投标人须知要求	不是投资参股招标项目的施工单位提交的申请文件	申请人没有正在受到责令停产停业的行政处罚或者财务被接管、冻结、破产状态	申请人在江苏省交通系统没有正在受到取消投标资格的行政处罚	申请人近 2 年内在江苏省交通系统没有因工程质量、安全等因素被人民法院判决败诉的案件	申请人没有提供虚假材料，没有构成虚假行为	结论
A 公司							
B 公司							
C 公司							
D 公司							
E 公司							
说明：1. 上述各项中用“√”表示通过，“×”表示不通过。2. 上述各项中如有一项为“×”，则结论为不能通过资格评审。							

表2　资格评审重大偏差一览表

项目名称：			
序号	投标人名称	偏差项目	认定理由
1	A公司		
2	B公司		
3	C公司		
4	D公司		
5	E公司		
主任委员： 日期：　　年　月　日			
委员：			
行政监督：　　纪检监督： 公证员：			

表 3　商务及技术文件形式评审与响应性评审表

项目名称：								
审查内容（形式评审与响应性评审） 单位名称	投标文件按照招标文件规定的格式、内容填写，字迹清晰可辨	投标文件上法定代表人或其授权代理人的签字、投标人的单位章盖章齐全，且不得使用签名章或其他电子制版签名	投标人按招标文件要求提交了社保凭证原件和复印件	投标人法定代表人的授权代理人，需提交附有法定代表人身份证明的授权委托书，并符合招标文件的要求	投标人法定代表人若亲自签署投标文件的，提供了法定代表人身份证明，并符合招标文件的要求	投标文件载明的招标项目完成期限未超过招标文件规定的时限	投标文件未附有招标人不能接受的条件，权利义务符合招标文件的规定	结论
A 公司								
B 公司								
C 公司								
D 公司								
E 公司								
说明：1. 上述各项中用“√”表示通过，“×”表示不通过。2. 上述各项中如有一项为“×”，则结论为不能通过形式评审与响应性评审。								

表 4　商务及技术文件形式评审与响应性评审重大偏差表

项目名称：			
序号	投标人名称	偏差项目	认定理由
1	A 公司		
2	B 公司		
3	C 公司		
4	D 公司		
5	E 公司		
主任委员： 日期：　　年　月　日			
委员：			
行政监督：　　纪检监督： 公证员：			

表 5　商务及技术文件形式评审与响应性评审细微偏差表

项目名称：			
序号	投标人名称	偏差项目	认定理由
1	A 公司		
2	B 公司		
3	C 公司		
4	D 公司		
5	E 公司		
主任委员： 日期：　　年　月　日			
委员：			
行政监督：　　纪检监督： 公证员：			

表 6 商务及技术文件评委打分表

项目名称：					
序号	申请人名称	打分项	打分值	总得分	排名
1,2,3……	A,B,C……公司	财务状况(10 分)			
		拟投入项目经理、技术负责人以及拟投入主要技术人员(15 分)			
		拟投入本项目的主要机械、仪器设备(20 分)			
		企业业绩(5 分)			
		履约及信誉(15 分)			
		工程总体实施计划(5 分)			
		主要工程施工方案(15 分)			
		重点难点分析(5 分)			
		确保工程质量、工期(5 分)			
		安全文明施工措施(5 分)			

表 7 商务及技术文件评委打分汇总表

项目名称：												
序号	申请人	打分项	评委1	评委2	评委3	评委4	评委5	评委6	评委7	算术平均值	总得分	排名
1,2,3……	A,B,C……公司	财务状况(10 分)										
		拟投入项目经理、技术负责人以及拟投入主要技术人员(15 分)										
		拟投入本项目的主要机械、仪器设备(20 分)										
		企业业绩(5 分)										
		履约及信誉(15 分)										
		工程总体实施计划(5 分)										
		主要工程施工方案(15 分)										
		重点难点分析(5 分)										
		确保工程质量、工期(5 分)										
		安全文明施工措施(5 分)										

表8　推荐通过商务及技术文件评审名单

项目名称：	
标段	投标人名称
1,2,3……标段	A公司
	B公司
	C公司
	D公司
	E公司
主任委员：	
委员：　　日期：　　年　月　日	
行政监督：　　纪检监督：	
公证员：	

表9　投标报价及工程量清单文件形式评审审查表

项目名称：						
单位名称 审查内容		A公司	B公司	C公司	D公司	E公司
形式评审	投标文件按照招标文件规定的格式、内容填写，字迹清晰可辨					
	投标文件上法定代表人或其授权代理人的签字、投标人的单位章盖章齐全，符合招标文件规定，且不得使用签名章或其他电子制版签名					
	一份投标文件应只有一个投标报价，符合投标人须知3.2.7项的规定，在招标文件没有规定的情况下，未提交选择性报价					
	投标人按照招标人提供的工程量清单进行报价，并提供电子版文件，投标文件中所附的工程量报价清单和电子版均未对招标文件工程量清单中的数据进行修改					
结论						
说明：1. 上述各项中用“√”表示通过，“×”表示不通过。2. 上述各项中如有一项为“×”，则结论为不能通过投标报价及工程量清单形式评审。						
主任委员： 日期：　　年　月　日						
委员：						
行政监督：　　纪检监督： 公证员：						

表 10　投标报价及工程量清单文件形式评审重大偏差一览表

项目名称：			
序号	投标人名称	偏差项目	认定理由
1	A公司		
2	B公司		
3	C公司		
4	D公司		
5	E公司		
主任委员： 日期：　　年　月　日			
委员：			
行政监督：　　纪检监督： 公证员：			

表 11　评标价计算评审表

<table>
<tr><td colspan="11">项目名称：</td></tr>
<tr><td>标段号</td><td>投标人</td><td>投标报价（万元）</td><td>控制价上限（万元）</td><td>不超过控制价上限的评标价（万元）</td><td>算术平均值</td><td>评标基准价浮动系数</td><td>评标基准价 D（万元）</td><td>评标价与 D 值的差距（%）</td><td>评标价得分</td><td>排序</td></tr>
<tr><td rowspan="5">1,2,3
……
标段</td><td>A 公司</td><td></td><td rowspan="5"></td><td></td><td rowspan="5"></td><td rowspan="5"></td><td rowspan="5"></td><td></td><td></td><td></td></tr>
<tr><td>B 公司</td><td></td><td></td><td></td><td></td><td></td></tr>
<tr><td>C 公司</td><td></td><td></td><td></td><td></td><td></td></tr>
<tr><td>D 公司</td><td></td><td></td><td></td><td></td><td></td></tr>
<tr><td>E 公司</td><td></td><td></td><td></td><td></td><td></td></tr>
<tr><td colspan="11">主任委员：
日期：　　年　月　日</td></tr>
<tr><td colspan="11">委员：</td></tr>
<tr><td colspan="11">行政监督：　　　　纪检监督：　　　　公证员：</td></tr>
</table>

表 12　综合得分表

项目名称：						
标段号	投标单位名称	投标报价（万元）	投标报价得分 C	商务及技术文件得分 F	综合得分 $C\times0.6+F\times0.4$	名次
1,2,3 …… 标段	A 公司					
	B 公司					
	C 公司					
	D 公司					
	E 公司					
主任委员：						
委员：						
行政监督：				纪检监督：		
公证员： 日期：　　　年　月　日						

表 13　推荐中标候选人名单

项目名称：			
标段	推荐次序	投标人名称	预期中标价(万元)
1,2,3 …… 标段	中标候选人	A 公司	
	第一后备中标候选人	B 公司	
	第二后备中标候选人	C 公司	
主任委员：			
委员：			
行政监督：		纪检监督：	
公证员： 日期：　　　年　月　日			

附录 4:资格预审评审用表

一、资格预审申请书

二、资格预审申请书附表

1. 投标申请人一般情况
2. 近三年营业额数据表
3. 近三年已完工程及目前在建工程一览表
4. 财务状况表
5. 联合体情况
6. 类似工程经验
7. 公司人员及拟派往本招标工程项目的人员情况
8. 拟派往本招标工程项目负责人与主要技术人员
9. 拟派往本招标工程项目负责人与项目技术负责人简历
10. 拟用于本招标工程项目的主要施工设备情况
11. 现场组织机构情况
12. 拟分包企业情况
13. 其他资料

一、资格预审申请书

致：招标人名称

1. 经授权作为代表,并以(投标申请人名称)(以下简称“投标申请人”)的名义,在充分理解《投标申请人资格预审须知》的基础上,本申请书签字人在此以(招标工程项目名称)下列标段投标申请人的身份,向你方提出资格预审申请:

项目名称	标段号

2. 本申请书附有下列内容的正本文件的复印件:

2.1 投标申请人的法人营业执照;

2.2 投标申请人的施工资质等级证书。

3. 按资格预审文件的要求,你方授权代表可调查、审核我方提交的与本申请书相关的声明、文件和资料,并通过我方的开户银行和客户,澄清本申请书中有关财务和技术方面的问题。本申请书还将授权给有关的任何个人或机构及其授权代表,按你方的要求,提供必要的相关资料,以核实本申请书中提交的或与本申请人的资金来源、经验和能力有关的声明和资料。

4. 你方授权代表可通过下列人员得到进一步的资料:

一般质询和管理方面的质询	
联系人 1:	电话:
联系人 2:	电话:

有关人员方面的质询	
联系人 1：	电话：
联系人 2：	电话：

有关财务方面的质询	
联系人 1：	电话：
联系人 2：	电话：

5. 本申请充分理解下列情况：

5.1 资格预审合格的申请人的投标，须以投标时提供的资格预审申请书主要内容的更新为准；

5.2 你方保留更改本招标项目的规模和金额的权利。前述情况发生时，投标仅面向资格预审合格且能满足变更后要求的投标申请人。

6. 如为联合体投标，随本申请，我们提供联合体各方的详细情况，包括资金投入（及其他资源投入）和盈利（亏损）协议。我们还将说明各方在每个合同价中以百分比形式表示的财务方面以及合同履行方面的责任。

7. 我们确认如果我方中标，则我方的投标文件和与之相应的合同将：

7.1 得到签署，从而使联合体各方共同地和分别地受到法律约束；

7.2 随同提交一份联合体协议，该协议将规定，如果我方被授予合同，联合体各方共同的和分别的责任。

8. 下述签字人在此声明，本申请书中所提交的声明和资料在各方面都是完整的、真实的和准确的：

签名：	签名：
姓名：	姓名：
兹代表（申请人或联合体主办人）	兹代表（联合体成员 1）
申请人或联合体主办人盖章	联合体成员 1 盖章
签字日期：	签字日期：

签名：	签名：
姓名：	姓名：
兹代表（联合体成员 2）	兹代表（联合体成员 3）
联合体成员 2 盖章	联合体成员 3 盖章
签字日期：	签字日期：

签名：	签名：
姓名：	姓名：
兹代表(联合体成员 4)	兹代表(联合体成员 5)
联合体成员 4 盖章	联合体成员 5 盖章
签字日期：	签字日期：

注：1. 联合体的资格预审申请，联合体各方应分别提交本申请书第 2 条要求的文件。

2. 联合体各方应按本申请书第 4 条的规定分别单独具表提供相关资料。

3. 非联合体的申请人无须填写本申请书第 6、7 条以及第 8 条有关部分。

4. 联合体的主办人必须明确，联合体各方均应在资格预审申请书上签字并加盖公章。

二、资格预审申请书附表

表 1　投标申请人一般情况

1	企业名称：	
2	总部地址：	
3	当地代表处地址：	
4	电话：	联系人：
5	传真：	电子邮箱：
6	注册地：	注册年份(请附营业执照复印件)
7	公司资质等级证书号　(请附有关证书的复印件)	
8	公司(是否通过何种)质量保证体系认证(如通过请附相关证书复印件，并提供认证机构年审监督报告)	
9	主营范围 1. 2. 3.	
10	作为总承包人经历年数	
11	作为分包商经历年数	
12	其他需要说明的情况	

注：1. 独立投标申请人或联合体各方均须填写此表。

2. 投标申请人拟分包部分工程，专业分包人或劳务分包人也须填写此表。

表 2　近三年工程营业额数据表

投标申请人或联合体成员名称：

财务年度	营业额(万元)	备注
第一年(应明确公元纪年)		
第二年(应明确公元纪年)		
第三年(应明确公元纪年)		

注：1. 本表内容将通过投标申请人提供的财务报表进行审核。

2. 所填的年营业额为投标申请人(或联合体各方)每年从各招标人那里得到的已完工程施工收入总额。

3. 所有独立投标申请人或联合体各成员均须填写此表。

表 3 近三年已完工程及目前在建工程一览表

投标申请人或联合体成员名称：

序号	工程名称	合同身份	监理(咨询)单位	合同金额（万元）	结算金额（万元）	竣工质量标准	竣工日期
1							
2							
3							
⋮							

注:1. 对于已完工程,投标申请人或每个联合体成员都应提供收到的中标通知书或双方签订的承包合同或已签发的最终竣工证书。

2. 申请人应列出近三年所有已完工程情况(包括总包工程和分包工程),如有隐瞒,一经查实将导致其投标申请被拒绝。

3. 在建工程投标申请人必须附上工程的合同协议书复印件,不填“竣工质量标准”和“竣工日期”两栏。

表 4 财务状况表

1. 开户银行情况

开户银行	名称：	
	地址：	
	电话：	联系人及职务：
	传真：	电传：

2. 近三年每年的资产负债情况

财务状况（单位:元）	近三年(应分别明确公元纪年)		
	第一年	第二年	第三年
1. 总资产			
2. 流动资产			
3. 总负债			
4. 流动负债			
5. 税前利润			
6. 税后利润			

3. 为达到本项目现金流量需要提出的信贷计划(投标申请人在其他合同上投入的资金不在此范围内)

信贷来源	信贷金额(万元)
1	
2	

续表 4

信贷来源	信贷金额(万元)
3	
4	

注:投标申请人或每个联合体成员都应提供财务资料,以证明其已达到资格预审的要求。每个投标申请人或联合体成员都要填写此表。

表 5　联合体情况

成员身份	各方名称
1. 主办人	
2. 成员	
3. 成员	
4. 成员	
5. 成员	

注:附表 5 后须附联合体共同投标协议,如果招标人认为该协议不能被接受,该投标人将不能通过资格审查。

表 6　类似工程经验

投标申请人或联合体成员名称:

1	合同号:
	合同名称:
	工程地址:
2	发包人名称:
3	发包人地址:(请详细说明发包人联系电话及联系人)
4	与投标申请人所申请的合同相类似的工程性质和特点: (请详细说明所承担的合同工程内容,如长度、桩基工程、基/底基层工程、土方、石方、地下挖方、混凝土浇筑的年完成量等)
5	合同身份(注明其中之一) □独立承包人　　□分包人　　□联合体成员
6	合同总价:
7	合同授予时间:
8	完工时间:
9	合同工期:
10	其他要求:(如施工经验、技术措施、安全措施)

注:1. 类似现场条件下的施工经验要求申请人填写已完成或在建类似工程施工经验。

2. 每个类似工程合同须单独具表,并附中标通知书或合同协议书或工程竣工验收证明,无相关证明的工程在评审时将不予确认。

因篇幅限制资格预审申请书附表 7～13 略去。

附录5:货物类开评标用表

表1　投标文件送达表

项目名称:

序号	单位	递交人签字	法定代表人或其授权代理人身份证号	电话	递交时间
1					
2					
3					
4					
5					
6					
7					

签收人:　　　　　　　　　　　　　　　　　　　　　日期:　　年　月　日

表2　开标完备性检查表

项目名称:

投标人	投标书按招标文件规定签署并加盖公章	提交了有效的投标担保,并符合招标文件要求	投标函中填写了投标总价,并且其投标书大写金额与工程量清单汇总表金额相差不大于人民币5 000元	投标文件如为非法定代表人签署,提供了经公证的授权书,并且公证书和授权书原件均装订在投标文件正本中;投标文件如为法定代表人签署,则将经公证的法定代表人身份证明装订在投标文件正本中	结论	投标人签字确认

注:检查合格的打"√",不合格的简单写明原因。完备性均合格的,检查结论为"通过",否则为"不通过"。

招标人:________　　　　　　　　　　　　　　　　日期:　　年　月　日

行政监督:________　　　　纪检监督:________

公证员:________

表 3　工程开标记录表

项目名称：

序号	投标人	投标报价(万元)	品牌	交货日期	投标人签字确认
1					
2					
3					
限价(万元)					

招标人：________　　开标时间：　年　月　日　时

行政监督：________　纪检监督：________　公证员：________

表 4　开标会议签到表

项目名称：

姓名	单位	职务/职称	联系电话	备注

日期：　年　月　日

表 5　评标委员会组成人员名单

项目名称

姓名	工作单位	职务/职称	联系电话
技术、经济等方面的专家代表			
招标人专家代表			

日期：　年　月　日

表6 资格审查表

项目名称：

单位名称 审查内容				
投标人递交的主要证明材料原件与投标文件中所要求的内容相符，能满足招标公告要求的				
投标文件标明的投标人与报名时的投标人未发生实质性改变				
不是内容虚假的证明文件				
不是具有直接管理和被管理关系的母子公司或同一母公司的子公司，或具有投资参股关系的关联企业的投标文件				
同一制造商对同一品牌的货物，没有委托多个代理商参与投标的投标文件				
近三年内未曾发生过重大工程质量、安全事故、重大违规、违约，未被省市级以上行政主管部门通报并处于明确禁止进入我省交通建设市场的时间内				
结论				

说明：投标文件不符合以上条件之一的，应认为其存在有重大偏差，评标委员会应对其作废标处理。未通过资格审查的投标人的投标文件不能参加下一步评审。

主任委员：________　　　　时间：　　年　月　日

委　　员：________

行政监督：________　　纪检监督：________　　公证人员：________

表7 资格审查重大偏差一览表

项目名称：

序号	投标人名称	偏差项目	认定理由
1			
2			
3			
4			
5			
6			
7			

主任委员：________　　　　时间：　　年　月　日

委　　员：________

行政监督：________　　纪检监督：________　　公证人员：________

表 8　初步评审符合性审查表

项目名称：

单位名称 审查内容				
投标文件按照招标文件规定的格式、内容填写，字迹清晰可辨				
投标文件中法定代表人或其授权代理人的签字（含小签）齐全，符合招标文件规定				
投标人法定代表人的授权代理人，需提交附有法定代表人身份证明的授权委托书，并符合招标文件要求				
投标人法定代表人若亲自签署投标文件的，提供了法定代表人身份证明，并符合招标文件要求				
一份投标文件应只有一个投标报价（货物的报价单与投标书中的大写总价之间的圆整性差值不超过人民币 5 000 元），在招标文件没有规定的情况下，不得提交选择性报价				
经评标委员会一致认定投标人所报货物主要技术参数或规格满足招标文件要求的				
投标文件载明的供货期限不得超过招标文件规定的供货期限				
质量保证期和支付条件必须满足招标人在招标文件合同条款中的规定				
结论				

说明：投标文件不符合以上条件之一的，应认为其存在有重大偏差，评标委员会应对其作废标处理。未通过符合性审查的投标人的投标文件不能参加下一步评审。

主任委员：________　　　　时间：　　年　月　日

委　　员：________

行政监督：________　　纪检监督：________　　公证人员：________

表 9　初步评审重大偏差一览表

项目名称：

序号	投标人名称	偏差项目	认定理由
1			
2			
3			
4			
5			
6			
7			

主任委员：________　　　　时间：　　年　月　日

委　　员：________

行政监督：________　　纪检监督：________　　公证人员：________

表 10　详细评审符合性审查表

项目名称：

审查内容 \ 单位名称					
合同条件评审	投标人接受招标文件规定的风险划分原则，未提出新的风险划分办法				
	投标人未增加招标人的责任范围，也未减少投标人义务				
	投标人未提出不同的工程验收、计量、支付办法				
	投标人未对合同纠纷、事故处理办法提出异议				
	投标人在投标活动中没有欺诈行为				
	投标人对合同条款没有重要保留				
	投标人在投标文件中未附有招标人不能接受的条件				
技术条件评审	承诺的质量标准不低于招标文件的规定或国家强制性标准要求				
	施工业绩及履约信誉证明材料真实				
结论					

说明：投标文件不符合以上条件之一的，应认为其存在有重大偏差，评标委员会应对其作废标处理。未通过符合性审查的投标人的投标文件不能参加下一步评审。

主任委员：________　　　　时间：　　年　月　日

委　　员：________

行政监督：________　　纪检监督：________　　公证人员：________

表 11　详细评审重大偏差一览表

项目名称：

序号	投标人名称	偏差项目	认定理由
1			
2			
3			
4			
5			
6			
7			

主任委员：________　　　　　　　　　　　　　　　　　　　　时间：　　年　月　日

委　　员：________

行政监督：________　　纪检监督：________　　公证人员：________

表 12　技术和商务部分评审表（评委打分表）

项目名称：

单位名称 / 评分要素											
综合得分											

评委（签字）：________　　　　　　　　　　　　　　　　　　日期：　　年　月　日

说明：此表只需填写投标文件技术部分及商务条款得分，不包含价格得分。

表 13　评委打分汇总表

项目名称：

序号	申请人名称	评委 1	评委 2	评委 3	评委 4	评委 5	评委 6	评委 7	算术平均值	排名
1										
2										
3										
4										
5										
6										
7										

主任委员：________　　　　时间：　　年　月　日

委　　员：________

行政监督：________　　纪检监督：________　　公证员：________

表 14　评标价计算评审表

投标人	投标报价（万元）	算术性偏差	评标价（万元）	算术平均值（万元）	评标基准价 D（万元）	与基准价的差值%	评标价得分

主任委员：________　　　　时间：　　年　月　日

委　　员：________

行政监督：________　　纪检监督：________　　公证员：________

表 15　综合评价汇总表

项目名称：

投标人名称	评标价得分	商务及技术评审得分	总分	排序

主任委员：________　　　　时间：　　年　月　日

委　　员：________

行政监督：________　　纪检监督：________

公 证 员：________

表 16　推荐中标候选人名单

项目名称：

推荐次序	投标人名称	中标价（万元）	备注
中标候选人			
第一后备中标候选人			
第二后备中标候选人			

委　　员：________　　时间：　　年　月　日

行政监督：________　　纪检监督：________

公 证 员：________

附录 6：货物类评标细则及评标报告（示例）

南京南站南北广场（北广场）空调采购招标 NZ-CG1103 标段评标实施细则

第一章　总则

第一条　为依法做好评标工作，保护公平竞争，依据《中华人民共和国招标投标法》、原国家计委、国家经贸委、交通部等七部联合发布的〔2005〕第 27 号令《工程建设项目货物招标投标办法》和原国家发展计划委员会发布的第 29 号令《评标专家和评标专家库管理暂行办法》和交公路发〔2004〕688 号《关于贯彻〈国务院办公厅关于进一步规范招投标活动的若干意见〉的通知》等法律法规规定，制定本评标实施细则。

第二条　本细则适用于南京南站南北广场（北广场）空调采购招标 NZ-CG1103 标段的评标工作。

第三条　评标工作必须遵循公平、公正、科学、择优的原则。任何单位和个人不得非法干预或者影响评标过程和结果。

第二章　评标机构和评标程序

第四条　南京南站南北广场（北广场）空调采购招标 NZ-CG1103 标段评标工作由评标委员会负责完成，邀请行政监督部门参加，并委托公证机构全过程进行公证。

第五条　评标委员会由招标人代表和从江苏省交通行业与产业项目招标评审专家库中随机抽取的技术、经济等方面的专家组成，人数为五人以上单数，其中专家人数不少于评标委员总数的三分之二。评标委员会设主任委员一名，由评标委员会推选产生。清标工作组协助评标委员会进行评标工作。清标工作组由招标人选派熟悉招标工作、政治素质高的人员组成。

第六条　评标工作主要程序为：

组建清标工作组；

组建评标委员会；

资格审查；

初步评审；

详细评审；

评委独立打分；

计算评标价得分；

根据综合得分，推荐中标候选人；

提出书面评标报告。

第三章　资格审查

第七条　本项目采用资格后审，只有通过资格审查的投标人，才能进入投标文件的初步评审。当出现下列情况之一者为不能通过资格审查：

（一）投标人递交的主要证明材料原件与投标文件中所要求的内容不相符，或不能满足招标公告要求的；

（二）投标文件标明的投标人与报名时的投标人发生了实质性改变；

（三）内容虚假的证明文件；

（四）具有直接管理和被管理关系的母子公司或同一母公司的子公司，或具有投资参股关系的关联企业的投标文件；

（五）同一制造商对同一品牌的货物，委托了多个代理商参与投标的投标文件；

（六）近三年内曾发生过重大工程质量、安全事故、重大违规、违约，被省市级以上行政主管部门通报并处于明确禁止进入我省交通建设市场的时间内。

投标文件符合以上条件之一的，应认为其存在有重大偏差，评标委员会应对其作废标处理。

第四章　初步评审

第八条　对投标文件的初步评审包含符合性审查和算术性修正。只有通过初步评审的投标文件才能参加详细评审。

第九条　评标委员会开始评标工作之前，首先应听取招标人或者其委托的招标代理单位及清标工作组关于工程情况和清标工作的说明，并认真研读招标文件，获取评标所需的重要信息和数据，主要包括以下内容：

（一）招标项目建设规模、标准和特点；

（二）招标文件规定的评标标准和评标方法；

（三）货物的主要技术要求、质量标准及其他与评标有关的内容。

第十条　评标委员会应根据招标文件规定，对清标工作组提供的评标工作用表和评标内容进行认真核对，对与招标文件不一致的内容要进行修正。

第十一条　对招标文件中规定的评标标准和方法，评标委员会认为不符合国家有关法律、法规，或其中含有限制、排斥投标人进行有效竞争的，评标委员会有权按规定对其进行修改，并在评标报告中说明修改的内容和修改原因。

第十二条　招标人依法组织的评标委员会首先对通过资格审查的投标文件进行符合性审查。

通过符合性审查的主要条件：

（一）投标文件按照招标文件规定的格式、内容填写，字迹清晰可辨：

(a) 标书按招标文件的规定，有法定代表人或其授权的代理人亲笔签字，盖有单位公章；

(b) 投标书附录的所有数据均符合招标文件规定；

(c) 投标书附表齐全完整，内容均按规定填写。

（二）投标文件中法定代表人或其授权代理人的签字（含小签）齐全，符合招标文件规定；

投标书、投标书附录、授权书、设备报价单、设备分项报价表、商务及技术条款响应表、投标书附表、技术建议书的每一页都必须由法定代表人或其授权代理人本人逐页在各页右下角签字或小签，且不得用签名章代替。

（三）投标人法定代表人的授权代理人，需提交附有法定代表人身份证明的授权委托书，并符合下列要求：

a. 法定代表人在法定代表人身份证明上签名，未使用印章、签名章或其他电子制版签名；

b. 附有公证机关出具的加盖钢印、单位章并盖有公证员签名章的公证书，钢印应清晰可辨，同时公证内容完全满足招标文件规定；

c. 公证书出具的日期与法定代表人身份证明出具的日期同日或在其之后。

（四）投标人法定代表人若亲自签署投标文件的，提供了法定代表人身份证明，并符合下列要求：

a. 法定代表人在法定代表人身份证明上签名，未使用印章、签名章或其他电子制版签名；

b. 附有公证机关出具的加盖钢印、单位章并盖有公证员签名章的公证书，钢印应清晰可辨，同时公证内容完全满足招标文件规定；

c. 公证书出具的日期与法定代表人身份证明出具的日期同日或在其之后。

（五）一份投标文件应只有一个投标报价（货物的报价单与投标书中的大写总价之间的圆整性差值不超过人民币 5 000 元），在招标文件没有规定的情况下，不得提交选择性报价；

（六）经评标委员会一致认定投标人所报货物主要技术参数或规格满足招标文件要求的；

（七）投标文件载明的供货期限不得超过招标文件规定的供货期限；

（八）质量保证期和支付条件必须满足招标人在招标文件合同条款中的规定。

投标文件不符合以上条件之一的，评标委员会应认为其存在重大偏差，并对该投标文件作废标处理。对于实质上不符合招标文件要求的投标文件，不允许投标人更正或撤回其不符合规定的部分而使之符合规定。

第十三条 如果有证据显示投标人以他人名义投标、与他人串通投标、以行贿手段谋取中标以及投标弄虚作假的，评标委员会应对该投标文件作废标处理。

第十四条 符合性审查工作完成后，评标委员会应按照招标文件规定对投标人报价进行算术性修正。经算术性修正后的最终投标价与原报价相比偏差在1%以上者，属于重大偏差，按废标处理。

对算术性修正结果，评标委员会应通过招标人向投标人进行书面澄清。投标人对修正结果进行书面确认的，其投标文件可参加详细评审。如果投标人拒绝确认，则其投标文件将不予评审，并没收其投标担保。

投标人对修正结果存有不同意见的，评标委员会应重新复核算术性修正结果。如果复核算术性修正无误，而投标人未对此做书面确认的，应对该投标文件作废标处理；如果发现算术性修正存在差错，应作出及时调整并重新进行书面澄清。

第十五条 评标委员会对通过初步评审的投标文件进行详细评审前，发现有效投标文件不足三个、且投标明显缺乏竞争性的，评标委员会可以否决投标，建议招标人依法重新招标。

第五章 详细评审

第十六条 初步评审工作结束后，评标委员会应对投标文件从合同条件、技术部分及评标价等方面进行详细评审。

投标人通过合同条件评审的主要条件：

（一）投标人接受招标文件规定的风险划分原则，未提出新的风险划分办法；

（二）投标人未增加买方的责任范围，也未减少投标人义务；

（三）投标人未提出不同的货物验收、计量、支付办法；

（四）投标人未对合同纠纷、事故处理办法提出异议；

（五）投标人在投标活动中没有欺诈行为；

（六）投标人对合同条款没有重要保留；

（七）投标人在投标文件中不应附有招标人不能接受的条件。

第十七条　投标文件不符合以上条件之一的，属于重大偏差，评标委员会应对其作废标处理。

评标委员会要对投标人的技术能力和以往施工履约信誉进行详细评审。如发现投标文件有以下情况之一的，评标委员会应对其作废标处理。

（一）承诺的质量检验标准低于招标文件或国家强制性标准要求；

（二）业绩及履约信誉证明材料虚假。

第十八条　投标文件存在的其他问题应视为细微偏差，评标委员会可要求投标人进行澄清，或对投标文件进行不利于该投标人的评标价量化，但不得作废标处理。

第十九条　评标委员会不得接受投标人主动提出的澄清。投标人的澄清不得改变投标文件的实质性内容。投标人的澄清内容将视为投标文件的组成部分。

第二十条　投标人通过资格审查、经细微偏差澄清和修正后并经投标人确认的投标报价减去不可预见费之后为投标人的评标价。招标人对投标人投标报价的评审应以评标价为基准。

第六章　评标方法

第二十一条　本项目采用综合评估法进行评标。满分 100 分，具体如下：

（一）投标报价(60 分)

招标人设有投标报价控制价上限，控制价上限在开标前 3 天向所有投标人公布，投标人的报价不得高于控制价上限，如果高于控制价上限，将作废标处理，且此投标文件的投标价不再参与评标基准价计算。

若投标人在 5 家或 5 家以上，去掉一个最高分和一个最低分，剩余所有投标价取平均价的 98%确定为基准价，若投标人在 4 家或 4 家以内，则取所有投标价的平均价的 98%为基准价。基准价格得基准分 60 分，每高于基准价 1%扣 1 分，每低于基准价 1%扣 0.5 分。(保留小数点后二位)

（二）技术部分(20 分)

(1) 评标委员会从投标人所投空调机组控制系统的先进性、可靠性等情况进行评分；满分 5 分；

(2) 评标委员会从投标人所投空调机组压缩机的先进性、可靠性、是否采用封闭式压缩机等情况进行评分；满分 5 分；

(3) 评标委员会从投标人所投空调机组的设备配置情况(如：压缩机品牌与主机品牌是否一致、压缩机采用的驱动方式、是否配有经济器、机组零部件品牌、压缩机轴承和机组的使用寿命等)进行评分；满分 6 分；

(4) 评标委员会从投标人所投空调机组的保护功能是否齐全和显示功能是否满足招标文件要求情况进行评分；满分 3 分；

(5) 投标冷水机组节能功能产品认证:有得 1 分,没有不得分。

(三) 商务资信部分(10 分)

(1) 投标人的综合实力,根据投标人注册资金,公司实力,经营状况、技术实力、安装能力等进行评价,最多得 3 分;

(2) 投标产品业绩,提供自 2007 年 1 月 1 日以来投标品牌江苏省内单体项目 500 万(含 500 万元)人民币以上的业绩合同,有 1 个得 1 分,每增加 1 个加 1 分,最多得 3 分;

(3) 技术成熟稳定性,提供制造商全国工业产品生产许可证。有得 1 分,没有不得分。

(4) 投标产品制造商通过质量管理体系认证证书 ISO9001、环境管理体系认证证书 ISO14001、安全管理认证证书 18001,每个得 1 分,满分 3 分。

(四) 售后部分(10 分)

(1) 投标人具有制造商认可的维修证书得 3 分,没有不得分。

(2) 售后人员经过厂家培训,持证上岗得 2 分。

(3) 制造商在南京地区有分公司或办事机构,故障响应修复时间、响应方式,零配件和维修备品备件的供应保障及时,提供厂家售后服务承诺书或相关证明文件,满分 3 分。

(4) 根据投标人承诺的整机保修时间(不少于 2 年),主要部件压缩机保修时间(不少于 3 年)的情况评分,满分 2 分。

评标委员会应在充分讨论、沟通的基础上,分别对投标文件进行打分。最终得分应以评标委员会各评委对投标人总得分的打分平均值确定,该平均值以去掉一个最高分和一个最低分后计算,得分保留 2 位小数。

第二十二条 评标委员会对通过详细评审的投标人按下述原则推荐中标候选人:

按综合得分由高到低的顺序,推荐排名第一的投标人为中标候选人,排名第二、第三的依次为后备的中标候选人。

当投标人的综合得分相同时,按下列原则确定排名顺序:

a. 投标报价不同,投标报价低的排名在前;

b. 投标价相同时,取在技术部分得分较高者排名在前;

c. 若技术部分得分仍相同,由评标委员会从其货物性能、规格和售后服务等方面,通过集体讨论确定其排名先后。

第七章 评标报告

第二十三条 如果评标委员会认为在评标过程中有影响最终评标结果的不能确定的特殊问题,应在评标报告中记载,提请招标人审议决定。

第二十四条 评标工作完成后,评标委员会应向招标人提出书面评标报告,评标报告应如实记载以下内容:

(一) 评标工作(包括评标委员会组成、评标细则、资格审查、初步评审、详细评审以及废标说明);

(二) 评标结果;

(三) 评标附表及有关澄清记录。

第二十五条 评标委员会所有成员应在评标报告的有关文件和表格上签字。招标人和由招标人组织成立的清标工作组应对其所提供的评标信息签字负责。

第二十六条　评标委员会成员对评标结论持有异议的，可保留意见，但应以书面方式在评标报告中阐述理由。评标委员会成员拒绝在评标报告上签字且不陈述理由的，视为同意评标结论。

第二十七条　评标工作结束后，如发现招标人提供给评标委员会的信息、数据有误或不完整，或者由于评标委员会的原因导致评标结果出现重大偏差，有关交通主管部门应及时通知招标人，由招标人邀请原评标委员会成员重新评标，修正评标报告和评标结论。

第二十八条　招标人根据评标委员会评标意见确定中标人。

第八章　附则

第二十九条　参与评标工作的评标委员会与清标工作组所有成员均应严格遵守《江苏省交通行业与产业项目招标评标委员会工作纪律》的规定，接受交通行政监督部门、纪检部门的监督。

评标报告(空调示例)
南京南站地区泵站及调蓄水池设备采购及安装项目 NZ-CG1105 标段评标委员会评标报告

××年×月×日上午×时,由招标人组织的南京南站地区泵站及调蓄水池设备采购及安装项目 NZ-CG1105 标段评标委员会在______对该项目的投标文件进行了评审。______交通行业与产业项目招标投标管理办公室、______交通重点工程纪检监察领导小组派驻项目纪检监察组共同派员对评标的全过程进行了监督,______公证处派员对本评标过程进行了公证。

一、评审过程:

1. 全体评委民主推选×××为评标委员会主任委员;
2. 听取招标人关于工程和有关情况的说明;
3. 听取招标人(或招标代理)对招标过程、开标情况的汇报;
4. 评标委员会审阅南京南站地区泵站及调蓄水池设备采购及安装项目 NZ-CG1105 标段评标办法;
5. 听取清标工作组关于清标工作情况的汇报;
6. 查阅有关投标文件和清标资料;
7. 对投标人资格进行审查;
8. 对投标文件进行初步评审;
9. 对投标文件进行详细评审;
10. 对投标文件进行综合评分,并计算各投标人的得分;
11. 计算报价得分;
12. 计算投标人的综合得分;
13. 推荐中标候选人;
14. 撰写评标报告。

二、评审过程中主要问题的记录和说明:

1. 评标办法

经全体评委讨论一致同意招标人制定的本招标项目的评标办法。

2. 资格审查

××××有限公司因“未提交证明材料的原件”,不符合评标实施细则第七条第(一)款的规定,未通过本项目的资格审查。其余三家投标人的投标文件均通过了本项目的资格审查。

3. 初步评审

通过资格审查的三家投标人的投标文件均通过了本项目的初步评审。

4. 详细评审

通过初步评审的三家投标人的投标文件均通过了本项目的详细评审。

三、评标结果:

经评标委员会各委员对投标人独立打分后,进行综合评分,按综合得分由高到低的

顺序,评标委员会推荐中标候选人的名单如下:

中标候选人:

第一后备中标候选人:

第二后备中标候选人:

主任委员:________　　　　　　　　　　　　　日　期:　　年　月　日

委　　员:________

行政监督:________　　　　纪检监督:________

公 证 员:________

附录 7：货物采购合同范本

（采购项目名称）

招标编号：
合同标号：

买方：

卖方：

签订地点：

签订时间：

目　录

1. 定义
2. 合同范围及价款
3. 价款支付
4. 技术规范及标准
5. 使用合同文件和资料
6. 知识产权
7. 交货验收
8. 包装
9. 检验、安装、调试
10. 运输
11. 保险
12. 伴随服务
13. 备件
14. 保证
15. 索赔
16. 通知
17. 合同修改
18. 分包和转让
19. 卖方履约延误
20. 误期赔偿费
21. 卖方其他违约责任
22. 违约终止合同
23. 不可抗力
24. 因破产而终止合同
25. 争端的解决
26. 适用法律
27. 有关税费
28. 合同生效

甲乙双方依照《中华人民共和国合同法》及其他有关法律、行政法规、遵循平等、自愿、公平和诚实信用的原则，就________的设备采购协商一致，订立本合同。

1. 定义

本合同下列术语应解释为：

(1)"合同"系指买卖双方自愿签署并达成的、载明双方权利义务的协议，包括所有的附件、附录、补充协议、通知书、确认书等以及上述文件所提到的构成合同的所有文件。

(2)"合同价"系指根据合同规定，卖方在正确地完全履行合同义务后买方应支付给卖方的价款。

(3)"货物"系指卖方根据合同规定须向买方提供的保证正常运行的一切设备、机械、图纸、装箱资料及其他材料。

(4)"服务"系指根据合同规定卖方承担与供货有关的辅助服务，如包装、运输、保险以及其他的伴随服务，例如安装、调试、提供技术援助、培训和合同中规定卖方应承担的其他义务。

(5)"项目现场"系指本合同项下买方指定的货物送达、安装、运行的场所。

(6)"验收机构"系指双方依据合同规定或国家相关规定的程序和条件组成验收小组，确认合同项下的货物符合技术规范的要求。

2. 合同范围及价款

买方同意从卖方购买________设备，包括：

单　位：元(人民币)

序号	货物名称	规格型号	产地	数量	单价	合计	备注
1							
2							
3							
4							
总　计：RMB ¥							

与交货有关的费用：(不限于)运输费、包装费、保险费以及安装、调试、软件费、检验费(含设备安装验收取证费)及培训所需费用等伴随服务的费用，已包含在合同价中。

3. 价款支付

3.1 买方应在合同生效后支付给卖方合同总价的______%即______元，作为合同预付款。

3.2 卖方按买方要求的______年______月______日送货到______(指定位置)并经买卖双方组成的验收机构验收无误签字确认后付合同总价的______%即______元。

3.3 设备安装调试完毕经验收机构验收合格后付合同总额的______%即______元。

3.4 质保金为合同金额的______%即______元，待设备调试完毕验收合格后______年期满后付清。

买方以______形式预付货款，同时卖方银行开具以买方为受益人的与预付货款相同金额即______元的银行履约保函一份正本和一份副本，保函于卖方收到预付款时生效。

4. 技术规范及标准

4.1 本合同下交付的货物应与招标文件规定的技术规范和技术规范附件及其投标文件的规格偏差表相一致。如果没有提及适用标准,或技术规范说明不明确,则应符合中华人民共和国现行国家标准、行业标准或地方标准。这些标准必须是有关机构发布的最新版本的标准。

卖方提供的设备一定要有______颁发的______许可证,如果提供设备与许可证不符或超范围生产制造,或由于其他原因卖方提供的设备不能通过当地______机构验收,买方有权向买方所在地的司法机关提出赔偿要求 ,并提出诉讼。

4.2 除非技术规格中另有规定,计量单位均采用中华人民共和国法定计量单位。

5. 使用合同文件和资料

5.1 没有买方事先书面同意,卖方不得将由买方或代表买方提供的有关合同或任何合同条文、规格、计划、图纸、模型、样品或资料提供给予履行本合同无关的任何其他人。即使向与履行本合同有关的人员提供,也应注意保密并限于履行合同必需的范围。

5.2 没有买方事先书面同意,除了履行本合同之外,卖方不应使用合同条款第 4.1 条所列举的任何文件和资料。

5.3 除了合同标的物本身以外,合同条款 4.1 条列举的任何文件是买方的财产。卖方在完成合同后应将这些文件(原件及复制件)还给买方。

6. 知识产权

6.1 卖方应保证,买方在中华人民共和国使用该货物或货物的任何一部分时,免受第三方提出的侵犯其专利权、商标权、工业设计权或其他知识产权的起诉。

6.2 因卖方提供的货物存在前条知识产权瑕疵或纠纷的,卖方须与第三方交流并承担可能发生的一切法律责任和费用。如果设备或设备的任何部分,因最终裁决构成侵权,其使用被予以限制,卖方应自担费用并主动做出相应的安排:或为买方获取继续使用受指控侵权的货物或货物的某一部分的权利,或用不会造成侵权的同等技术水平的货物更换。

7. 交货验收

在交货前,卖方或制造商对货物的质量、规格、性能、数量和重量等进行详细而全面的检验,并交与买方出厂检验合格证和交货检验记录,但不能作为有关质量、规格、性能、数量或重量的最终检验。

7.1 买方应在货到后______日内,确定验收日期,并提前______日通知卖方,如果卖方接到买方通知后未按照通知确定的时间参加验收,视为已同意买方单方进行验收并接受验收结果。如果买方逾期未进行验收,视为已完成验收。

7.1.1 验收应依据本合同约定的相关要求和标准,如合同未明确约定的,按照合同法的有关规定办理。验收结果应经双方签字确认。

7.1.2 验收结果与合同约定不符,卖方应负责____________________________。

7.2 验收注意事项:卖方必须在买方在场的情况下当场拆封合同项下的所有货物的包装,并将发票原件、质保卡、使用说明书、设备总装配图、出场检验报告、质量合格证、随机配件等给买方签收。验收后买卖双方在《验收报告》上签字盖章,该证书作为买方向卖方因短少、缺陷、或其他与合同不符合情形索赔的有效证据。如果发现质量、规格或数量或三者与合同不符，在质保期前买方有权向卖方提出索赔。

7.3 验收过程中如产生争议，买卖双方应采取有效措施保护现场，并通过协商解决，协商不成的按本合同相关规定执行。

8. 包装

8.1 卖方应提供货物运至合同规定的最终目的地所需要的包装，以防止货物在转运中损坏或变质。这类包装应采取国家或专业标准，包括防潮、防晒、防锈、防腐蚀、防震动及防止其他损坏的必要措施，从而保证货物能够经受多次搬运、装卸及长途运输。包装不符合标准或约定，造成货物毁损灭失或其他后果的，由卖方承担相应的责任。

9. 检验、安装、调试

9.1 买方有权派遣检验人员到卖方(或制造商处)会同卖方检验人员对设备的制造过程和质量进行监督检验，但并不代替或解除卖方对产品质量的责任。

9.1.1 卖方应在验收后______日内完成对设备的安装与调试，达到合同约定的要求和标准，并保证设备的正常运转。买方在安装与调试过程中应提供必要的协助和配合。

9.1.2 安装工作完全符合合同要求和标准，并且单机试车成功，双方代表可在______日内现场签署安装竣工书。但不免除卖方在安装调试过程中和质量保证期内所应承担的责任。

9.1.3 设备整机经联运测试完全符合约定的技术指标，经双方代表签字确认后，即完成了对全部设备的最后验收。

9.1.4 在安装调试期间，如果卖方提供设备、材料有缺陷或由于卖方技术人员的指导错误或卖方提供的技术资料、图纸、说明书的错误造成买方设备、材料损坏、卖方应采取必要的补救措施，并赔偿买方的损失。

9.2 如果任何被检验的货物不能满足规格的要求，买方可以拒绝接受该货物，卖方应按买方要求及时更换被拒绝的货物，或者免费进行必要的修改以满足规格的要求，对此买方具有选择权。

9.3 买方验收机构在货物到达现场后对货物进行验收，必要时拒绝接受货物的权力不会因为货物启运前通过了买方或其代表的检验、测试认可而受到限制或放弃。

9.4 如果在合同条款第 14 条规定的保证期内，根据检验结果发现货物的质量或规格与合同要求不符，或货物被证实有缺陷，包括潜在的缺陷或使用不合适的材料，买方应及时向卖方提出索赔。

9.5 卖方在调试过程中保证由买方投入试车的原材料不超过______即能达到调试产品合格，由于卖方原因导致试车投料超过约定部分，由卖方承担买方的购料成本。

10. 运输

10.1 卖方负责合同项下的货物运输到双方约定的指定地点，并承担运费。

11. 保险

11.1 本合同下提供的设备应对其在制造、购置、运输及交货过程中的丢失或损坏，卖方应负责进行全面保险并承担保费。

12. 伴随服务

12.1 卖方被要求提供下列服务：

(1) 实施所供货物的现场组装、调试和启动指导，直至设备运作正常；

(2) 提供货物组装和/或维修所需的工具;

(3) 为所供货物的每一适当的单台设备提供详细的操作和维护手册;

(4) 在双方商定的一定期限内对所供货物实施运行或监督或维护或修理,但前提条件是该服务并不能免除卖方在合同保证期内所承担的义务;

(5) 在项目现场就所供货物的组装、试运行、运行、维护和/或修理对买方人员进行培训,直至全面掌握为止;

(6) 低价(与市场价格比较)提供终身维护服务所需的零部件;

(7) 设备出现故障,接通知后 24 小时内到现场之后在 72 小时内解除故障。

12.2 如果卖方提供的伴随服务的费用未含在货物的合同价中,双方应事先就其达成协议,但其费用单价不应超过卖方向其他人提供类似服务所收取的现行单价。无事先约定的,上述卖方应提供伴随服务的费用已包含在合同价中。

12.3 为履行要求的伴随服务的报价或双方商定的费用已包括在合同价中。

13. 备件

13.1 正如合同条款所规定,卖方应提供下列与备件有关的材料、通知和资料:

(1) 买方从卖方选购备件,但前提条件是该选择并不能免除卖方在合同保证期内所承担的义务;

(2) 在备件停止生产的情况下,卖方应事先将要停止生产的计划通知买方,使买方有足够的时间采购所需的备件;

(3) 在备件停止生产后,如果买方要求,卖方应免费向买方提供备件的蓝图、图纸和规格。

13.2 卖方应______的规定提供所需的备件。

14. 保证

14.1 卖方应保证合同项下所供货物是全新的、未使用过的,是最新或目前的型号,并完全符合合同规定的质量、规格和性能的要求。除非合同另有规定,货物应含有设计上和材料的全部最新改进。卖方应保证所提供的货物经正确安装、正查过运转和保养在其使用寿命期内具有满意的性能。在质量保证期内,卖方应对由于设计、工艺或材料的缺陷而发生的任何不足或故障负责。

14.2 买方应尽快以书面形式通知卖方在质量保证期内所发现的缺陷。

14.3 质保期内卖方收到通知后应在 24 小时内及时免费维修或更换有缺陷的货物或部件,卖方承担由此发生的所有相关费用。

14.4 如果卖方收到通知后在合同规定的时间内没有及时维修、重作、更换以弥补缺陷,买方可采取必要的补救措施,但其风险和费用将由卖方承担,买方根据合同规定对卖方行使的其他权力不受影响。

15. 索赔

15.1 如果卖方对偏差负有责任,而买方在合同条款第 14 条或合同的其他条款规定的检验、安装、调试、验收和质量保证期内提出了索赔,卖方应按照买方要求或同意的下列一种或几种方式结合起来解决索赔事宜:

(1) 卖方同意退货并用合同规定的货币将货款退还给买方,并承担由此发生的一切损失和费用,包括利息、银行手续费、运费、保险费、检验费、仓储费、装卸费以及为看管和保护退回货物所需的其他必要费用。

(2) 根据货物的偏差情况、损坏程度以及买方所遭受损失的金额，经买卖双方商定降低货物的价格。

(3) 用符合合同规定的规格、质量和性能要求的新零件、部件和/或设备来更换有缺陷的部分和/或修补缺陷部分，卖方应承担一切费用和风险并负担买方蒙受的全部损失费用。同时，卖方应按合同条款第14条规定，相应延长所更换货物的质量保证期。

15.2 如果在买方发出索赔通知后______天内，卖方未作答复，上述索赔应视为已被卖方接受。如卖方未能在买方发出索赔通知后______天内或买方同意的延长期限内，按照买方要求或同意的上述规定的任何一种方法解决索赔事宜，买方将从议付货款或从卖方开具的履约保证金中扣回索赔金额。不足以赔偿买方损失的，买方有权向卖方追偿。

16. 通知

16.1 买方可以在任何时候以书面形式向卖方发出通知，在合同范围内变更下述一项或几项，卖方以书面形式确认发送到买方指定地址，此通知与合同具有同等效力：

(1) 本合同项下提供的货物是专为买方制造时，变更图纸、设计或规格；

(2) 运输或包装的方法；

(3) 交货地点或交货时间；

(4) 卖方提供的服务。

16.2 如果上述变更使卖方履行合同义务的费用或时间增加或减少，将对合同价或交货时间或两者进行公平的调整，同时相应修改合同。卖方根据本条进行调整的要求必须在收到买方的通知后三十(30)天内提出并须征得买方同意。

本合同一方给对方的通知应用书面形式或电报、电传或传真送到合同中规定的对方的地址。电报、电传或传真要经书面确认。

17. 合同修改

17.1 除了合同第16条的情况，不应对合同条款进行任何变更或修改，除非双方同意并签订书面的合同修改书。

18. 分包和转让

18.1 未经买方事先书面同意，卖方不得将合同全部或部分分包或转让。

18.2 卖方应书面通知买方其在本合同中所分包的部分，但此分包通知并不能解除卖方履行本合同的责任和义务，卖方与其分包人对本合同承担连带保证责任。

18.3 分包人仍应承担本合同条款中对卖方义务的约束。

19. 卖方履约延误

19.1 卖方应按照合同或通知规定的时间表交货和提供服务。

19.2 在履行合同过程中，如果卖方遇到妨碍按时交货和提供服务的情况时，应及时以书面形式将拖延的事实，可能拖延的时间和原因通知买方。买方在收到卖方通知后，应尽快对情况进行评价，并确定是否同意延长交货时间以及是否收取误期赔偿费。延期应通过签订补充协议的方式由双方认可。

19.3 除了合同条款第26条的情况外，除非拖延是根据合同条款第19.2条的规定取得同意而不收取误期赔偿费之外，卖方拖延交货，将按合同条款第20条的规定被收取误期赔偿费。

20. 误期赔偿费

20.1 除合同条款第23条规定的情况外，如果卖方没有按照合同规定的时间交货，买方应在不影响合同项下的其他补救措施的情况下，每延误一周，买方扣除卖方设备总价的______%，直至交货或提供服务为止。误期赔偿费的最高限额为合同价格的______%。一旦达到误期赔偿费的最高限额，买方有权根据合同条款第22条的规定终止合同。

21. 卖方其他违约责任

21.1 卖方出现除第20条之外的违约情形时，违约责任如下：

(1) 自违约行为或事件发生之日，每日支付违约金，其金额为合同总价的______%；

(2) 违约天数为违约行为发生之日至违约行为纠正或违约情形消除之日；

(3) 违约金＝日违约金×违约天数。

21.2 实际损失大于违约金的，违约方还应支付差额部分。

22. 违约终止合同

22.1 在买方对卖方违约而采取的任何补救措施不受影响的情况下，买方可向卖方发出书面违约通知书，提出终止部分或全部合同：

(1) 如果卖方未能在合同规定的限期或买方根据合同条款第19.2条的规定同意延长的期限内提供部分或全部货物；

(2) 如果卖方未能履行合同规定的其他任何义务；

(3) 如果买方认为卖方在本合同的竞争和实施过程中有腐败和欺诈行为。为此目的，定义下述条件：

a. “腐败行为”是指提供、给予、接受或索取任何有价值的物品来影响买方在采购过程或合同实施过程中的行为。

b. “欺诈行为”是指为了影响采购过程或合同实施过程而谎报或隐瞒事实，损害买方利益的行为。

22.2 如果买方根据上述第22.1条的规定，终止了全部或部分合同，买方可以依其认为适当的条件和方法购买与未交货物类似的货物，卖方应承担买方因购买类似货物或服务而产生的额外支出。

23. 不可抗力

23.1 签约双方任何一方由于不可抗力事件的影响而不能执行合同时，履行合同的期限应予以延长，其延长的期限应相当于事件所影响的时间。不可抗力事件系指买卖双方在缔结合同时所不能预见的，并且它的发生及其后果是无法避免和无法克服的事件，诸如战争、严重火灾、洪水、台风、地震等。

23.2 受阻一方应在不可抗力事件发生后______小时内用电报、传真或电传通知对方，并于事件发生后______日内将有关当局出具的证明用特快专递或挂号信寄给对方审阅确认。一旦发生不可抗力事件的影响持续______天以上，双方应通过友好协商在合理的时间内达成进一步履行合同的协议。

24. 因破产而终止合同

24.1 如果卖方破产或无清偿能力，买方可在任何时候以书面形式通知卖方，提出终止合同而不给卖方补偿。该终止合同将不损害或影响买方已经采取或将要采取的任何行动或补救措施的权力。

25. 争端的解决

25.1 合同实施或与合同有关的一切争端应通过双方友好协商解决。如果友好协商开始后60天还不能解决,争端应提请诉讼。

25.2 如双方不能协商解决,则依法向______人民法院提起诉讼。

25.3 在诉讼期间,除正在进行诉讼的部分外,本合同其他部分应继续执行。

26. 适用法律

26.1 本合同应按照中华人民共和国现行有效的法律、法规、规章进行解释。

27. 有关税费

27.1 中国政府根据现行税法对买方征收的与本合同有关的一切税费均应由买方负担,对卖方征收的税费由卖方承担。

28. 合同生效

28.1 本合同条款应在双方签字、盖章及合同正文规定的其他条件成立后生效。

28.2 本合同正文、附件、通知及补充协议为合同不可分割的部分,具有同等效力。

28.3 本合同一式肆份,发包人______份,承包人______份,具有同等法律效力。

买　方:	卖　方:
地　址:	地　址:
邮政编码:	邮政编码:
买方法定代表人:	卖方法定代表人:
授权代表(签字):	授权代表(签字):
联系人:	联系人:
电　话:	电　话:
传　真:	传　真:
开户银行:	开户银行:
账　号:	账　号:
税　号:	税　号:

附录 8：交通类工程评标细则及评标报告(示例)

第一篇　交通工程及安全设施施工招标评标细则

第一条　依据《中华人民共和国招标投标法》、《工程建设项目施工招标投标办法》（原国家计委等七部委 2003 年第 30 号令）、原交通部《公路工程施工招标投标管理办法》、《公路工程施工招标评标委员会评标工作细则》(原交通部〔2003〕70 号)及国家、省有关法律法规等规定，制定本细则。

第二条　本细则适用于公路建设工程交通工程及安全设施施工招标评标工作。

第三条　评标工作必须遵循公平、公正、科学、择优的原则。任何单位和个人不得非法干预或者影响评标过程和结果。评标原则：符合招标文件的要求，报价合理，施工方案可行，施工技术先进，具有良好的业绩和信誉，确保工期和质量。除技术特别复杂的项目（如特大桥、长大隧道等）外，一般项目应采用合理低价法评标，对于技术简单、价格比较透明的项目可以使用最低评标价法或次低评标价法评标。技术特别复杂确应采用综合评估法。

第四条　招标人应当采取必要措施，保证评标工作在保密情况下进行，并接受上一级交通行政主管部门全过程的监督。

第五条　公路建设工程交通工程及安全设施施工招标评标委员会是指招标人依法组建的交通工程及安全设施施工招标评标委员会。评标委员会应根据相关法律、法规、招标文件和本细则，对所有投标文件进行综合评审，提出推荐中标候选人、废标或重新招标等评标意见，编写评标报告。

评标委员会由招标人代表和有关技术、经济等方面的专家组成，专家从省交通行业与产业项目的评标专家库中抽取。评标委员会人数为 5 人以上的单数(含 5 人)，其中技术、经济等方面的专家不少于成员总数的三分之二，评标委员会的名单应当保密。评标委员会应当民主推选一名主任委员，负责评标委员会工作。评标委员应当客观、公正地履行职责，遵守职业道德，对所提出的评审意见承担个人责任。

第六条　评标工作组由招标人选派熟悉招标工作、政治素质高的人员组成，人数一般为 4 人，协助评标委员会工作。

第七条　清标工作组主要职责为：

（一）根据招标文件和本细则，制定评标工作所需各种表格；

（二）协助评标委员会做好初步评审中的符合性审查情况的登录整理工作；

（三）对所有投标报价进行算术性校核，以供评标委员会复查用；

（四）协助评标委员会做好详细评审中的合同条件财务能力、技术能力、管理水平、施工业绩、履行信誉等方面情况的登录整理工作；

（五）对所有投标评标价进行细微偏差修正的准备工作；

（六）做好评标委员会评标过程中计算、汇总等辅助工作和后勤保障工作；

（七）做好各项会议与工作成果的记录，做好投标文件的保管保密工作；

（八）做好评标全过程文件的保管、整理与存档工作。

清标工作应全面、客观、准确，不得营私舞弊、歪曲事实，不得故意遗漏或片面摘录，不得对投标文件作任何评价说明。

评标工作使用的表格和评标内容必须注明依据和出处，招标文件未规定的事项不得作为评标依据。

第八条 评标委员会主要职责为：

（一）审定评标细则；

（二）对清标资料进行复核；

（三）初步评审；

（四）详细评审；

（五）根据具体工程采用的评标方法，评出各投标人得分，推荐中标候选人；

（六）提交评标委员会评标报告。

第九条 清标工作组和评标委员会成员应实行回避制度。

属于下列情况之一的人员，不得进入清标工作组和评标委员会；

（一）本地交通主管部门或者其他行政监督部门的人员；

（二）与投标人法定代表人或者授权代理人有近亲属关系的人员；

（三）与投标人有利害关系的，可能影响公正评标的人员；

（四）在与招标投标有关的活动中有过违法违规行为、五年内曾受过行政或党纪处分的人员。

第十条 评标工作应按以下程序进行：

（一）组建评标工作组；

（二）评标工作组在算术性修正和细微偏差修正的基础上计算投标报价得分、对初步评审的情况登录；

（三）组建评标委员会，推选评标委员会主任；

（四）听取招标人和评标工作组关于工程情况、报价得分和评标情况的说明；

（五）初步评审：符合性审查；

（六）详细评审：

1. 合同条件评审；

2. 详细评审技术能力和履约信誉审查；

（七）根据具体工程采用的评标方法，评出各投标人得分，推荐中标候选人；

（八）提交评标委员会评标报告。

第十一条 评标委员会在开始评标工作之前，首先要听取招标人及评标工作组关于工程情况和清标工作的情况介绍，并认真研读招标文件，获取评标所需的重要信息和数据，主要包括：

（一）招标项目建设规模、标准和工程特点；

（二）招标文件规定的评标标准和评标方法；

（三）工程的主要技术要求、质量标准及其他与评标有关的内容；

（四）评标工作组为评标所做的准备工作情况。

第十二条 评标委员会应根据招标文件规定，对清标工作组提供的评标工作用表和评标内容进行认真核对，对与招标文件不一致的内容要进行修正。

对招标文件中规定的评标标准和方法，评标委员会认为不符合国家有关法律、法规，或其中含有限制、排斥投标人进行有效竞争的，评标委员会有权按规定对其进行修改，并在评标报告说明修改的内容和修改原因。

第十三条　评标过程中,评标委员会可就投标文件的有关问题要求投标人提供补充说明和有关资料,投标人应给予书面答复。补充说明及有关资料应作为投标文件的组成部分。招标人和投标人不得在开标后通过补充说明和有关资料改变投标文件的实质内容和报价。招标人不接受投标人主动提出的补充说明。不得要求和接受投标人对原投标价和实质性内容进行修改,也不得接受投标人作出不符合招标文件规定的承诺。

包括符合性审查和算术性修正,只有通过初步评审的投标文件才能参加详细评审。

第十四条　通过符合性审查的主要内容包括:

(一) 投标文件按照招标文件规定的格式、内容填写,字迹清晰;

1. 投标书按招标文件规定填报了投标价、工期;且有法定代表人或其授权的代理人亲笔签字,盖有法人章;

2. 投标书附录的所有数据均符合招标文件规定;

3. 投标书附表齐全完整,内容均按规定填写;

4. 按规定提供了拟投入的主要人员的证件复印件,证件清晰可辨、有效;

5. 投标文件按招标文件规定的形式装订。

(二) 投标文件上法定代表人或其授权代理人的签字(含小签)齐全,符合招标文件规定;

投标文件除封面、封底外的所有页及调价函的每一页都必须由法定代表人或其授权代理人本人逐页签字。

(三) 通过资格审查的投标人资格等未发生实质性变化;

1. 通过资审后法人名称变更时,应提供相关部门的合法批件及企业法人营业执照和资质证书的副本变更记录复印件。

2. 资格没有实质性下降,指投标文件仍然满足资格预审中的强制性标准(经验、人员、设备、财务等)。

(四) 投标人按照招标文件规定的格式、内容和要求提供了投标担保;

1. 投标担保为无条件式投标担保;

2. 投标担保的受益人名称与招标人规定的受益人一致;

3. 投标担保金额符合招标文件规定的金额;

4. 投标担保有效期为投标有效期加 30 天。

5. 若采用银行保函形式,银行级别由支行及其以上级别的国有或股份制商业银行,且具有相应担保能力。

(五) 投标人法定代表人若是授权代理人,其授权书符合招标文件规定,并符合下列要求:

1. 授权人和被授权人均在授权书上签名,不得用签名章代替;

2. 附有公证机关出具的加盖钢印的公证书(资审文件已要求的,此处可用复印件代替);

3. 公证书出具的日期与授权书出具的日期同日或之后。

(六) 一份投标文件只有一个投标报价,在招标文件没有规定的情况下,不得提交选择性报价;

（七）投标人提交的调价函符合招标文件要求(如有)；

（八）投标文件载明的招标项目完成期限不得超过招标文件规定的期限；

（九）投标文件不应附有招标人不能接受的条件。

投标文件不符合以上条件之一的，评标委员会应认为其存在较大偏差，并对该投标文件作废标处理。对于实质上不符合招标文件要求的投标文件，不允许投标人更正或撤回其不符合规定的部分而使之符合规定。

如果有证据显示投标人以他人名义投标，或与他人串通投标，或以行贿手段以获中标以及弄虚作假的，评标委员会对该投标文件作废标处理。

第十五条 废标条款规定

（一）废标条款必须符合法律法规的规定，不得出现违背法律和有关规定的条款；

（二）废标条款必须在招标文件中以醒目的方式(如黑体字、加粗等)予以载明，为在招标文件中以项目醒目的方式载明的不得作为废标的依据；

（三）废标条款的文字表述必须具体、清晰、易懂，不得使用原则性的条款、模糊或者容易引起歧义的词句表述。如果必须采用这类词句方能表述清楚的，应当附解释和说明；

（四）在开标和评标时发现废标条款有歧义的，招标人和评标委员会应当及时报告市交通主管部门，在确定确实存在歧义的情况下，应当视同该条款无效，不得以招标人的解释或评标委员会的表决来裁定是否废标；

（五）投标文件若满足符合性审查条件，但在其他方面存在细微偏差，或存在与招标文件的要求有明显偏差的，但废标条款中未明确的，招标人和评标委员会应视作细微偏差，均不得作废标处理，评标委员会可要求投标人进行书面澄清、补正或者依据招标文件规定对投标文件进行不利于该投标人的评标酌情量分，但不得对该投标文件作废标处理。

第十六条 算术性修正

对于实质上符合招标文件要求的投标文件，评标委员会将对其报价进行校核，并对有算术上的及累加运算上的差错给予修正。算术性修正按招标文件规定的修正原则：

（一）当以数字表示的金额与文字表示的金额有差异时，以文字表示的金额为准；

（二）当单价与数量相乘不等于合价时，以单价计算为准，如果单价有明显的小数点位置差错，应以标出的合价为准，同时对单价予以修正；

（三）当各细目的合价累计不等于总价时，应以各细目合价累计数为准，修正总价；

（四）若投标书中投标价大写金额与清单汇总表(有调价函的为调价函中的清单汇总表)中投标价小写金额不一致，偏差小于或等于1%时，以清单汇总表中投标价为准，招标人将按算术性修正前后两个标价中评分值较低的进行评分。

按以上原则对算术性差错的修正，评标委员会应通过招标人向投标人进行书面澄清。投标人对修正后的最终投标价进行书面确认的，其投标文件可参加详细评审。投标人对修正结果存有不同意见或未做书面确认的，评标委员会应重新复核算术性修正结果。如果确认算术性修正无误，应对该投标文件作废标处理；如果发现算术性修正存在差错，应作出及时调整并重新进行书面澄清。如果投标人拒绝确认，则其投标文件将不予评审，作废标处理，并没收其投标担保。修正后的最终投标价与原报价相比偏差在1%

以上者，属于重大偏差，按废标处理。不采用招标人提供的“工程量清单”电子文档编制报价工程量清单或擅自修改工程量或运算定义引起算术错误的，按废标处理。

根据交通部2007年第1号令《公路水运工程安全生产监督管理办法》，施工单位必须填报安全生产费用，且不得低于投标价的1%，如未填此项费用或所填此项费用低于其投标价的1%，将视为重大偏差为废标。

第十七条　评标委员会对通过初步评审的投标文件进行详细评审前，发现有效投标文件不足三个，投标明显缺乏竞争的，评标委员会可以否决投标，招标人应当依法重新招标。

第十八条　对投标文件进行详细评审。

初步评审工作结束后，评标委员会对投标文件从合同条件、投标报价、财务能力、技术能力、管理水平以及投标人以往施工业绩及履约信誉等方面进行详细评审。

第十九条　投标人通过合同条件评审的主要条件：

(一) 投标人接受招标文件规定的风险划分原则，未提出新的风险划分办法；

(二) 投标人未增加招标人的责任范围，也未减少投标人的义务；

(三) 投标人未提出不同的工程验收、计量、支付办法；

(四) 投标人未对合同纠纷，事故处理办法提出异议；

(五) 投标人在投标活动中不得含有欺诈行为；

(六) 投标人不得对合同条款有重要保留。

投标文件不符合以上条件之一的，属于重大偏差，评标委员会对其作废标处理。

第二十条　评标委员会对投标人的财务能力、技术能力、管理能力和以往施工业绩及履约信誉进行详细评审。主要内容有：

(一) 对投标人的资产、营业收入、利润及财务状况指标进行财务能力的评价，并对其提供的财务资料情况(财务报表和相关资金证明材料)的真实性、完整性进行检查；

(二) 对投标人承诺的拟投入本工程的技术人员素质、设备配置情况的可靠性、有效性进行技术能力的评价；

(三) 对投标编制的施工组织设计、关键工程技术方案的可行性，以及质量标准、进度与质量、安全要求的符合性进行管理水平的评价；

(四) 对投标人选用的主要材料品牌、质量、性价比进行评价；

(五) 对投标人近五年完成的类似公路工程项目的质量、工期，以及履约表现进行业绩与信誉的评价。

第二十一条　如发现投标文件有以下情况之一的，则属于重大偏差，按废标处理。

(一) 承诺的质量检验标准低于招标文件规定的标准或国家强制性标准；

(二) 关键工程技术方案不可行；

(三) 施工业绩及履约信誉证明材料虚假。

投标文件存在的其他问题应视为细微偏差，评标委员会可要求投标人进行澄清，或对投标文件进行不利于该投标人的评标量化，但不得作废标处理。

第二十二条　评标委员会对投标报价的评审，应在算术性修正和扣除非竞争性因素后，以计算出的评标价进行评审。

评标委员会对投标报价进行评审前，发现投标人的投标价或主要单项工程报价明显低于或高于其他投标人报价或者在设有标底时明显低于或高于标底(一般控制在低于标底 15%左右),应当要求该投标人对相应投标报价作出单价构成说明,并提供相关证明材料;如果该投标是候选中标人,评标委员会应当在评标报告中作出详细说明,并建议招标人在保持评标价不变的情况下,对不合理的主要单项报价作出合理调整。

如果投标人不能提供有关证明材料,证明该报价可以按招标文件规定的质量标准和工期完成招标工程,评标委员会应当认定该投标人以低于成本价竞标,并作废标处理。

第二十三条 投标文件中的下列偏差为细微偏差:

(一) 在算术复核中发现的算术性差错,但修正后的最终报价与原报价相比偏差未超过规定的标准;

(二) 在招标人给定的工程量清单中漏报了某个工程细目的单价和合价;

(三) 在招标人给定的工程量清单中多报了某个工程细目的单价和合价或所报单价增加或减少了报价范围;

(四) 在工程量给定的工程量清单中修改了某些支付号的工程数量;

(五) 除强制性标准规定之外,拟投入本合同段的施工、检测设备、人员不足;

(六) 施工组织设计(含关键工程技术方案)不够完善。

第二十四条 评标委员会对投标文件中的细微偏差在评标工作组前期工作的基础上按如下规定处理:

(一) 按投标人须知规定对算术性差错予以修正;

(二) 对于漏报的工程细目单价和合价或单价和合价中减少的报价内容视为已含入其他工程细目的单价和合价之中;

(三) 对于多报的工程细目报价或工程细目报价中增加的部分报价从评标价中给予扣除;

(四) 对于修改了工程数量的工程细目报价按招标人给定的工程数量乘以投标人所报单价的合价予以修正;

(五) 在施工、检测设备或人员单项评分中酌情扣分,但最多不得超过该单项评分的 40%;

(六) 在施工组织设计(含关键工程技术方案)评分中酌情扣分,但最多扣分不得超过该单项评分的 40%。

若采用最低评标价法评标,除细微偏差按投标人须知相关条款规定进行修正外,招标人还应要求投标人对评标委员认为需要澄清的细微偏差进行澄清,只有投标人的澄清文件为招标人所接受,投标人才能参加评标价的最终评比。

第二十五条 评标委员会不得接受投标人主动提出的澄清。投标人的澄清不得改变投标文件的实质性内容。

投标人的澄清内容将视为投标文件的组成部分。

第二十六条 评标方式采用交公路发〔2004〕688 号文“综合评估法”、“合理低价法”或“最低报价法”。具体采用何种评标办法,在该项目具体说明中详细说明。

(一) 综合评估法

综合评估法是按照招标文件设定的不同分值权重对投标人的评标价、财务能力、技术能力、管理水平和以往施工履约信誉进行评分,按照得分高低推荐候选人。综合评分采用百分制，投标人经细微偏差澄清和修正后并经投标人确认的投标价为投标人的评标价（不含暂定金额），此评标价不随通过初步评审和详细评审的施工单位数量变化而发生变化。各项分值为：投标评标价得分 70 分，财务能力 3 分，技术能力 5 分，管理水平 9 分，工程材料选用情况 5 分，以往履约信誉和业绩情况 8 分，为达到全面、公正、准确的目的，避免操作上的随意性，对具体打分作进一步规定。

1　技术标评分

对投标人财务能力、技术能力、管理水平、以往履约信誉和业绩情况四项因素，按已分解的 12 个子项目逐项评分打分。

(1) 财务能力（满分 3 分）

①投标人拟投入的财力资源　3 分

(2) 技术能力（满分 5 分）

①投标人拟投入本工程的技术人员情况　1 分

②投标人拟投入的设备配置和承诺的质量检测设备的完备情况　2 分

③投标人制定的关键工序技术方案是否严密、可靠、有效　2 分

(3) 管理水平（满分 9 分）

①编制的施工组织设计　2 分

②主要管理人员素质　2 分

③安全生产保障措施　2 分

④质量保证措施　2 分

⑤进度安排和工期　1 分

(4) 工程材料选用情况（满分 5 分）　5 分

(5) 业绩及信誉（满分 8 分）

①投标人完成类似项目的质量、工期情况　4 分

②履约表现　4 分

评分时，应以投标书及澄清文件为依据，按优、良、中、合格四个等级评定，按对应的 1～0.95、0.90～0.85、0.80～0.75、0.70～0.6 四个区间系数乘以各项满分值计算各项得分。评标委员会各成员在对投标文件评定时，对评定为“合格”等级的，必须阐述理由。

2　标价评分

(1) 评标价

评标价为投标人经细微偏差澄清和修正并经投标人确认的投标报价减去招标人给定的暂定金额之后为投标人的评标价。此评标价不随通过初步评审和详细评审的施工单位数量变化而发生变化。

(2) 计算复合标底

根据招标项目的不同特点，可采用有标底招标和无标底招标两种形式。

①有标底方式。标底应在开标时公布，在评标过程中仅做参考，不能作为决定废标的直接依据。

复合标底计算公式为

$C=(A+B)/2$

A——招标人的标底扣除暂定金额后的值。

B——投标人评标价平均值，B 值为投标人的评标价在 A 值的 105%(含 105%)至 A 值的 85%(含 85%)范围内的投标人评标价的平均值；当所有投标人评标价均未进入复合标底的计算范围内，招标人应复核标底，若标底无误，则 $C=A$；若标底有误，则 C 为所有有效投标人的评标价去掉一个最高值和一个最低值后的算术平均值。

C——复合标底价

评标基准价 $D=k\times C$(k 一般为 0.94～0.96，现场随机确定)

②无标底方式，评标价得分计算如下：

所有投标人评标价平均值(有效投标在五个或五个以上时去掉一个最高值和一个最低值)降低 4%～6%(现场随机确定)之后为评标基准价。

以上两种评标方法基准价系数抽签规则如下：

a. 采用摸球的方式进行抽签，抽签 1 次。

b. 抽签按以下步骤进行：

A. 招标人代表根据开标现场公布的系数个数(N 个)，准备 N 个外形相同的空信封、N 个标有号码的标牌(标牌上的号码为 1、2、…、N)和 N 只标有号码的乒乓球(乒乓球上的号码为 1、2、…、N)。

B. 招标人代表将标底公布的 N 个系数分别写在 N 张纸条上，分别放入 N 个空信封内，随机打乱后将信封在桌上一字排开。

C. 招标人代表从其面对投标人时身体左侧开始从左向右的顺序依次在桌面上的信封上摆放 1 至 N 只标牌。

D. 招标人代表检查摸球工具摸球箱和乒乓球是否合格，清空摸球箱内一切物品。

E. 招标人代表将 N 只乒乓球放入摸球箱，用一张白纸将摸球孔密封，左右摇动摸球箱至少 5 次放回桌面上。

F. 请本次招标活动中招标人投标控制价上限(或标底，或投标价)金额最大的标段的投标人中报价最高单位派出一名代表走到摸球箱前，单手通过密封白纸、摸球孔后摸出 1 只乒乓球。同时或先后摸出 2 只乒乓球的，摸球结果无效，重复上述步骤直到产生有效结果。

G. 该投标人代表将摸出的乒乓球递给招标人代表，招标人代表公布摸出的乒乓球上的号码。

H、招标人代表根据摸出的乒乓球上的号码，找到桌上放有相同号码的标牌下的信封，从该信封中取出写有系数值的纸条，公布纸条上所写的数值。该数值即为最终确定采用的基准价系数。

I. 抽签结果由招标人代表、投标人、监督部门代表签字确认。

以上两种方式，评标基准价分值均为 70 分，评标价低于评标基准价以下的，每低于评标基准价一个百分点，扣减 0.5 分；评标价每高于评标基准价一个百分点，扣减 1 分，中间值按比例内插。

以上分值保留两位小数。

评标委员会应在了解投标文件的基础上，分别对投标人进行技术标打分。除评标价得分外，投标文件各项得分均不应低于其权重分的 60%，且各项得分应以评标委员会各位委员的打分平均得分确定，若评委人数为 7 人及以上时该平均值以去掉一个最高和一个最低分后计算，若评委人数为 5 人以下时则各项得分为评标委员会各位委员的打分平均值。

投标人的综合评分和综合排名由技术得分和报价得分之和确定，对各项评分汇总，按综合评分从高到低进行排序，得分最高的为推荐中标人，综合评分排第二的为中标候选人。

为控制投标报价，招标人将根据具体工程情况考虑设置投标控制价上限或投标控制价上下限，如果设置将必须在开标现场予以公布，投标人投标价超出招标人控制价上限或低于控制价下限的，作废标处理。

投标人的投标价或主要单项工程报价明显低于其他投标人报价或者设有标底时明显低于标底（一般指低于标底 15%以上的标价），投标人应当对其作关于成本价的说明，并提供相应证明材料。如果投标人不能提供相关证明材料证明该报价能够按招标文件规定的质量标准和工期完成招标工程，评标委员会应当认定该投标人以低于成本价竞标，作废标处理。如投标人提供了证明材料，评标委员会也没有充分的证据证明投标人低于成本价竞争，为减少招标人风险，招标人有权增加履约保证金。一般在确定中标候选人之前，要求投标人作出书面承诺，在收到中标通知书 7 天内，按照招标文件规定的额度和方式提交履约担保。履约担保增加幅度如下：

1. 当 $(A-B)/A \leqslant 15\%$ 时，履约担保为 10%合同价的银行保函。

2. 当 $15\% < (A-B)/A \leqslant 20\%$ 时，履约担保为 10%合同价的银行保函加 5%合同价的银行汇票。

3. 当 $20\% < (A-B)/A \leqslant 25\%$ 时，履约担保为 10%合同价的银行保函加 10%合同价的银行汇票。

4. 当 $25\% < (A-B)/A$ 时，履约担保为 10%合同价的银行保函加 15%合同价的银行汇票。

其中：B 为中标候选人的评标价（或主要单项单价）；A 为招标人标底或所有投标人评标价的平均值（或主要单项单价）。

（二）最低报价法

合理低价法是评标委员会对通过初步评审和详细评审的投标文件，按其投标价得分由高到低的顺序，依次推荐前 3 名投标人为中标候选人（当投标价得分相等时，以投标价较低者优先）。评标时，按照投标价得分由高到低的顺序，对投标文件进行初步评审和详细评审，对存在重大偏差的投标文件按废标处理。对施工组织设计、投标人的财务能力、技术能力、业绩及信誉不再进行评分。

为防止哄抬标价，招标人设定投标控制价上限或投标控制价上下限，并在开标现场予以公布。投标价超出招标人控制价上限或低于控制价下限的，作废标处理。

投标人的投标价或主要单项工程报价明显低于其他投标人报价（一般指低于投标价平均值或单项单价 15%以上的标价），投标人应当对其作关于成本价的说明，并提供相应证明材料。如果投标人不能提供相关证明材料证明该报价能够按招标文件规定的质量标准和工期完成招标工程，评标委员会应当认定该投标人以低于成本价竞标，作废标处理。如投标人提供了证明材料，评标委员会也没有充分的证据证明投标人低于成本价竞争，为减少招标人风险，招标人有权增加履约保证金。一般在确定中标候选人之前，要求投标人作出书面承诺，在收到中标通知书7天内，按照招标文件规定的额度和方式提交履约担保。履约担保增加幅度如下：

1. 当$(A-B)/A \leqslant 15\%$时，履约担保为10%合同价的银行保函。

2. 当$15\% < (A-B)/A \leqslant 20\%$时，履约担保为10%合同价的银行保函加5%合同价的银行汇票。

3. 当$20\% < (A-B)/A \leqslant 25\%$时，履约担保为10%合同价的银行保函加10%合同价的银行汇票。

4. 当$25\% < (A-B)/A$时，履约担保为10%合同价的银行保函加15%合同价的银行汇票。

其中：B为中标候选人的评标价（或主要单项单价）；A为招标人标底或所有投标人评标价的平均值（或主要单项单价）。

如果评标委员会发现所有投标人的报价均超出招标人设定的投标控制价上限，评标委员会可以否决所有投标并建议招标人重新招标。

评标价评分

计算评标基准价（开标时当场计算，在整个评标期间保持不变），此评标价不随通过初步评审和详细评审的施工单位数量变化而发生变化。评标基准价的计算有两种方法：

1. 二次平均

（1）对所有低于或等于投标控制价上限的（若有控制价下限，还需高于或等于控制价下限）且经投标人确认的评标价（为经过算术性修正和细微偏差修正并经投标人确认的各投标人的投标价）进行平均（对上述评标价在5家以上的去掉一个最低值和一个最高值），得平均值A；

（2）对低于或等于平均值A的评标价再进行平均，作为评标基准价B。

2. 下降若干百分点

（1）对所有低于或等于投标控制价上限的（若有控制价下限，还需高于或等于控制价下限）且经投标人确认的评标报价进行平均（对上述评标价在5家以上的去掉一个最低值和一个最高值），得平均值A；

（2）将该平均值下降若干百分点（现场随机确定）作为评标基准价。

基准价系数抽签规则同综合评估法中基准价系数抽签规则。

（3）投标人的评标价等于评标基准价B得满分，评标价低于B以下的，每低于B一个百分点，扣减0.5分；评标价每高于B一个百分点，扣减1分，中间值按比例内插。

以上分值保留两位小数。

3. 合理低价法

评标委员会按评标价（为经过算术性修正和细微偏差修正并经投标人确认的各投标人的投标价）由低到高顺序对投标文件进行初步评审和详细评审，推荐通过初步评审和详细评审且评标价最低的前三个投标人为中标候选人。若评标委员会发现投标人的评标价或主要单项工程报价明显低于其他投标人报价或者在设有标底时明显低于标底（一般为15%以下）时，应要求该投标人做出书面说明并提供相关证明材料。

如果投标人不能提供相关明材料证明该报价能够按招标文件规定的质量标准和工期完成招标工程，评标委员会应当认定该投标人以低于成本价竞标，作废标处理。如投标人提供了证明材料，评标委员会也没有充分的证据证明投标人低于成本价竞争，为减少招标人风险，招标人有权增加履约保证金。一般在确定中标候选人之前，要求投标人作出书面承诺，在收到中标通知书 7 天内，按照招标文件规定的额度和方式提交履约担保。履约担保增加幅度如下：

1. 当$(A-B)/A\leqslant 15\%$时，履约担保为 10%合同价的银行保函。

2. 当 $15\%<(A-B)/A\leqslant 20\%$时，履约担保为 10%合同价的银行保函加 5%合同价的银行汇票。

3. 当 $20\%<(A-B)/A\leqslant 25\%$时，履约担保为 10%合同价的银行保函加 10%合同价的银行汇票。

4. 当 $25\%<(A-B)/A$ 时，履约担保为 10%合同价的银行保函加 15%合同价的银行汇票。

其中：B 为中标候选人的评标价；A 为招标人标底或所有投标人评标价的平均值。

第二十七条　在评标时，评标委员会除严格依据投标文件外，还应结合投标人已建和在建工程中的履约状况以及剩余施工能力等因素。力求评审结果的客观、准确、全面。评标委员会将依据评标细则，确定前三名中标候选人。

第二十八条　评标报告

评标工作完成后，评标委员会主任委员应组织编写评标报告，提交给招标人。

第二十九条　评标报告应当包括以下内容：

（一）项目概况（包括招标项目基本情况和数据）；

（二）招标过程（包括资审情况和开标记录）；

（三）评标工作（包括评标委员会组成、评标标准与办法、初步评审、详细评审以及废标说明）；

（四）评标结果；

（五）评标附表及有关澄清记录。

第三十条　评标委员会成员对评标结论持有异议的，可保留意见，但应以书面方式在评标报告中阐述理由。评标委员会成员拒绝在评标报告上签字且不陈述理由的，视为同意评标结论。

第三十一条　评标工作结束后，如发现招标人提供给评标委员会的信息、数据有误或不完整，或者由于评标委员会的原因导致评标结果出现重大偏差，有关交通主管部门应及时通知招标人，由招标人邀请原评标委员会成员重新评标，修正评标报告和评标结论。

第三十二条　评标纪律

（一）评标委员会应当严谨、客观、公正地履行职责，遵守职业道德，对其提出的评审意见承担个人责任；

（二）评标委员会向招标人提交书面评标报告后自动解散，评标工作中使用的文件、表格以及其他资料应当同时归还招标人；

（三）评标委员会成员和其他参加评标活动的人员不得与任何投标人或者与投标人有利害关系的人进行私下接触；

（四）评标委员会成员和其他参加评标活动人员，不得向他人透露对投标文件的评审、中标候选人的推荐情况以及与评标有关的其他情况。

评标用表

表1　开标记录表
表2-1 评标委员会名单
表2-2 清标工作组名单
表3　投标价算术性修正表
表4-1 评标价得分计算表(此表适用于有控制价上下限值的综合评估法)
表4-2 评标价得分计算表(此表适用于有标底的综合评估法)
表4-3 评标价得分计算表(此表适用于无标底,有控制价上下限值的综合评估法)
表4-4 评标价得分计算表(此表适用于合理低价法)
表5　初步评审符合性审查表
表6　详细评审合同条件审查表
表7　详细评审技术能力和履约信誉审查表
表8-1 技术评审表(个人打分表)(此表适用于综合评估法)
表8-2 技术评审表(汇总表)(此表适用于综合评估法)
表8-3 综合得分计算表(此表适用于综合评估法)
表9　通过初步、详细评审各投标人得分排序表
表10　推荐前三名中标候选人名单

表1　开标记录表

项目名称：　　　　　　　　　　　　　　　合同号：

序号	投标单位	法人代表或代表人身份证号	最终报价(万元)	工期	优惠条件	投标单位代表签字	备注
1							
2							
3							
4							
5							

开标地点：　　　　　　　行政监督：　　　　　　　公证部门：
招标人：　　　　　　　　监察监督：　　　　　　　　　　　　年　　月　　日

表2-1　评标委员会名单

项目名称：

评标委员会组成	姓名	工作单位	职务或职称	签字
主任委员				
委员				

公证部门：　　　　　　　　　　　　　　　　　　　　年　　月　　日

表 2-2 清标工作组名单

项目名称：

清标工作组组成	姓名	工作单位	职务或职称	签字
组长				
成员 1				
2				
3				
4				

年 月 日

表 3　投标价算术性修正表

项目名称：

章节	投标单位 / 内容	1			2			3			4			5			6		
		最终投标报价	修正后报价	修正率	最终投标报价	修正后报价	修正率	最终投标报价	修正后报价	修正率	最终投标报价	修正后报价	修正率	最终投标报价	修正后报价	修正率	最终投标报价	修正后报价	修正率
第 100 章	总则																		
第 200 章	路基																		
第 300 章	路面																		
第 400 章	桥梁、通道、涵洞																		
第 500 章	隧道																		
第 600 章	安全设施及预埋管线																		
第 700 章	交通工程及安全设施及环境保护																		
（1）	工程量清单																		
（2）	计日工																		
（3）	暂定金																		
（4）	报价 （1）+（2）+（3）																		
投标人法定代表人或其授权代理人签认																			

本表共两页，填表说明见下页

主任委员：　　　　委员：　　　　公证部门：

行政监督：　　　　监察监督：

年　　月　　日

投标价算术性修正表填表说明

算术性修正按招标文件规定的修正原则，即若投标书中投标价大写金额与清单汇总表（有调价函的为调价函中的清单汇总表）中投标价小写金额不一致，偏差小于或等于1%时，以清单汇总表中投标价为准，招标人将按算术性修正前后两个标价中评分值较低的进行评分；两者偏差大于1%时，按废标处理；不采用招标人提供的“工程量清单”电子文档编制报价工程量清单或擅自修改工程量或运算定义引起算术错误的，按废标处理。修正后的最终投标价应经投标人确定，如果投标人拒绝确认，则其投标文件作废标处理。根据交通部2007年第1号令《公路水运工程安全生产监督管理办法》，施工单位必须填报安全生产费用，且不得低于投标价的1%，如未填此项费用或所填此项费用低于其投标价的1%，将视为重大偏差为废标。

表4-1　评标价得分计算表

项目名称：　　　　合同号：　　　　　　　　　（此表适用于有控制价上下限值的综合评估法）

序号	投标人／内容	1		2		3		4		5		6	
1	最终投标报价												
2	修正后的评标价												
3	投标控制价上限值												
4	在低于等于投标控制价上限值和高于等于投标控制价下限值的评标价的算术平均值A												
5	评标基准价$B=A$值下降若干百分点												
6	（1）修正前评标价/B(%) （2）修正后评标价/B(%)	(1)	(2)	(1)	(2)	(1)	(2)	(1)	(2)	(1)	(2)	(1)	(2)
评标价最后得分													

说明：1. 对投标价高于投标控制价上限值的和低于投标控制价下限的，作为废标，不需计算。

2. 评标基准价的标价分值为70分，评标价低于B以下的，每低于B一个百分点，扣减0.5分；评标价每高于B一个百分点，扣减1分，中间值按比例内插。

主任委员：　　　　　　　　委　　员：　　　　　　　　公证部门：

行政监督：　　　　　　　　监察监督：

年　　月　　日

表 4－2 评标价得分计算表

项目名称： 合同号： （此表适用于有标底的综合评估法）

<table>
<tr><td>序号</td><td>投标人
内容</td><td colspan="2">1</td><td colspan="2">2</td><td colspan="2">3</td><td colspan="2">4</td><td colspan="2">5</td><td colspan="2">6</td></tr>
<tr><td>1</td><td>最终投标报价</td><td colspan="2"></td><td colspan="2"></td><td colspan="2"></td><td colspan="2"></td><td colspan="2"></td><td colspan="2"></td></tr>
<tr><td>2</td><td>修正后的评标价</td><td colspan="2"></td><td colspan="2"></td><td colspan="2"></td><td colspan="2"></td><td colspan="2"></td><td colspan="2"></td></tr>
<tr><td>3</td><td>标底 A(不含暂定金额)</td><td colspan="12"></td></tr>
<tr><td>4</td><td>各投标人评标价(在 85%～105%范围内的)算术平均值 B</td><td colspan="12"></td></tr>
<tr><td>5</td><td>复合标底 $C=(A+B)/2$</td><td colspan="12"></td></tr>
<tr><td>6</td><td>评标基准价 $D=C$ 值下降若干百分点</td><td colspan="12"></td></tr>
<tr><td rowspan="2">7</td><td rowspan="2">(1) 修正前评标价/D(%)
(2) 修正后评标价/D(%)</td><td>(1)</td><td>(2)</td><td>(1)</td><td>(2)</td><td>(1)</td><td>(2)</td><td>(1)</td><td>(2)</td><td>(1)</td><td>(2)</td><td>(1)</td><td>(2)</td></tr>
<tr><td></td><td></td><td></td><td></td><td></td><td></td><td></td><td></td><td></td><td></td><td></td><td></td></tr>
<tr><td colspan="2">评标价最后得分</td><td colspan="2"></td><td colspan="2"></td><td colspan="2"></td><td colspan="2"></td><td colspan="2"></td><td colspan="2"></td></tr>
</table>

说明：评标基准价的标价分值为 70 分，评标价低于 B 以下的，每低于 B 一个百分点，扣减 0.5 分；评标价每高于 B 一个百分点，扣减 1 分，中间值按比例内插。

主任委员： 委 员： 公证部门：

行政监督： 监察监督：

年 月 日

表 4－3 评标价得分计算表

项目名称： 合同号： （此表适用于无标底，有控制价上下限值的综合评估法）

<table>
<tr><td>序号</td><td>投标人
内容</td><td colspan="2">1</td><td colspan="2">2</td><td colspan="2">3</td><td colspan="2">4</td><td colspan="2">5</td><td colspan="2">6</td></tr>
<tr><td>1</td><td>最终投标报价</td><td colspan="2"></td><td colspan="2"></td><td colspan="2"></td><td colspan="2"></td><td colspan="2"></td><td colspan="2"></td></tr>
<tr><td>2</td><td>修正后的评标价</td><td colspan="2"></td><td colspan="2"></td><td colspan="2"></td><td colspan="2"></td><td colspan="2"></td><td colspan="2"></td></tr>
<tr><td>3</td><td>在低于等于投标控制价上限值和高于等于投标控制价下限值的评标价的算术平均值 A</td><td colspan="12"></td></tr>
<tr><td>4</td><td>评标基准价 $B=A$ 值下降若干百分点</td><td colspan="12"></td></tr>
<tr><td rowspan="2">5</td><td rowspan="2">(1) 修正前评标价/B(%)
(2) 修正后评标价/B(%)</td><td>(1)</td><td>(2)</td><td>(1)</td><td>(2)</td><td>(1)</td><td>(2)</td><td>(1)</td><td>(2)</td><td>(1)</td><td>(2)</td><td>(1)</td><td>(2)</td></tr>
<tr><td></td><td></td><td></td><td></td><td></td><td></td><td></td><td></td><td></td><td></td><td></td><td></td></tr>
<tr><td colspan="2">评标价最后得分</td><td colspan="2"></td><td colspan="2"></td><td colspan="2"></td><td colspan="2"></td><td colspan="2"></td><td colspan="2"></td></tr>
</table>

说明：1. 对投标价高于投标控制价上限值的和低于投标控制价下限的，作为废标，不需计算。

2. 评标基准价的标价分值为 70 分，评标价低于 B 以下的，每低于 B 一个百分点，扣减 0.5 分；评标价每高于 B 一个百分点，扣减 1 分，中间值按比例内插。

主任委员： 委 员： 公证部门：

行政监督： 监察监督：

年 月 日

表 4-4　评标价得分计算表

项目名称：　　　　　　　　合同号：　　　　　　　　　　　　（此表适用于合理低价法）

<table>
<tr><td>序号</td><td>投标人
内容</td><td colspan="2">1</td><td colspan="2">2</td><td colspan="2">3</td><td colspan="2">4</td><td colspan="2">5</td><td colspan="2">6</td></tr>
<tr><td>1</td><td>最终投标报价</td><td colspan="2"></td><td colspan="2"></td><td colspan="2"></td><td colspan="2"></td><td colspan="2"></td><td colspan="2"></td></tr>
<tr><td>2</td><td>修正后的评标价</td><td colspan="2"></td><td colspan="2"></td><td colspan="2"></td><td colspan="2"></td><td colspan="2"></td><td colspan="2"></td></tr>
<tr><td>3</td><td>投标控制价上限值</td><td colspan="12"></td></tr>
<tr><td>4</td><td>在低于等于投标控制价上限值和高于等于投标控制价下限值的评标价的算术平均值 A</td><td colspan="12"></td></tr>
<tr><td>5</td><td>在低于或等于 A 值的评标价的算术平均值 B</td><td colspan="12"></td></tr>
<tr><td>6</td><td>评标基准价＝B</td><td colspan="12"></td></tr>
<tr><td rowspan="2">7</td><td rowspan="2">（1）修正前评标价/B(%)
（2）修正后评标价/B(%)</td><td>(1)</td><td>2</td><td>1</td><td>2</td><td>1</td><td>2</td><td>1</td><td>2</td><td>1</td><td>2</td><td>1</td><td>2</td></tr>
<tr><td></td><td></td><td></td><td></td><td></td><td></td><td></td><td></td><td></td><td></td><td></td><td></td></tr>
<tr><td colspan="2">评标价最后得分</td><td colspan="2"></td><td colspan="2"></td><td colspan="2"></td><td colspan="2"></td><td colspan="2"></td><td colspan="2"></td></tr>
</table>

说明：1. 对投标价高于投标控制价上限值的和低于投标控制价下限值的，作为废标，不需计算。

2. 评标基准价的标价分值为 100 分，评标价低于 B 以下的，每低于 B 一个百分点，扣减 0.5 分；评标价每高于 B 一个百分点，扣减 1 分，中间值按比例内插。

主任委员：　　　　　　　　委　　员：　　　　　　　　公证部门：

行政监督：　　　　　　　　监察监督：

年　　月　　日

表 5　初步评审符合性审查表

项目名称：　　　　　　　　合同号：

序号	投标人名称 审查内容	1	2	3	4	5	6
1	投标文件(含投标书)按照招标文件规定的格式和内容填写，字迹清晰						
2	投标人法定代表人或法定代表人授权代理人的签字(含小签)齐全，符合招标文件的规定						
3	与通过资格审查的投标人资格未发生实质性变化						
4	投标人按照招标文件规定的格式、时效、内容和要求提供了投标担保						

续表 5

序号	投标人名称 审查内容		1	2	3	4	5	6
5	投标人法定代表人的授权代理人，其授权书符合招标文件规定							
6	一份投标文件应只有一个投标报价							
7	投标人提交的调价函符合招标文件要求							
8	投标文件载明的招标项目完成期限不得超过招标文件规定的时限							
9	投标文件不应附有招标人不能接受的其他条件							
10	不通过的项目原因说明							
11	结论	通过						
		不通过						

主任委员： 委　　员： 公证部门：

行政监督： 监察监督：

年　　月　　日

符合性审查填表说明

1. 上述各项中用“√”表示通过，“×”表示不通过。

2. 上述各项中如有一项为“×”，则结论为“×”，表示该投标文件中存在重大偏差，不能通过符合性审查。

3. 上述各项中如有一项为“×”，必须单独说明，附有关附件。

4. 第(1)项审查内容包括以下五小点：

①投标书按招标文件规定填报了投标价、工期；且有法定代表人或其授权的代理人亲笔签字，盖有法人章；

②投标书附录的所有数据均符合招标文件规定；

③投标书附表齐全完整，内容均按规定填写；

④按规定提供了拟投入的主要人员的证件复印件，证件清晰可辨、有效；

⑤投标文件按招标文件规定的形式装订。

5. 第(4)项审查内容包括以下五小点：

①投标担保为无条件式投标担保；

②投标担保的受益人名称与招标人规定的受益人一致；

③投标担保金额符合招标文件规定的金额；

④投标担保有效期为投标文件有效期加 30 天；

⑤若采用银行保函形式，出具保函的银行级别必须是支行及其以上级别的银行。

6. 第(5)项审查内容包括以下三小点：

①授权人和被授权人均在授权书上签名，不得用签名章代替；

②附有公证机关出具的加盖钢印的公证书(资审文件已要求的，此处可用复印件代替)；

③公证书出具的日期与授权书出具的日期同日或之后。

表6 详细评审合同条件审查表

项目名称：　　　　　　　　　　合同号：

序号	投标人名称 审查内容	1	2	3	4	5	6
1	投标人接受招标文件规定的风险划分原则，未提出新的风险划分办法						
2	投标人未增加招标人的责任范围，也未减少投标人义务						
3	投标人未提出不同的工程验收、计量、支付办法						
4	投标人未对合同纠分、事故处理办法提出异议						
5	投标人在投标活动中没有欺诈行为						
6	投标人对合同条款没有重要保留						
7	不通过的项目原因说明						
8	结论						

说明：1. 上述各项中用“√”表示通过，“×”表示不通过。

2. 上述各项中如有一项为“×”，则结论为“×”，表示该投标文件中存在重大偏差，不能通过符合性审查。

3. 上述各项中如有一项为“×”，必须单独说明，附有关附件。

主任委员：　　　　　　　　委　员：　　　　　　　　公证部门：

行政监督：　　　　　　　　监察监督：

年　月　日

表 7　详细评审技术能力和履约信誉审查表

项目名称：　　　　　　　　合同号：

序号	投标人名称 审查内容	1	2	3	4	5	6
1	对投标人的资产、营业收入、利润及财务状况指标进行财务能力的评价，并对其提供的财务资料情况（财务报表和相关资金证明材料）的真实性、完整性进行检查						
2	对投标人承诺的拟投入本工程的技术人员素质、设备配置情况的可靠性、有效性进行技术能力的评价						
3	对投标编制的施工组织设计、关键工程技术方案的可行性，以及质量标准、进度与质量、安全要求的符合性进行管理水平的评价						
4	对投标人选用的主要材料品牌、质量、性价比进行评价						
5	对投标人近五年完成的类似工程项目的质量、工期，以及履约表现进行业绩与信誉的评价						
6	不通过的项目原因说明						
7	结论						

说明：1. 上述各项中用“√”表示通过，“×”表示不通过。

2. 如存在下述问题之一，则属于重大偏差，按废标处理：(1) 承诺的质量检验标准低于招标文件或国家强制性标准要求；(2) 关键工程技术方案不可行；(3) 施工业绩及履约信誉证明材料虚假。

主任委员：　　　　　　　委　　员：　　　　　　　公证部门：

行政监督：　　　　　　　监察监督：

年　　月　　日

表 8－1 技术评审表（个人打分表）

项目名称：　　　　合同号：　　　　（此表适用于综合评估法）

评分要素 \ 评分		投标单位 1		投标单位 2		投标单位 3		投标单位 4		投标单位 5		投标单位 6	
		等级系数	得分	等级系数	得分	等级系数	得分	等级系数	得分	等级系数	得分	等级系数	得分
技术能力 5 分	投标人拟投入本工程的技术人员情况（1 分）												
	投标人拟投入的设备配置和承诺的质量检测设备的完备情况（2 分）												
	投标人制定的关键工序技术方案是否严密、可靠、有效（2 分）												
管理水平 9 分	编制的施工组织设计（2 分）												
	主要管理人员素质（2 分）												
	安全生产保障措施（2 分）												
	质量保证措施（2 分）												
	进度安排和工期（1 分）												
工程材料选用情况 5 分	工程材料选用情况（满分 5 分）												
履约情况和业绩信誉 8 分	投标人完成类似项目的质量、工期情况（4 分）												
	履约表现（4 分）												
合计													

说明：1. 等级按优、良、中、合格四个等级评定，按对应的 1～0.95、0.90～0.85、0.80～0.75、0.70～0.6 四个系数乘以各项满分值计算各项得分。

2. 评委在对投标文件评定时对评为“合格”等级的必须在备注栏说明理由。

评标委员签字：　　　　公证部门：

行政监督：　　　　监察监督：

年　　月　　日

表 8－2　技术评审表(汇总表)

项目名称：　　　　合同号：　　　　(此表适用于综合评估法)

序号	投标单位名称	评委 1	评委 2	评委 3	评委 4	评委 5	评委 6	评委 7	最高分	最低分	去掉最低分、最高分后平均值
1											
2											
3											
4											
5											
6											
7											
8											

说明：若评委人数为 7 人及以上时该平均值以去掉一个最高和一个最低分后计算，若评委人数为 5 人以下时则各项得分为评标委员会各位委员的打分平均值。

统计：　　　　复核：

主任委员：　　　　委员：　　　　公证部门：

行政监督：　　　　监察监督：

年　　月　　日

表 8-3 综合得分计算表

项目名称： 合同号： （此表适用于综合评估法）

序号	投标单位名称	技术评审得分	评标价得分	综合得分
1				
2				
3				
4				
5				
6				
7				
8				

说明：若评委人数为 7 人及以上时该平均值以去掉一个最高和一个最低分后计算，若评委人数为 5 人以下时则各项得分为评标委员会各位委员的打分平均值。

统　　计： 复　　核：

主任委员： 委　　员： 公证部门：

行政监督： 监察监督：

年　　月　　日

表 9 通过初步、详细评审各投标人得分排序表

项目名称：

投标人名称	综合得分/评标价得分	排序
		1
		2
		4
		5
		6

主任委员： 委　　员： 公证部门：

行政监督： 监察监督：

年　　月　　日

表 10 推荐前三名中标候选人名单

项目名称：

合同号	推荐中标候选人		预期中标价	备注
1	第一			
	第二			
	第三			

说明：1. 有关情况说明；

2. 不同意见（如果有）。

主任委员： 委　　员： 公证部门：

行政监督： 监察监督：

年　　月　　日

第二篇　评标报告格式

一、项目概况

1. 项目范围

2. 建设标准、规模和施工标段划分情况

3. 资金来源

4. 项目批复

二、招标过程

1. 招标代理(如果有)

2. 标书出售

3. 资格审查情况汇总表(若为资格后审)

4. 开标记录(表 1)

三、评标工作

1. 采用的标准、办法及依据

2. 评标委员会和清标工作组人员组成(表 2－1、2－2)

3. 初步评审

(1) 算术性修正(表 3)

(2) 资格复核

(3) 投标报价得分计算表(表 4)

(4) 初步评审符合性检查(表 5)

(5) 澄清及有关情况说明

4. 详细评审

(1) 详细评审合同条件审查表(表 6)

(2) 详细评审技术能力和履约信誉审查表(表 7)

(3) 技术评审法(表 8)(适用于综合评估法)

(4) 澄清情况说明

(5) 通过初步、详细评审各投标人得分排序表(表 9)

四、评标结果

(1) 推荐前三名中标候选人(表 10)

(2) 有关不同意见(如果有)

(3) 合同签署前建议招标人应处理的有关事宜

五、附表及有关澄清

附录 9：建筑工程类招标评标细则及评标报告

建筑工程类项目评标实施细则

第一章　总则

为依法做好评标工作，保护公平竞争，依据《中华人民共和国招标投标法》、原国家计委、国家经贸委、交通部等七部联合发布的〔2005〕第 27 号令《工程建设招标投标办法》和原国家发展计划委员会发布的第 29 号令《评标专家和评标专家库管理暂行办法》和交公路发〔2004〕688 号《关于贯彻〈国务院办公厅关于进一步规范招投标活动的若干意见〉的通知》等法律法规规定制定本评标实施细则。

本细则适用于建筑工程类项目的招标评标工作。

评标工作必须遵循公平、公正、科学、择优的原则。任何单位和个人不得非法干预或者影响评标过程和结果。

第二章　评标机构和评标程序

建筑工程类项目评标工作由评标委员会负责完成，邀请行政监督部门参加，并委托公证机构全过程进行公证。评标委员会由招标人代表和从江苏省交通行业与产业项目招标评审专家库中随机抽取的技术、经济等方面的专家组成，人数为五人以上单数，其中专家人数不少于评标委员总数的三分之二。评标委员会设主任委员一名，由评标委员会推选产生。清标工作组协助评标委员会进行评标工作。清标工作组由招标人选派熟悉招标工作、政治素质高的人员组成。

评标工作主要程序为：

组建清标工作组；

组建评标委员会；

初步评审；

详细评审；

评委独立打分；

计算评标价得分；

根据综合得分，推荐中标候选人；

提出书面评标报告。

第三章　资格审查

该类项目一般采用资格后审，只有通过资格审查的投标人，才能进入投标文件的初步评审。

不满足下列任一条，其投标文件不能通过资格审查：

(1) 省厅自动生成的表 1～表 6 的主要信息（企业情况、人员情况、企业财务、业绩、信用等级等）能满足招标公告和招标文件投标人须知 1.4.1 项的要求；

(2) 不是投资参股招标项目的施工单位提交的申请文件；

(3) 申请人没有正在受到责令停产停业的行政处罚或者财务被接管、冻结、破产状态；

(4) 申请人在江苏省交通系统没有正在受到取消投标资格的行政处罚；

（5）申请人近2年内在江苏省交通系统没有因工程质量、安全等因素被人民法院判决败诉的案件；

（6）申请人没有提供虚假材料。下列行为（但不限于）应认为构成虚假行为：

a. 借用他人资质申报；

b. 以他人的工程业绩或奖励材料申报；

c. 隐瞒在江苏省交通厅和南京市的行政处罚不报；

d. 隐瞒《江苏省公路、水运工程施工招标资格预审办法（试行）》第二十二条所述的关联企业、母子公司情况不报；

e. 虚报项目主要人员的工程业绩。

第四章 初步评审

对投标文件的初步评审包含商务及技术文件的形式评审与响应性评审、投标报价及工程量清单文件形式及响应性进行评审。只有通过初步评审的投标文件才能参加详细评审。

评标委员会开始评标工作之前，首先应听取招标人或者其委托的招标代理单位及清标工作组关于工程情况和清标工作的说明，并认真研读招标文件，获取评标所需的重要信息和数据。

评标委员会应根据招标文件规定，对清标工作组提供的评标工作用表和评标内容进行认真核对，对与招标文件不一致的内容要进行修正。

对招标文件中规定的评标标准和方法，评标委员会认为不符合国家有关法律、法规，或其中含有限制、排斥投标人进行有效竞争的，评标委员会有权按规定对其进行修改，并在评标报告中说明修改的内容和修改原因。

商务及技术文件的形式评审与响应性评审的主要条件：

（1）投标文件按照招标文件规定的格式、内容填写，字迹清晰可辨：

a. 投标函按招标文件规定填报了工期；

b. 投标函附录的所有数据均符合招标文件规定；

c. 按照招标文件规定的格式、内容编制了施工组织设计及项目管理机构相关图表；

d. 投标文件组成齐全完整，内容均按规定填写。

（2）投标文件上法定代表人或其授权代理人的签字、投标人的单位章盖章齐全，且不得使用签名章或其他电子制版签名：

投标函、投标函附录、项目经理委任书、不拖欠民工工资承诺书、投标书附表都必须由法定代表人或其授权代理人本人逐页在其右下角小签（签署全名或姓），不得用签名章代替。如投标文件中上述内容的某一页要求由投标人的法定代表人或其授权代理人签字的，投标人的法定代表人或其授权代理人必须签字，则该页可以不再小签。

（3）投标人按招标文件要求提交了社保凭证原件和复印件。

（4）投标人法定代表人的授权代理人，需提交附有法定代表人身份证明的授权委托书，并符合下列要求：

a. 法定代表人在法定代表人身份证明上签名，未使用印章、签名章或其他电子制版签名；

b. 附有公证机关出具的加盖钢印、单位章并盖有公证员签名章的公证书，钢印应清晰可辨，同时公证内容完全满足招标文件规定；

c. 公证书出具的日期与法定代表人身份证明出具的日期同日或在其之后。

(5) 投标人法定代表人若亲自签署投标文件的，提供了法定代表人身份证明，并符合下列要求：

a. 法定代表人在法定代表人身份证明上签名，未使用印章、签名章或其他电子制版签名；

b. 附有公证机关出具的加盖钢印、单位章并盖有公证员签名章的公证书，钢印应清晰可辨，同时公证内容完全满足招标文件规定；

c. 公证书出具的日期与法定代表人身份证明出具的日期同日或在其之后。

(6) 投标文件载明的招标项目完成期限未超过招标文件规定的时限。

(7) 投标文件未附有招标人不能接受的条件。

(8) 权利义务符合招标文件规定：

a. 投标人应接受招标文件规定的风险划分原则，未提出新的风险划分办法；

b. 投标人未增加发包人的责任范围，或减少投标人义务；

c. 投标人未提出不同的工程验收、计量、支付办法；

d. 投标人对合同纠纷、事故处理办法未提出异议；

e. 投标人在投标活动中无欺诈行为；

f. 投标人未对合同条款有重要保留。

投标报价及工程量清单文件的形式评审的主要条件

(1) 投标文件按照招标文件规定的格式、内容填写，字迹清晰可辨：

a. 投标函按招标文件规定填报了投标报价；

b. 已标价工程量清单说明与招标文件规定一致，未进行修改和删减；

c. 未更改招标文件工程量清单中给定的暂定价和暂定金额；

d. 投标文件组成齐全完整，内容均按规定填写。

(2) 投标文件上法定代表人或其授权代理人的签字、投标人的单位章盖章齐全，符合招标文件规定，且不得使用签名章或其他电子制版签名。

标价工程量清单(包括工程量清单说明、投标报价说明、其他说明及工程量清单各项表格)、计算标价时所用的主要材料价格；合同用款估算表的内容，应由投标人的法定代表人或其委托代理人逐页小签或签署姓名，且不得使用签名章或其他电子制版签名。

(3) 一份投标文件应只有一个投标报价，符合投标人须知 3.2.7 项的规定，在招标文件没有规定的情况下，未提交选择性报价。

(4) 投标人按照招标人提供的工程量清单进行报价，并提供电子版文件，投标文件中所附的工程量报价清单和电子版均未对招标文件工程量清单中的数据进行修改。

第五章　详细评审

一般采用综合评估法进行评标，评标委员会按规定的量化因素和分值进行打分，并计算出综合评估得分，具体如下：

商务及技术文件分值构成(总分 100 分)

(1) 财务状况(10 分)

根据《江苏交通项目投标企业财务能力评价指标(试行)》进行评分。

(2) 项目管理机构(35 分)

a. 拟投入项目经理、项目总工以及拟投入主要技术人员(15 分):

项目经理专业及施工经历情况:5 分;

项目总工专业及施工经历的情况:5 分;

其他主要技术人员的专业、素质、工作经历、配置情况:5 分。

b. 拟投入本项目的主要机械、仪器设备(20 分):

所投入的机械设备情况:15 分

检测仪器配置:5 分。

(3) 企业已完类似工程业绩(5 分):

a. 企业自 2006 年 1 月 1 日以来具有一个单项桩基及基坑支护合同价在人民币 3 500万元及以上或者基坑面积在 40 000 m^2 及以上的施工业绩,得 1 分;每增加 1 个得 1 分,最多得 2 分。

b. 企业自 2006 年 1 月 1 日以来具有一个单项桩基及基坑支护合同价在人民币 3 500万元或 40 000 m^2～6 000 万元或 70 000 m^2 得 1 分, 6 000 万元或 70 000 m^2～1 亿元或 100 000 m^2 得 2 分,1 亿元或 100 000 m^2 以上得 3 分。(此项得分不累计,只计取最高得分项)

(4) 履约及信誉(15 分)

由评审委员会根据《江苏省交通行业与产业项目招标投标信用档案管理办法》和根据申请人近 2 年在江苏省交通系统的履约状况和奖惩情况等进行评定。

a. 信用等级评为 AA(好)级的投标人,评标委员会应给予其信誉分评满分。

b. 信用等级评为 A(较好)级的投标人,评标委员会最多扣减其信誉分满分的 20%,信用等级暂定为 A(较好)级的投标人,评标委员应当对其信誉评满分的 80%。

(5) 施工组织计划(35 分)

工程总体实施计划:5 分;

主要工程施工方案:15 分;

重点难点分析:5 分;

确保工程质量、工期:5 分;

安全文明施工措施:5 分。

评标委员会发现投标人的报价明显低于其他投标报价,或者在设有标底时明显低于标底,使得其投标报价可能低于其个别成本的,应当要求该投标人作出书面说明并提供相应的证明材料。投标人不能合理说明或者不能提供相应证明材料的,由评标委员会认定该投标人以低于成本报价竞标,其投标作废标处理。

第六章　评标办法

评标委员会按本章第 2.2 款规定的量化因素和分值进行打分,并计算出综合评估得分。

(1) 按规定的评审因素和分值对施工组织设计计算出得分 A;

(2) 按规定的评审因素和分值对项目管理机构计算出得分 B;

(3) 按规定的评审因素和分值对投标报价计算出得分 C;

(4) 按规定的评审因素和分值对其他部分计算出得分 D。

投标人得分$=A+B+C+D$。

评分分值计算保留小数点后两位,小数点后第三位“四舍五入”。

第七章　评标报告

如果评标委员会认为在评标过程中有影响最终评标结果的不能确定的特殊问题,应在评标报告中记载,提请招标人审议决定。

评标工作完成后,评标委员会应向招标人提出书面评标报告,评标报告应如实记载以下内容:

(一) 评标工作(包括评标委员会组成、评标细则、资格审查、初步评审、详细评审以及废标说明);

(二) 评标结果;

(三) 评标附表及有关澄清记录。

评标委员会所有成员应在评标报告的有关文件和表格上签字。招标人和由招标人组织成立的清标工作组应对其所提供的评标信息签字负责。

评标委员会成员对评标结论持有异议的,可保留意见,但应以书面方式在评标报告中阐述理由。评标委员会成员拒绝在评标报告上签字且不陈述理由的,视为同意评标结论。

评标工作结束后,如发现招标人提供给评标委员会的信息、数据有误或不完整,或者由于评标委员会的原因导致评标结果出现重大偏差,有关交通主管部门应及时通知招标人,由招标人邀请原评标委员会成员重新评标,修正评标报告和评标结论。

招标人根据评标委员会评标意见确定中标人。

第八章　附则

参与评标工作的评标委员会与清标工作组所有成员均应严格遵守法律法规的规定,接受交通行政监督部门、纪检部门的监督。